U0822321

企业管理思想史系列

创新管理思想史

胡海波◎著

企业管理出版社
ENTERPRISE MANAGEMENT PUBLISHING HOUSE

图书在版编目（CIP）数据

创新管理思想史 / 胡海波著. —北京：企业管理出版社，2022.8

ISBN 978-7-5164-2620-3

Ⅰ. ①创…　Ⅱ. ①胡…　Ⅲ. ①管理学—思想史—中国　Ⅳ. ①C93-092

中国版本图书馆 CIP 数据核字（2022）第 083433 号

书　　名：创新管理思想史
书　　号：ISBN 978-7-5164-2620-3
作　　者：胡海波
责任编辑：尤　颖　　黄　爽　　徐金凤
出版发行：企业管理出版社
经　　销：新华书店
地　　址：北京市海淀区紫竹院南路 17 号　　**邮　　编**：100048
网　　址：http://www.emph.cn　　**电子信箱**：emph001 @163.com
电　　话：编辑部（010）68701638　　发行部（010）68701816
印　　刷：北京环球画中画印刷有限公司
版　　次：2022 年 8 月第 1 版
印　　次：2022 年 8 月第 1 次印刷
开　　本：710mm × 1000mm　1/16
印　　张：21 印张
字　　数：254 千字
定　　价：98.00 元

版权所有　翻印必究　·　印装有误　负责调换

“企业管理思想史”丛书主编

胡海波　蒋翠珍　林晓伟　曾国华

编委会

曾国华　蒋翠珍　李晓园　陈　武　孙立新　万　金
谌飞龙　甄英鹏　朱文兴　陈　鹰　周　静　刘　磊
许　菱　余来文　舒　辉　李　晶　郭同济　刘元秀
胡海波　陈　颖　林晓伟　蒋明琳　范春风　马孟丽
陈丽琴　邹　玲　周　丽　陈　明　卢　锐　边俊杰
杨旭宁

顾问委员会

陈传明　黄速建　苏　勇　宋志平　徐少春　施　炜

丛书序

中国企业近年来在钢铁、建材、石化、高铁、电子、航空、航天等领域通过锻长板、补短板、强弱项，大步迈向全球产业链和价值链的中高端，成果显著。2021 年，我国制造业增加值达到 31.4 万亿元，已经创造了连续 12 年制造业总量位列全球首位的佳绩。中国企业在联合国划分的工业 41 个大类、207 个中类和 666 个小类里辛勤耕耘，这在全世界是独有的。围绕中国企业取得的每一个成就、每一项进步，企业管理无不闪耀着骄人的光辉。当越来越多的中外学者和企业家倾心深入探求企业管理之道时，中外企业发展过程中管理大师每一步重要的理论开拓，管理思想的演变脉络，企业管理实践的成败得失，无不成为有待系统梳理展现的急迫之需。“企业管理思想史”丛书（以下简称“丛书”）的出版注定要成为中国企业管理领域的一件大事。

以知识部类划分，企业管理从属于管理类。管理是人类一项基本的实践活动，管理能力是人类生存和发展不可或缺的软实力，管理思想不仅是人类社会活动所积累的精神财富，也是人类文明的璀璨结晶。企业管理则是工业文明的产物，随着十八世纪末期机器化大生产的兴起与演进，企业管理逐步从随意化、个人化的形式向专业化、科学化的形式过渡。如果从四次工业革命的角度思考，每一次重大技术革命和产业变革都带来一次管理理论以及企业管理模式的飞跃。站在当今发展之巅回顾与展望，以往工业革命进程中企业管理的创新性实践及理论探索弥足珍贵，每一簇思想的火光至今仍可作为借鉴；而面向未来新的攀登，古典管理理论、近代管理理论、现代管理理论，构成了继续向前探索的坚实阶梯和基础。

黑格尔说，历史就是时代观念外化的结果。企业管理思想史与一般思想史动辄皇皇百万言，呈现无所不包的百科全书全景式巨著不同，“丛书”冠之以“思想史”是力图承接前行者的伟大传统，使后来者得以站在巨人肩上，形成宏大开阔的视野和把握脚踏实地的方法，通览企业管理自诞生到辉煌的思想历程。“丛书”通过研究和揭示管理思想的产生、发展、演变的历史过程及其一般规律，包括记载管理的观点、见解，将其理论化、系统化，并论证管理理论产生、发展、演变的历史，进而归集到企业领域。

经典思想史的编撰一般会沿着历史的演进和思想家体系的构建两条主线展开，“丛书”充分体现自身的特点，又增加了企业管理实践的主线。相较二十世纪思想史领域最著名的偏重于哲学范畴的“施特劳斯学派”和偏重于历史学范畴的“剑桥学派”而言，“丛书”更加关注历史对今天的启示。用历史的方法研究思想，不是一般意义的注释考据和推演思辨，而是更注重对现实企业管理的真实关切能否有所裨益和借鉴。

可以看到，自十九世纪末，管理学成为一门相对独立的学科以来，管理思想史的发展相对缓慢，直到二十世纪中后期才成为一个比较独立的研究领域。美国管理思想史学家小乔治（Claude S. George）撰写的《管理思想史》于 1972 年正式出版，全面介绍了管理思想（主要是西欧和美国的管理思想）发展的过程；美国管理思想史学家雷恩（Daniel A. Wren）所著《管理思想的演变》于 1979 年出版，比较详细地介绍了西方管理思想发展演变的历程。

中国工业化的探索自清末洋务运动以来就没有停止，但国家层面的工业化建设还是从中华人民共和国建立开始。建国后企业的现代化管理在一开始即按照苏联模式，纳入计划经济的体系。尽管中国式企业现代化管理的尝试不断出现，有的也取得一定成效，但总体上仍没有摆脱计划经济的窠臼。自1978年12月召开的中国共产党十一届三中全会开始，中国走上了改革开放的全新进程。中国企业逐步甩开了计划经济时代的企业管理做法，探索与世界接轨又符合中国特点的企业管理之路。改革开放以来，为适应我国企业改革发展和加强管理的需要，有关现代企业管理的研究和著作相继问世，标志着中国企业管理创新进入新的发展阶段。一批中国企业家矢志探索符合中国企业特点的企业管理创新之道，任正非、张瑞敏、宋志平等企业领军人物在带领企业争创世界一流的同时，形成了颇具特色的企业管理创新理论和专门论著。中国企业联合会已经连续28届审定了全国企业管理现代化创新成果逾4000项，展示了我国企业管理创新方面的进展和成果。一批企业家和中国学者也在管理学领域不遗余力地进行实践，并开展了管理思想史的研究。特别是我国学者周三多、杨先举、李明新、孙耀君、郭咸纲、唐任伍、赵志军、彭新武等先后撰写了管理思想史方面的多部专著，在管理思想史的研究上取得了一系列成果。但总的来看，现有管理思想史类著作多以研究西方管理思想为主，较少系统性地研究中国管理思想，也鲜有按管理学特别是企业管理分支学科进行深入研究的成果。“丛书”以此为切入点，以时间为经、以代表人物为纬，旁征博引、纵横推移，对中外企业管理思想各发展阶段的代表人物、见解观点、思想灵感、理论背景及其发展进程进行了系统阐释，以期读者能够从中把握中外企业管理思想的发展脉络和精髓，前瞻分析企业管理问题，更好地提出解决方案。

一、“丛书”的研究对象

“丛书”的研究对象既包括企业管理理论的思想继承、扬弃和创新，也包括企业管理实践，拓展性地研究以下问题。

一是，阐述企业管理思想的演化过程和发展规律。“丛书”不只是梳理企业管理理论的演化过程与发展规律，更多的是从唯物历史观出发，分析企业管理思想的产生背景、发展缘由、理论贡献与局限性等，并对比中外管理理论与思想，试图探索企业管理思想形成与发展的内在规律。

二是，关注社会生产方式的变革与企业管理思想演变的相互关系。厘清社会生产方式与企业管理思想之间存在“实践—理论—实践”的逻辑关系，提出与管理相关的命题，前瞻预见未来的发展与挑战。

三是，把脉不断发展的企业管理实践。从管理实践与管理思想的辩证关系入手，将中国传统文化中的管理思想与现代企业管理实践相融合，用理论不断指导实践，同时提供系统、全面的方案来应对企业管理实践中的复杂变化。

四是，把握中国企业管理实践与中外企业管理思想、管理理论的辩证关系。用辩证的思想将西方管理思想和我国传统的管理理念加以比拟融合，在实践中探索出一套符合我国国情且利于我国企业发展的管理理论。

二、“丛书”的研究内容和研究思路

“丛书”的研究以企业管理各主要分支学科为脉络，以前人管理思想史研究为基础，阐述各学科主要学派的代表人物、见解观点、产生背景及其发展进程，进而抵达管理思想研究前沿，提出企业管理中国化命题。“丛书”包括《管理思想史》《组织管理思想史》《知识管理思想史》《人力资源管理思想史》《营销管理思想史》《战略管理思想史》《财务管理思想史》《创业管理思想史》《商业模式思想史》《供应链管理思想史》《信息管理思想史》《公司治理思想史》《科技管理思想史》《商业伦理思想史》《企业管理思想史精读》《协同管理思想史》《质量管理思想史》《电子商务思想史》《组织行为学思想史》《公共管理思想史》《价值链管理思想史》《企业管理前沿理论》《运营管理思想史》《生产管理思想史》《旅游管理思想史》《跨国公司经营管理思想史》《项目管理思想史》《投资管理思想史》《创新管理思想史》《公司金融思想史》《物流管理思想史》《风险管理思想史》《成本管理思想史》《内部控制思想史》《企业文化思想史》《管理决策思想史》《系统管理思想史》《国际贸易思想史》《品牌管理思想史》《数字管理思想史》《服务管理思想史》《人力资本管理思想史》。

作为丛书，各分册共同的框架逻辑主要体现在以下四个方面。

一是，企业管理思想的形成与发展。以时间为主轴，以具体标志性事件为重要节点，系统地、完整地追溯和回顾企业管理各学科涉及的中外企业管理思想演变和自身成长的进化过程，探讨各学科如何随着企业管理实践的发展和技术的变革而演化发展。

二是，中外管理思想溯源。将企业管理各学科涉及的古今中外管理思想作为一个整体，包括早期管理思想、古典管理思想、现代管理理论和当代管理思想等，溯其源流、综其脉络、述其精华、探其内涵、究其本质，为后续深入剖析各学科流派提供理论基础和观点素材。

三是，主要学派述评。在介绍具体各学科管理思想学派及其分支学派的代表人物、见解观点、产生背景、发展进程的基础上，以生产力、生产关系和上层建筑的决定性作用和能动性作用为标准，评述在不同历史发展阶段和社会形态下，各学科管理思想学派及其分支学派的发展沿革、历史作用、局限性等，并对中外管理思想进行差异性比较。

四是，国内外研究前沿探讨。在生产力层面，数字技术创新及其应用创新使万物互联、信息共享、效率提升成为必然；在生产关系（经济基础）层面，数字化新业态、新模式、新机制层出不穷；在上层建筑层面，数字化新理论、新理念、新价值观不断涌现。数字经济的迅速崛起与国际竞争新态势迫切要求中国企业管理思想与时俱进、拥抱未来。“丛书”探讨国内外研究前沿理论和方法，源于实践、高于实践、引领实践，为中国企业提供前瞻性方案。

三、“丛书”的主要特色

“丛书”遵循辩证唯物史观的本质要求，以“古为今用，洋为中用，践行当下，引领未来”作为使命担当。

一是，突出时代呼唤、时代使命和时代要求，有助于有效填补中国企业管理思想研究的发展空白。“丛书”从专业和微观角度，按照企业管理各分支学科的发展演变分门别类地进行研究，构建具有中国特色的现代化管理思想体系。这一点可以说不仅填补了国内企业管理思想史的空白，在一定程度上也填补了国际企业管理思想史的空白。

二是，突出中国问题、中国元素和中国方案，有助于坚定增强走中国式企业管理道路的发展信心。“丛书”融汇了中国上下五千年管理思想史，对中国企业管理思想的研究上溯到先秦时期，弘扬中华优秀管理文化。“丛书”立足本土，总结凝练中国原创企业管理理论，建设性地提出现代化管理的中国方案，致力于提高中国管理研究在国际上的学术地位和影响力，为中国管理在世界舞台的崛起贡献力量。

三是，突出管理历史、管理研究和管理实践，有助于深入总结中国式企业管理的发展规律。“丛书”覆盖面广、核心内容扎实、重点突出，从中外古代文明的管理思想入手，着重探讨近代以来的企业管理思想，紧密结合相关理论产生的时代背景，紧扣其形成、发展的演进脉络，有利于读者更好地理解相关企业管理理论的缘起、应用与兴替。

四是，突出人文精神、人文道德、人文品格，有助于切实提升中国式企业管理的发展境界。“丛书”注重比较分析，强调企业管理智慧和道德融合统一，总结归纳企业管理实践的历史经验，为“商智”和“商德”的辩证统一关系正本清源，明确了商业主体应该遵守的商业行为原则和规范、应当树立的优良商业精神等商业道德问题，形成了商业群体最重要、最长远的约束机制，同时保证了商业群体的长盛不衰，为中国企业管理理论发展提供正信、正念和正能量。

五是，突出创新理念、创新模式、创新方法，有助于不断增强中国式企业管理的发展动能。“丛书”探讨企业管理创新，提倡学以致用，将中国特色企业管理与数字化创新相结合，在每一分支学科对应分册都有前瞻性研究成果，且重点论述了数字化技术发展对企业管理的促进作用，为中国企业提供新思路、新模式和新方法，助力中国企业用自己的方法解决自己的问题，使中国式管理拥有平视世界的底气和实力。

希望这套丛书能帮助中国企业家迈向世界企业管理的高水平殿堂，助力中国企业探索出具有中国特色的企业管理创新模式，为中国大专院校、科研单位开展企业管理的教学、科研和实践提供有价值的参考，成为向世界展示中国企业管理的窗口，促进中国企业健康可持续发展。

朱宏任

中国企业联合会、中国企业家协会党委书记、

常务副会长兼理事长

2022 年 3 月 26 日

推荐序一

管理思想作为人类对于管理实践过程规律和本质的思考，既是过去和现在的经济、社会、政治和文化的结晶，也是开拓未来的宝贵经验。“企业管理思想史”丛书以“学史明理、学史增信、学史崇德、学史力行”为目标和要求，探寻“上善若水、大制不割、和合共生”等中国传统哲学智慧精髓，探究“科学管理、人本管理”等西方经典管理理论与哲学思维，探讨“去中心化、自组织”等后现代管理前沿理论，探求“物联网技术、量子力学”等世界前沿科技的创新应用。同时，融入“中国元素”，努力创新，科学性、系统性、拓展性地探索中国企业管理面临的诸多普遍性和特殊性问题。

严格意义上讲，现代管理学发展历程不过百余年，但历史长河中的管理思想代表着不同时代、不同地域的管理特色。因此，“企业管理思想史”丛书秉承弘扬中西方优秀文化，以时间为主轴，以学科学派、代表人物、主要观点、研究前沿和发展趋势等为主要内容，突出中国元素，深入阐发、提炼和展示古今中外优秀传统文化的精神标识和具有当代价值、世界意义的文化精髓，廓清该学科理论的发展脉络和演化进程，批判与继承该学科相关研究的精华，具有较高的理论价值和社会效益。

第一，研究框架体系新颖，既梳理学科发展史，也明晰发展脉络。丛书以时间为经，以理论观点为纬，旁征博引、纵横推移，对中外管理思想各发展阶段的代表人物、见解观点、思想灵感、理论产生背景及其发展进程等进行系统阐释，梳理管理学及其主要分支学科的历史沿革和发展脉络。

第二，学派划分的独特性，溯源古今中外管理思想，萃取智慧结晶。将管理学及其主要分支学科涉及的古今中外早期管理思想、古典管理思想、现代管理思想和当代管理思想等作为一个整体（系统），溯其源流、综其脉络、述其精华、探其内涵、究其本质。

第三，研究的前瞻性，多视角地探索中外理论研究前沿，提出前瞻命题。丛书基于 TRIZ 理论（发明问题解决理论）、智慧管理理论、知识管理的视角，探讨未来企业管理的发展趋势，并从政府、学术界、业界、咨询界等多视角，提出中国管理未来的研究焦点和热点。

该丛书是一项庞大的系统工程，是历经多年潜心谋划，集众人心血和智慧之大成，不仅填补企业管理领域的研究空白，拓展相关学科研究的深度、广度和高度，也为管理学科学化、系统化、中国化的前沿研究奠定理论基础，必将成为学习企业管理理论的必备丛书。

该丛书之所以令人耳目一新，不仅源于独特的研究框架、严密的逻辑框架、完整的历史叙事和充实的背景描述，更主要的是裨益读者领悟“古为今用，洋为中用，践行当下，引领未来”之精髓。

陈传明

南京大学商学院教授、博士生导师

2022 年 3 月 16 日

推荐序二

“企业管理思想史”丛书以管理学分支学科为切入点，以丰富具有中国特色的现代企业管理思想体系为目标，系统研究古代、近代和现代的中外管理思想，比较中西方企业管理思想的差异，并分析造成这种差异的原因。在批判和继承中西方管理思想的基础上，尝试解决企业管理理论研究存在的突出问题：研究对象模糊、史料考证缺乏、忽视时代背景、各种管理思想间关系缺乏梳理等。同时，结合中国国情和实际问题开拓创新，为“中国管理”发展提供研究方向、思路和命题。

“企业管理思想史”丛书深入、全面地描绘了企业管理思想的历史画卷，系统梳理中西方管理思想的演化融合进程，不仅能让读者理解管理思想及其研究方法的起源、文化背景、发展过程，更有助于拓展读者思维边界，并为企业管理的实践提供良好的理论基础，具有较高的价值和社会效益。

第一，覆盖面广、核心内容扎实、重点突出，有助于“学史明理”。该丛书从中西方古代文明的管理思想入手，探讨工业革命前后的管理思想，包括科学管理、古典管理理论、行为科学、现代管理思想乃至于当代管理思想等；紧密结合相关理论产生的时代背景，紧扣形成、发展的演进脉络，有利于读者更好地理解相关企业管理理论的一脉相承、百家争鸣之妙。

第二，突出中国问题、中国元素和中国方案，有助于“学史增信”。该丛书各分册都设置“前沿命题和未来发展”章节，旨在提出企业管理理论研究前沿与中国化命题，为中国管理创新与变革提供新思路。

第三，注重比较分析，强调管理智慧和道德融合统一，有助于“学史崇德”。该丛书总结归纳企业管理实践创造和历史经验的启迪智慧，为“商智”和“商德”辩证统一正本清源，为中国管理理论发展提供正信、正念和正能量。

第四，探讨管理创新，提倡学以致用，有助于“学史力行”。企业管理思想史是企业管理实践最好的教科书，也是最好的清醒剂。不仅有助于读者把学习企业管理思想史同推动实际企业管理工作结合起来，也有利于读者将管理智慧同企业管理实际问题结合起来。

一部管理思想史，就是一部人类文明的发展史。以史为镜，可知兴替。管理思想史研究除了探索历史真相以正本清源，为现实管理实践提供历史借鉴外，更重要的是要通过历史映照未来，揭示管理思想的发展趋势。因此，学习该丛书，读者能够了解人类对管理的认知历程，管理者能够从中汲取历史经验与教训。“企业管理思想史”丛书是不可多得的管理智慧结晶，契合目前“中国元素”理论创新与变革的大趋势，为中国新管理理论突破与发展奠定坚实的基础，助力中华民族早日实现伟大复兴的中国梦。

中国企业管理研究会会长

中国社会科学院工业经济研究所研究员、博士生导师

2022 年 3 月 18 日

前 言

党的十八大以来，习近平同志把创新摆在国家发展全局的核心位置，高度重视科技创新，围绕实施创新驱动发展战略、加快推进以科技创新为核心的全面创新，提出一系列新思想、新论断、新要求。2021 年 3 月 15 日，《求是》杂志发表习近平总书记的署名文章强调，中国要努力成为世界主要科学中心和创新高地。近年来，中国的发展犹如中国高铁的飞驰，一刻不停地高速向前。《左传》有云，居安思危，思则有备，有备无患。中国已经成为世界第二大经济体，更是 2021 年全球新冠肺炎疫情危机下唯一实现经济正增长的主要经济体，但是，中国创新发展的紧迫感一点儿都不能少，一丝也不能丢。进入 21 世纪，全球新一轮科技革命和产业变革向中国速度提出挑战。创新作为全球变局中的不变核心，又一次成为焦点。

创新研究是紧密伴随实践发展起来的。第一次工业革命即出现了以蒸汽机为代表的技术创新，19 世纪初期，以技术创新为核心内涵的创新概念首次被定义。第二次世界大战之后，军事和民用部门的创新研发飞速发展，如何让创新更具效率的问题出现，从经济学角度对创新的考量逐渐发展。进入 20 世纪 60 年代，伴随实践中技术创新的涌现，汤姆 · 伯恩斯（Tom Bruns）和乔治 · 斯托克（George Stalker）开始从管理学角度开展创新研究。他们的研究与熊彼特早期的研究共同构成了创新管理思想的萌芽。进入 20 世纪

90年代，伴随着新技术的发展，创新管理研究快速崛起，学者们开始从生态系统视角、生命周期视角、技术视角、竞争优势及能力等各种视角开展创新管理研究。20世纪90年代末，出现了聚焦小/新生企业的颠覆式创新理论，又一次扩充了创新管理思想的研究边界。进入21世纪，全球经济不断融合、协同，强调更开放地开展创新的实践推动了开放式创新理论的诞生，同时，在欠发达地区推进的创新实践也催生了朴素式创新、包容性创新理论，服务业的发展和新技术带来的新商业模式也催生了服务创新和商业模式创新等新理论。创新管理研究越发深入到了经济社会生活的各方面。

中国的创新管理研究自1978年起步以来，伴随着中国经济的发展逐渐繁荣起来，尤其是2006年以后，我国提出了自主创新的发展战略，中国管理创新思想逐步涌现。发展至今，已有一批学者提出了具有中国特色的创新管理思想，包括蔺雷提出的中国服务创新轨道理论、王毅的基于构建元素知识的企业技术核心能力成长机理研究、朱桂龙首次提出的产学研合作创新网络组织概念、吴晓波提出的“超越赶超”概念、高旭东的自主技术创新的“社会学习理论”和“两阶段理论”研究、李垣的中国情景下企业公司治理与中国企业创新理论研究、苏敬勤的构建中国企业管理所嵌入的基础情景架构、魏江提出的非对称创新战略、许庆瑞提出的全面创新管理、陈劲提出的自主创新概念及整合式创新框架等。

当前，伴随着中国经济的发展，我们提出具有中国特色、中国风格、中国气派的创新管理理论既有必要又有条件。同时，新冠肺炎疫情和产业革命的浪潮交织，创新的迭代速度及变革力度再次颠覆，实践的发展对创新管理提出了新的需求和挑战。为此，笔者梳理百年创新管理研究的成果，以期为中国未来的创新管理实践和理论发展提供研究基础，加速创新管理研究的学科建设。

本团队围绕创新管理进行了大量研究，实地走访了百余家企业，在长期且深入的理论与实践探索中发现：创新管理思想犹如管理丛林，浩如烟海，初入门者畏之，此山中者困之，旁观者惧之，但其又显示出强大的吸引力、凝聚力和持久力。为此，本书以创新管理思想作为研究对象，按照时间序列和创新管理思想的发展脉络，运用文献分析法，依据“创新管理思想概述—创新管理思想理论溯源—创新管理学派—前沿命题与未来发展”的编排思路，从思想概况、发展脉络、代表人物等方面，对创新管理思想进行系统阐释。

作为“企业管理思想史”系列之一的《创新管理思想史》，具有以下三方面的特色。

第一，学派划分的独特性。本书从创新管理的对象出发，将创新管理思想划分为企业技术创新管理学派、企业非技术创新管理学派及社会创新管理学派，并梳理了每个学派中的主要创新管理思想的发展历程、代表人物、核心思想，对每个学派的发展进行了概括总结和文献述评。

第二，研究视角的新颖性。本书通过系统梳理，总结了未来的创新管理研究命题，从可持续发展和中国特色的创新管理两个具有国际视野和中国特色的视角提出了相关命题。此外，本书还跳出研究本身，从研究方法角度给出了后续研究者在开展创新管理研究上的建议。

第三，研究资料的翔实性。本书涵盖了近百年的创新管理思想史的主要研究思想，并对每个学派的主要创新管理思想都做了时间序列分析，参考的研究资料的时间跨度大、种类多样、体量丰富。本书的内容及参考资料有利于后续学者开展相关研究。

本书的出版是对浩如烟海的创新管理思想的一次探索，但出版并非结束，如若本书对创新管理思想史的梳理和理解，能为读者走进创新管理研究提供帮助，便达到了本书编撰和出版的目的，这也是对本书的一种延续。同时，由于笔者水平有限，书中难免有疏漏之处，望读者理解与包涵，也欢迎各位读者给予批评指正。

本书由江西财经大学工商管理学院胡海波教授总撰定稿。本书的出版还得益于众多人的共同努力，感谢卢海涛、王怡琴、毛纯兵、费梅菊、余钒、刘晨、肖王乾等人的参与，他们不仅提出了诸多建设性意见，使本书的谋篇布局更具特色和价值，而且利用较长的时间协助完成资料的收集与整理、文稿编辑和校对。特别感谢在本书写作及出版过程中，余来文先生所做的大量细致而周到的工作。

2022 年 2 月

目 录

第一章
创新管理思想概述

▲

CHAPTER 1

创新是人类进步和社会发展的永恒话题，以创新为关键的生产活动也是关乎企业基业长青的要素。长久以来，全球企业的竞争集中体现在科技竞争，而科技竞争的核心就在于技术创新。人类社会经历的前三次工业革命，技术创新始终都是创新管理的核心主题，而伴随全球经济发展，非技术创新也成为企业弯道超车的一大关键。进入新时代，以人工智能、大数据、云计算等为代表的新一代技术掀起了新一轮技术革命，在这个机遇期，创新管理（Innovation Management，IM）之于企业的重要性越发凸显。

第一节　创新管理思想的形成与发展

经济学与管理学是紧密相连的。经济学上，创新理论来自约瑟夫·熊彼特（Joseph Alois Schumpeter）1912 年出版的著作《经济发展理论》（*The Theory of Economic Development*）。此后，创新管理思想跳出经济学领域，渗透进各个学科和领域。为了厘清创新研究的核心发展脉络，本书聚焦经济学和管理学的创新管理思想发展，并基于法格伯格（Fagerberg）等（2012）对国外创新管理研究思想的演化过程的划分，参照其设立的时期节点和各阶段研究主线，提出了创新管理思想的三阶段发展脉络，分别为萌芽阶段（1912—1959 年）、发展阶段（1960—1989 年）和拓展阶段（1990 年至今）。

一、萌芽阶段（1912—1959 年）

萌芽阶段从 1912 年到 1959 年，即从第一本创新研究的著作出版到 20 世纪 60 年代资本主义经济进入“黄金时期”之前的阶段。

（一）研究的背景和主要问题

1. 技术发展：第一次工业革命和第二次工业革命

第一次工业革命（18 世纪 60 年代至 19 世纪 40 年代）刺激了社

会经济的快速发展，而这种刺激主要体现在技术的升级上。生产动力的技术变革极大地刺激了经济的发展，开创了人类以机器代替人工劳动的时代。因此，经济社会发展中的技术升级自然而然地成为经济学家试图解释的重要命题。例如，回答技术升级的原因及技术如何升级的问题。

第二次工业革命（19 世纪 60 年代后期至 20 世纪初）以电气技术为核心的技术革命掀起了世界经济的又一轮增长浪潮，许多国家进入了发展的“黄金时期”。19 世纪后期，经济的飞速发展使许多企业建立和发展起来，它们的成功和技术的升级密切联系。传统的经济理论中将资本、劳动力等要素简单相加的做法已无法有效解释这些企业的创新发展（张磊和王森，2008），回答企业发展与技术升级的关系也是经济学家要研究的重要问题。

2. 经济矛盾：周期性的经济危机

19 世纪 70 年代以后，资本主义世界出现了 5 次经济危机，分别发生在 1873 年、1882 年、1890 年、1900 年及 1907 年。其中，1873 年世界经济危机的爆发，标志着资本主义经济从自由竞争阶段向垄断阶段转变，主要表现为重工业快速发展、生产和资本的集中、社会贫富矛盾激化等方面。5 次经济危机的爆发呈现出一种规律性，即大概 7 年至 10 年爆发一次。经济危机的频发加速了大企业兼并中小企业的进程，垄断资本主义愈演愈烈，财富不断向少数群体集中，社会的贫富差距更大，由此也进一步刺激了社会矛盾的爆发，而帝国主义对世界的分割也进一步激化了各方面的矛盾。这种不稳定的经济状态和社会日益激化的矛盾，引发了经济学者和思想学家进一步思考资本主义经济发展的规律，思考资本主义产生的原因、发展的过程等问题，他们试图解释资本主义经济出现周期性经济危机的深层次原因。

3. 世界战争：第一次世界大战

1914 年爆发的第一次世界大战被称为欧洲历史上最具破坏性的战争之一，它极大地破坏了经济的发展，给人类社会带来了沉重的灾难，使资本主义经济受到重创。1929 年，美国股价崩盘，出现了 1929 年至 1933 年的经济大萧条。这场危机也波及所有资本主义国家，导致了大规模的经济危机，这也是现代社会持续时间最长的一次经济萧条，导致了大规模的失业和社会动荡。

在这种背景下，创新理论的提出是由于技术革命带来了资本主义经济发展，从而引发了一系列未解问题。随着经济学家对资本主义的发展规律和认知逐渐深入，从创新角度来解释资本主义发展动力、矛盾及进程的思想开始萌芽。

（二）问题的探索和新理论的提出

1912 年，熊彼特提出创新理论。为了解释资本主义经济出现的周期性现象及工业革命之后经济爆发式增长，一批经济学家和思想家从不同角度思考经济背后的规律。1912 年，熊彼特在《经济发展理论》中提出了创新理论。熊彼特的创新理论主要包括四个方面的内容：一是创新的含义，创新是建立一种新的生产函数，把从未纳入过的生产要素或生产条件的新组合纳入生产体系；二是创新的主体，企业家是创新的组织者，推动创新的产生；三是创新的传导机制，即“创新性破坏”的过程，也即新技术或新行业产生和取代旧技术或旧行业的过程；四是创新的模式，熊彼特将创新（Innovation）与发明（Invention）区分，提出新产品、新生产方式、新市场、新材料及其来源、新的组织形式都是创新。同时，他也认为，创新是资本主义的推动力，没有创新就没有资本家的回报。作为创新研究的起点，熊彼特将技术进步与经济增长联系起来，他的研究揭示了创新作为经济增长最终源泉的重要作用，并开创性地提出了创新的定义（1934）。

1939年和1942年，熊彼特又分别出版了《经济周期》（*Business Cycles*）和《资本主义、社会主义与民主》（*Capitalism*，*Socialism and Democracy*），进一步阐释创新理论。他认为企业会通过创新维持自身的高利润，并且大公司拥有巨大的优势，比如新的管理规则。

遗憾的是，1950年及以后的十年间，熊彼特的创新理论并未立即得到重视，这与同时期掀起的“凯恩斯革命”有一定的关系。直到第二次世界大战结束后，资本主义经济快速发展，部分国家进入发展的“黄金时期”，军事和民用部门的政策制定者才开始对研发和创新产生兴趣（法格伯格等，2012）。他们聚集了一些年少有为的经济学家从经济学角度对创新、研发、发明等议题进行研究。

二、发展阶段（1960—1989年）

发展阶段介于1960年到1989年之间，即从第一本有关创新研究的代表性著作出版到互联网兴起之前的阶段。

（一）研究的背景和主要问题

1. 技术发展：第三次工业革命

第三次工业革命（20世纪四五十年代开始）促使科学技术水平大幅度提高，科学技术在经济社会发展中的作用越来越突出，技术成果的市场转化率加快，科学研究与技术创新紧密结合，各学科之间的交叉融合也在加快。空间技术、原子能技术及电子计算机等技术的发展促进了经济发展的步伐，由此带来了经济、科技及社会生活等各个方面的变化和改革。第三次工业革命的浪潮也推动了研究者越发关注由技术革命带来的创新，而伴随着这次革命发展起来的大公司在管理创新方面的突出做法，也引发了研究者对非技术创新的关注。

2. 经济发展：资本主义经济发展的“黄金时期”及“滞胀”危机

第二次世界大战之后，伴随第三次工业革命的出现，在世界格局相对安定的环境中，资本主义经济得到了快速发展，出现了资本主义经济发展的“黄金时期”，国家和社会财富都逐渐积累起来，福利制度也帮助提升了人民生活的水平。因此，众多学者投身于解释资本主义经济的快速发展的原因和规律中。

1973 年至 1982 年，资本主义经济出现了两次“滞胀”经济危机及“石油危机”，带来了极大的负面影响，经济发展受到了重创，西方经济出现了衰退。由此，有关如何促进资本主义经济发展的创新理论的研究不断加速。

3. 研究浪潮：以创新为核心的研究机构及期刊创立

1966 年，世界第一个创新研究中心——科学政策研究所（Science Policy Research Unit，SPRU）在英国萨塞克斯大学成立，对创新管理研究起到了引领性作用。1971 年，世界上专门研究创新的第一本学术期刊——《政策研究》（*Research Policy*）——创刊，带动了创新管理研究的发展。

（二）问题的探索和新理论的提出

1962 年，技术创新与市场特征联系起来。肯尼斯·约瑟夫·阿罗（Kenneth J. Arrow，以下简称阿罗）在与其他学者合著的《发明活动的速度和方向：经济和社会因素》（*The Rate and Direction of Inventive Activity: Economic and Social Factors*）中撰写了一章内容，阐述其对发明的理解——《经济福利和创造资源分配》（*Economic*

Welfare and the Allocation of Resources for Invention）。阿罗在其文章中将发明广义地解释为知识的生产。他从福利经济学的角度出发，提出发明的最佳资源配置取决于发明过程的技术特征和知识市场的性质。阿罗的观点将技术创新和市场特征联系起来，进一步研究了熊彼特的相关观点（1962）。不过，这一时期的学者们还没有有效区分发明和创新，对创新的定义仍在探索中。

同年，创新的含义及扩散得到进一步的解释。埃弗雷特·罗杰斯（Everett M. Rogers）从社会学的视角对创新展开研究，发表了《创新的扩散》（*Diffusion of Innovations*）一书。他认为创新扩散是某种创新在一定时间内，经由特定的渠道，在某一社会系统的成员间传播的过程。他的研究进一步区分了五种参与创新扩散的人群，补充了熊彼特认为创新的主体是企业家的观点。同时，罗杰斯对创新扩散进行了阶段划分，细化了实现创新被接受及采纳的过程，他也定义了创新应具备的五个要素，进一步界定了创新的内涵（1962）。

1974 年，人们开始从系统的角度研究创新。克里斯托夫·弗里曼（Chris-topher Freeman）发表《产业创新经济学》（*The Economics of Industrial Innovation*），较为全面地梳理了这一时期兴起的与科学相关的技术，从企业理论和科技全球化两个方面，分别诠释了创新的微观和宏观经济学，并且阐述了创新与公共政策的关系。此书因内容丰富，被誉为当今创新经济学领域的高级教材。

1982 年，理论界进一步从时间演化的维度研究创新。理查德·尼尔森（Richard R. Nelson）和西德尼·格雷厄姆·温特（Sidney Graham Winter）合著出版了《经济变迁的演化理论》（*An Evolutionary Theory of Economic Change*），这本书认为当面临技术创新和企业竞争时，利润最大化和市场均衡的新古典经济学基本假设无法成立。他们从进化论的角度，回答创新与长、短期的绩效问题，并认为企业需要进行多次创新，新奇是导致永无休止的经济变化的原因，新奇包括新偏好的形成、技术和制度的创新及新资源的创造（贾根良，2004）。同年，纳丹·罗森伯格（Nathan Rosenberg）出版了《黑匣子内部：技术和经济》（*Inside the Black Box*: *Technology and Economics*）。他溯源技术发展的历史，尝试回答了技术创新中的“黑匣子问题”，解释技术变革是如何发生的。

1984年，创新的内涵进一步被探讨和分类。凯思·帕维特（Keith Pavitt）在《技术变革的部门模式：走向分类和理论》（*Sectoral Patterns of Technical Change*: *Towards a Taxonomy and a Theory*）一文中，将创新按部门类型划分为以供应商为主、生产密集型（规模密集型和专业化供应商）和以科学为基础等模式。

1988年，理论界开始从用户的角度探讨创新如何产生。埃里克·冯·希普尔（Eric Von Hippel）在《创新的源泉》（*The Sources of Innovation*）中首先指出了用户在创新中的重要作用，进一步发展了帕维特（1984）的思想，阐释了在创新过程中用户与生产者之间的劳动分工。

综上所述，这一时期创新研究的重要著作接连出版，创新管理的思想不断发展，总体上，研究者的关注点主要在两个方面：一是创新的内涵，包括从时间、部门类型及用户、系统等角度对创新进行的分类；二是创新如何形成、发展或扩散，也包括从演化经济学的角度，进一步证明了创新在企业的长期发展中是关键动力。这些研究内容构成了后续学者凝练创新管理思想的基础。此外，虽然这一时期创新研究依然主要集中在经济学领域，但已经较为明显地呈现出向更为微观的企业经济或管理方面发展的趋势。

从中国对创新管理思想的影响来看，20世纪90年代之前，中国对创新管理思想的发展主要体现在实践运用方面。1978年，邓小平提出“科学技术是生产力”的观点，随后，一系列推动科学技术发展的国家政策相继推出，中国科技创新在不断探索中实现了新的发展。由此，中国创新管理研究开始起步。

1986年，国家自然科学基金委员会成立，资助了大量科技创新研究课题，一大批重要著作和学科带头人涌现，如史清琪等学者结合我国国情出版的著作《技术进步与经济增长》。总体而言，这一阶段的中国创新管理研究仍处于起步阶段，主要是对西方创新管理理论的引进和消化吸收。一方面，相关研究主要集中于对机制模式、政策环境及概念理论的探索上，特别是对西方相关理论的介绍、机制模式的理论及技术创新政策的分析等方面。另一方面，相关研究在介绍西方创新管理研究成果的基础上，集中探讨了企业创新的动力问题。

三、拓展阶段（1990年至今）

（一）研究的背景和主要问题

1. 技术发展：互联网改变世界

第三次工业革命的浪潮持续发展，1990年，万维网（World Wide Web，WWW）诞生，第一个拨号上网的商业供应商The World上网。如今，互联网对世界的影响几乎已经渗透到衣食住行的每一个角落。对于研究者来说，互联网的发展不仅开阔了研究的视野，也推动了世界经济的紧密联系，从而影响了研究者的探索方向，全球企业间的竞争成了创新研究的重要议题。

2. 经济发展：全球经济进一步发展

全球经济的紧密联系加剧了全球企业间的竞争，在相对和平的发展环境中，各国经济都在不断发展。但是，全球经济也面临着增速放缓的问题，一些国际企业在面向新兴市场发展过程中采用了创新性的策略，促使关于新兴经济体的创新研究不断涌现。与此同时，这一进程助推了一些非技术创新方面的创新研究的产生。

3. 中国崛起：世界第二大经济体

1978 年改革开放以来，中国经济快速发展。2010 年，中国成为世界第二大经济体，国内生产总值达到 40 万亿元人民币，中国 GDP 呈现高增长态势。经过蓬勃发展，中国企业在本土和国际舞台上逐渐扮演着重要的角色，中国企业的创新发展被全球学者关注和研究。进入 21 世纪，中国企业的创新能力不断增强，表现出独特的中国管理特色，提炼和总结中国企业创新管理思想的步伐也逐渐加快，以中国实践为基础提炼出的创新管理思想逐渐成为世界创新管理思想的重要部分。

（二）问题的探究和新理论的提出

1990 年是创新管理研究快速发展时期的开端，一些在创新管理研究领域具有深刻影响的文献都在这一年面世。此后的数十年间，创新研究在各个领域发展，创新管理思想深入各领域的各个环节。

1990 年，保罗·罗默（Paul Romer）在其著作《内生技术变革》（*Endogenous Technological Change*）中阐述了技术的两个特征及其对技术创新的影响。一方面，技术的非竞争性不妨碍技术扩散；另一方面，技术的部分排他性保证了所有参与者都能从技术创新中受益。同年，丽贝卡·亨德森（Rebecca Henderson）和金·柯拉克（Kim Clark）从实现方式的两个维度将创新划分为渐进式创新、突破式创新、架构创新与模块创新，其中架构创新在企业层面得到了广泛应用。此外，1990 年，韦斯利·科恩（Wesley Cohen）和丹尼尔·利文索尔（Daniel

Levinthal）在 *Administrative Science Quarterly* 发表《吸收能力：学习与创新的新视角》（*Absorptive Capacity: A New Perspective on Learning and Innovation*），首次提出了“吸收能力”这一概念。这一概念的提出不仅对知识创造和组织学习研究做出了理论贡献，而且对企业内部研发层面的创新具有重要的实践意义。

同年，迈克尔·波特（Michael E. Porter）出版《国家竞争优势》（*The Competitive Advantage of Nations*），提出了研究国内因素对促进创新增长的影响。这项研究成果极大地促进了产业经济学中的创新研究进入管理学的研究框架中。

1992年，伦德瓦尔（Bengt-Ake Lundvall）出版了《国家创新系统：建构创新和互动学习理论》（*National Systems of Innovation: Towards a Theory of Innovation and Interactive Learning*），在研究国家创新系统时将创新看作一个互动的过程，强调跨部门的相互作用。1993年，理查德·尼尔森（Richard R. Nelson）出版了《国家（地区）创新体系：比较分析》（*National Innovation Systems: A Comparative Analysis*）。二者的研究在迈克尔·波特强调国内因素的基础上，都强调研究国家创新和促进绩效增长的各种因素之间的相互作用。

1997年，戴维·蒂斯（David Teece）聚焦企业微观层面，基于资源基础观提出了“动态能力”概念，指出整合、建立、重构资源和竞争力的能力是企业的动态能力，是企业获得持续竞争优势的关键所在。此后，学者们也逐渐认同动态能力有助于提高企业的创新绩效（Helfat，1997）、财务绩效（Zott，2003）。

同年，克莱顿·克里斯坦森（Clayton M. Christensen，以下简称克里斯坦森）提出了创新者窘境中的“颠覆式创新”（国内又称“破坏性创新”或“颠覆性创新”）理论，为“后发”企业在市场中获得竞争优势、改变自身在价值链中的地位以实现跨越式发展指明了方向。根据克里斯坦森的观点，小 / 新生企业可以凭借廉价的低端产品满足边缘顾客的需求获得竞争优势，然后“颠覆”高端市场和主导企业。

1997 年，帕维特、玖·迪德（Joe Tidd）、约翰·本珊特（John Bessant）合著的《创新管理：技术变革、市场变革和组织变革的整合》（*Managing Innovation*: *Integrating Technological*, *Market and Organizational Change*）（以下简称《创新管理》）一书，从创新过程的解析角度出发，认为创新管理是一种学习能力，这种能力的获得使组织能够在面对相同问题时，采用适合自身所处环境的方法来解决问题。

《创新管理》一书指出了影响创新管理的因素，包括创新的类型（服务创新和非服务创新）、组织的类型（商业组织和非营利组织）、组织的规模（小型组织和大型组织）、创新的层面（项目层面、企业层面、地方层面、区域层面或国家层面）、创新的参与者（涉及单个企业和涉及多个主体）、创新的环境等，其中创新的类型、组织的类型和组织的规模是尤为重要的影响因素。《创新管理》一书还回应了一些人对创新管理持有的反对观点。作者认为，创新过程的特性是不确定性的和表面任意性的，但是仍然有可能找到基本的成功模式。虽然创新管理不能保障创新一定成功，但有利于提高创新成功的概率。

进入 21 世纪后，创新管理研究的一个主要趋势是强调各行动者在经济中的协同作用，即强调创新应转变为一个更开放而非封闭的系统，并重视个体在创新中的贡献。在此方面，两项具有代表性的研究成果分别是亨利·切萨布鲁夫（Henry Chesbrough）于 2003 年提出的开放式创新理论和印度学者纳维·拉乔乌（Navi Radjou）于 2012 年提出的朴素式创新理论。开放式创新理论自 2009 年以来被研究者广泛接受，至今仍是创新研究的热点领域之一。开放式创新理论通过鼓励企业同时利用内外部的创新资源和市场资源，打破了此前以内部研发中心为主的封闭创新模式。朴素式创新理论则更强调灵活性、包容性及有限资源限制下的节俭解决方案。尽管这种创新模式起源于印度这样的发展中经济体，但在发达经济体中朴素式创新理论提倡的“用更少资源达成更多”的思想也越来越被普遍接受。

除了上述具有代表性的创新研究外，还有很多有潜力的研究工作值得关注，如包容性创新（Prahalad，2012）、服务创新（Wooder 和 Baker，2012）和商业模式创新（Chesbrough，2010）研究等。

21 世纪以来，中国益发重视创新。以“科教兴国”战略为代表的一系列国家政策和法律法规的陆续推出，同时随着大量国外先进技术的引入，中国科技水平实现了指数式增长。但是，中国自主创新能力不足的问题日益凸显，由此，中国科技创新政策开始强调自主创新。2006 年，国家确立了自主创新的发展战略，提出“自主创新、重点跨越、支撑发展、引领未来”的指导方针。

2012 年，全国科技创新大会再次将我国的科技体制改革提上议程。随后，在《国家创新驱动发展战略纲要》所提出的“三步走”发展目标的引领下，我国科技创新水平达到了前所未有的高度。公平的竞争环境逐步形成，市场导向的创新机制和高效的科学研究体系逐步建立。2012 年以后，伴随中国经济社会的发展，中国独特情境的创新实践不断涌现，研究者逐渐关注到中国特殊情境下的创新管理具有与西方不同的发展思路。因此，以许庆瑞为代表的一批管理学者在中国创新管理上进行了诸多探讨。

2003 年，在传统的创新管理基础上，许庆瑞等中国学者提出全面创新管理（TIM）的框架，突出强调了要在企业范围内进行全面创新，让创新涉及各个部门和员工。他们认为，全面创新管理要以培养核心能力和提高持续竞争力为导向，以价值创造为目标，让各种创新要素有机组合和协同，从而做到全面创新。全面创新管理的内涵包括：全要素、全时空、全员和全面协同创新。

从中国的特色创新管理思想来看，具有代表性的创新管理研究还包括二次创新（孙冰和尚青岩，2003）、非对称创新（魏江等，2017）、整合式创新（陈劲等，2017）、数字创新（刘洋等，2020）等。

第二节 创新管理思想史理论体系

创新管理思想史理论体系包含了多种创新管理理论的发展史，对当下创新驱动发展起到了理论指导的作用。为深度剖析创新管理思想史的理论体系，有必要交代清楚本书的理论梳理逻辑框架、主要研究内容和采用的研究方法。

一、研究逻辑框架

对创新管理思想史的归纳整理，遵循这样的整体研究逻辑：首先，对中西方创新管理思想的形成与发展进行溯源，整理中西方创新管理理论基础，并进行对比分析；其次，对企业技术创新管理学派、企业非技术创新管理学派和社会创新管理学派的形成与发展、主要内容、代表性学者等进行系统梳理与分析；最后，探讨创新管理的前沿命题与未来展望。创新管理思想史研究逻辑框架如图 1-1 所示。

二、研究内容及研究问题

本书的主要研究内容旨在对企业技术创新管理、企业非技术创新管理和社会创新管理三大学派进行梳理与论述，并结合当下创新管理趋势，对创新管理的前沿理论和前沿研究方法展开系统性梳理，由此形成本书的两大研究问题。

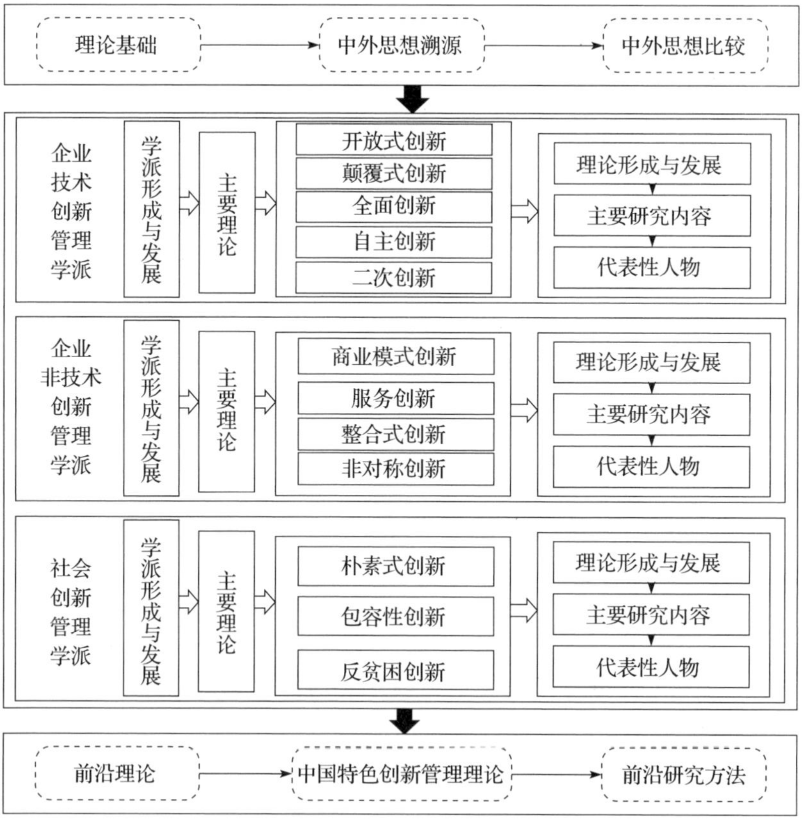

图 1-1　创新管理思想史研究逻辑框架

（一）研究内容概述

本书共分为六章。

第一章为创新管理思想概述，对创新管理思想的形成与发展进行分阶段阐述，构建具体的研究逻辑框架，并对具体的研究内容、思路与方法等展开论述。

第二章为创新管理思想理论溯源，在分别对中西方创新管理理论起源理解的基础上，进一步对中西方创新管理思想展开比较分析。

第三至第五章分别对企业技术创新管理学派、企业非技术创新管理学派和社会创新管理学派展开详细分析，阐述不同创新思想的形成与发展、主要研究内容、代表性人物等。

第六章为前沿命题与未来发展，主要阐述创新管理思想前沿与热点问题，论述具有中国特色的创新管理思想，分析前沿方法等。

（二）主要研究问题

创新管理思想为组织发展提供了理论指导，是战略管理的重要内容。结合当前学者们对创新管理思想的研究，本书在总结与归纳现有研究成果的基础上，进一步整合不同学派的创新管理观点。具体来说，本书旨在解决两大关键问题。

一是分析与归纳创新管理思想发展史，搭建更为完备的创新管理思想理论体系框架。本书在整合前人研究的基础上，将国内外创新管理思想史划分为萌芽、发展与拓展三个阶段，对每个阶段的主要观点与内容进行整合与分析，较为精准地寻找创新管理思想从形成到成熟的发展路径。

二是综合分析企业创新管理学派与社会创新管理学派的主要内容，搭建不同创新管理学派的内容框架。结合对创新管理思想史阶段划分的理解与对前人研究的把握，本书进一步对企业技术创新管理学派、企业非技术创新管理学派与社会创新管理学派的发展过程、主要代表性理论等展开分析，找寻不同学派的核心观点，为提出未来研究展望提供研究基础。

三、研究方法

本书使用了文献分析方法、总结归纳方法和比较分析方法，在梳理理论关键文献的基础上，对相关创新理论的观点进行归纳总结，并适当进行比较分析。

第一，文献分析方法。本书旨在深度挖掘创新管理思想理论的发展史，重点使用文献分析方法。为了理解创新管理思想理论，本书需要对本领域的相关理论文献展开系统搜集与整理，对不同阶段、不同学派的创新管理思想理论文献展开系统分析，以保证本书研究内容的信度。

第二，总结归纳方法。总结归纳是本书的基本性质，所以需要运用总结归纳方法。本书在论述创新管理思想理论的过程中，需要综合考虑创新管理思想在不同阶段、不同学派间的差异，通过系统分析得出具有普遍意义的理论框架，以更好地挖掘与理解创新管理思想的发展规律。

第三，比较分析方法。本书需要系统分析国内与国外创新管理思想的产生背景、核心观点、主要内容等，需要对中西方创新管理思想理论进一步展开对比分析，需要科学地运用比较分析方法展开系统研究，以保证能找出国内外创新管理思想的异同。

小结与评述

“欲知大道，必先为史”，历史见证了一个事物的发展过程。作为全球管理理论的重要组成部分，创新管理思想是全球管理实践的宝贵精神财富。处于新时代发展趋势和全球危机加剧的宏观背景下，需要从创新思想历史中获得启迪，从历史经验中寻找克服全球危机的思路，以更加昂扬的奋斗姿态和精神面貌，建功新时代、奋进新征程。本章着重对创新管理思想史的发展背景与发展阶段展开分析，了解创新管理思想的形成与发展，在此基础上做到“学史明理、学史增信、学史崇德、学史力行”。

第一，学史明理，即从历史的角度理解创新、企业创新和社会创新的含义。创新是指创造新技术并将其引入产品、工艺或商业系统之中，或是创造全新的产品和工艺及对现有产品和工艺的重大技术改进，或是产品被引入市场（产品创新）、生产工艺得到应用（工艺创新）。企业创新在创新管理战略、创新管理组织、创新资源、创新文化四个方面发挥着重要的作用（陈劲和郑刚，2013）。社会创新是一种以解决社会问题为目标的创新活动，这种创新活动具有明显的社会属性，需要不同利益相关者相互协作，以推动社会进步（陶秋燕和高腾飞，2019）。按具体内容划分，创新可分为产品创新、工艺（流程）创新、服务创新、商业模式创新四大基本类型。

第二，学史增信，即在梳理和学习创新管理思想史的过程中，进一步增强对中外创新管理思想的信心，增强对中国特色创新管理思想的信任与信心。在增强信心的同时，认清未来发展道路。我国逐渐形成了强化要素、增强主体、优化机制、提升产业、集聚区域、完善环境、扩大开放、形成反馈的创新政策发展路径，政策措施持续迭代完善，亟须更符合时代要求的创新理论进行指导。

第三，学史崇德，即鼓励创新管理学者和管理实践者等传承中西方创新管理的优秀成果，沿袭熊彼特等创新管理大家的思想，沿着理论服务实践的道路，鼓励更多的年轻学者加入创新管理思想研究，破解创新管理前沿命题。

第四，学史力行，即在学好创新管理思想理论的基础上，用好相关理论，用理论指导中国实践。当前，国际经济竞争乃至综合国力竞争，说到底是创新能力的竞争。在新时代背景下，谁能在创新上下先手棋，谁就能占据主导位置。为实现经济高质量发展，我国必须重视创新的作用、发挥创新的力量、锻造创新的引擎、普及创新管理相关知识，在国家、社会和企业诸多层面开创创新驱动新局面。

第二章

创新管理思想理论溯源

▲

CHAPTER 2

基于对创新管理思想的阶段划分，按照发展时序和理论焦点，本章分别梳理了西方创新管理思想和中国创新管理思想的理论发展脉络，并对中西方创新管理思想的发展特征与逻辑进行了比较。

第一节　西方创新管理理论溯源

参考 Fagerberg 等（2012）的研究，根据创新管理研究的关键节点，本书将西方创新管理研究划分为三个阶段：萌芽阶段（1912—1969 年）、产业创新阶段（1970—1989 年）和繁荣发展阶段（1990 年至今）。本节将以点带面，基于对代表性创新管理理论的定义与溯源，展现百余年中西方创新管理理论体系的发展演化过程。

一、萌芽阶段（1912—1969 年）

（一）基础创新理论

创新理论的诞生源于学术研究的突破。哈佛大学经济学教授约瑟夫·熊彼特的研究工作揭示了创新作为经济增长最终源泉的重要作用，并开创性地提出了创新的定义，被誉为“创新理论”的鼻祖。

1912 年，熊彼特出版了奠定他一生学术基础的最重要的著作《经济发展理论》，创立了以创新思想为基础的动态发展理论，打破了当时传统的静态分析方法，强调企业家和创新者对资本主义的重要性，轰动了西方经济学界。为进一步发展理论，熊彼特于 20 世纪 30 年代至 40 年代，相继在《经济周期》和《资本主义、社会主义与民主》两本书中对所提创新理论加以运用和发挥，形成了以“创新”

为基础的独特理论体系，标志着西方创新管理思想的奠基理论——熊彼特的基础创新理论正式形成。

基础创新理论对于西方创新管理学派的贡献在于三个方面：一是明确了创新的定义，即把一种关于生产要素和生产条件的“新组合”引入生产体系，强调创新的“非单一技术性”，需与组织生产紧密结合；二是强调了创新的动态性及其对经济发展的重要意义；三是从观念更新和能力培养两个方面指导企业家实施创新（Schumpeter，1934）。

（二）创新扩散理论

如果没有经历扩散，创新将很难对人类社会和经济发展真正产生影响。美国新墨西哥大学教授埃弗雷特·罗杰斯是创新扩散理论研究的先行者，也被誉为传播学分支学科发展传播学的创始人。1962 年，罗杰斯出版了《创新的扩散》一书，认为创新的扩散即一项创新经过一段时间，通过特定的渠道，在某一社会系统的成员中传播，即“创新扩散理论”。

创新扩散的要素包括创新、传播渠道、时间及社会系统四项。其中，创新可被归纳为相对优势、兼容性、复杂性、可试性和可观察性；传播渠道则指个体之间信息传播的方式或者手段，它又可以分为按照大众媒体进行传播的大众传播和依靠个体之间口碑交流的人际传播两种方式；时间指创新在社会系统的成员间传播的过程，主要由创新采用决策过程和创新采用速度两项因素决定，由此得到的曲线被定义为创新扩散曲线；社会系统是指由相互关联、面对共同问题、有着共同目标的单位组成的创新扩散环境，社会系统的结构、规范等多项因素将影响创新扩散的进程。

1983 年，罗杰斯进一步提出了关于创新扩散过程的修正模式，即创新决策过程，包含消费者从知晓某项创新开始，经过一系列活动，最后决定是否使用此创新的五个阶段，即知晓阶段、劝服阶段、决策阶段、执行阶段与确认阶段。

创新扩散理论在基础创新理论的基础上进一步发展了创新的动态性，并通过更为形象的创新扩散曲线和四项扩散要素构建了对创新如何动态发展的理解。

（三）技术创新与资源配置理论

早在20世纪50年代，经济学家就已经从经验数据中发现：经济增长并不仅靠人均资本的增加，还要靠“技术进步”。但是在当时的理论模型中，“技术进步”只是一个外生变量，而不是模型内部产生的。即当时的研究更多地将“技术进步”视为一项观点，并没有具体打开组织中“技术进步”的黑箱。

1962年，诺贝尔经济学奖获得者肯尼斯·约瑟夫·阿罗在《经济研究评论》（*The Review of Economic Studies*）上发表《干中学的经济含义》(*The Economic Implications of Learning by Doing*)，突破性地描述了一种“技术进步”的过程。技术是由“学习”获得的，而学习是以往经验的结果，也就是说，干得越多，经验越多，人均产出也就越多。因此，在他的模型中，人均生产率随着经验的积累而提高。由此推导出的生产函数具有规模收益递增的特点，而不是一般均衡理论中假定的规模收益递减，该模型被认为是经济研究领域第一个“内生增长”的模型。此外，阿罗发现的这种“技术进步”过程，进一步提升了学者对于组织内技术问题的关注，是“技术创新”研究发展的良好铺垫。

同年，阿罗发表重要文章《经济福利和创造资源分配》，将发明广义地理解为知识的生产，并认为从福利经济学的角度来看，确定发明的最佳资源配置将取决于发明过程的技术特征和知识市场的性质。在发明的情况下，竞争系统由于收益递增、不适用性和不确定性而无法实现最佳资源配置。因此，为了对发明进行最佳分配，政府或其他不受盈亏标准约束的机构有必要为研究和发明提供资金。本书将该理论体系与创新领域相关的知识定义为“技术创新与资源配置理论”。

值得注意的是，尽管萌芽阶段的主要创新理论建立在经济学、社会学研究的基础上，但其关于创新定义的论述及企业家在创新中的角色已经涉及管理学情境，对后续创新管理研究具有启发借鉴意义。

二、产业创新阶段（1970—1989 年）

（一）产业创新理论

基于熊彼特创新理论，曾任英国萨塞克斯大学教授的克里斯托夫·弗里曼从经济学角度提出并发展了产业创新理论体系（1974）。与熊彼特相似，弗里曼是鲜有的在经济学与管理学两大领域均以创新研究闻名的英国大师级学者，是对科技研发活动进行衡量的先行者，也是科技政策研究的卓越贡献者、“工业创新”相关实践与理论的首倡者。

弗里曼创办并领导的萨塞克斯大学科学政策研究所（SPRU）已经成为全球科技政策研究领域的权威学术机构。他培养了几代关于技术变革、创新和知识的社会研究方面的经济学家与社会学家，如帕维特和苏特均为工业创新阶段创新管理思想的代表学者，为该领域的发展做出了杰出贡献。弗里曼致力于研究全球环境下的科学和技术政策，主要研究领域涉及经济理论中的技术创新、科技指标设计、技术扩散及其影响、世界经济的结构化变革等方面，他继承和发展了熊彼特的经济创新理论思路，在分析和总结技术创新发展规律的基础上，提出了自成一派的产业创新经济学，本书统一称为产业创新理论。

产业创新理论的“圣经”——《产业创新经济学》体现了弗里曼的核心创新思想，他按照技术创新对经济体系影响的大小，将技术创新分为渐进性创新（Incremental Innovation）、激进性创新（Radical Innovation）、“技术体系”的变革（Change of Technology System）和“技术经济范式”的整体大规模变革（Change of Techno-economic Paradigm）。弗里曼的分类有利于分析与传统经济学理论不兼容的技术创新活动和现象。

产业创新理论始终坚持两个基本观念：一方面，作为经济学家，弗里曼更多地从经济角度来考察创新，以经济学为中心的跨学科研究方法不仅使其避免陷入非现实主流经济学的窠臼，更使他能够建构和驾驭宏大的研究框架，从而跳出微观现象研究的局限。另一方面，他把创新对象基本上限定为规范化的重要创新，使其得以在创新研究的不同层次上探索和发现，并得以洞察技术创新对于产业与经济发展的关键作用。

（二）经济演化创新理论

批判地继承熊彼特的研究思想，美国哥伦比亚大学经济学教授理查德·尼尔森和美国宾夕法尼亚大学沃顿商学院教授西德尼·格雷厄姆·温特被称为“新熊彼特学派”的现代旗手。早在20世纪60年代初，他们就对新古典经济学家提出的“市场选择论”进行了颠覆性的反驳。1982年，尼尔森和温特在合著的《经济变迁的演化理论》一书中将这一思想系统化，并具体区分了演化经济学中的两种重要潮流，一是关注企业行为，二是关注技术进步及由技术进步驱动的经济增长，标志着企业进化论的基本理论框架已开始逐步完整。

尼尔森和温特认为，演化理论的分析框架是通过类似生物进化的三种核心机制（即遗传性、变异或新奇性、选择过程）考察动态的演化过程的，其理论解释既包括随机性又包括系统性的筛选机制，而经过筛选生存下来的特征又具有一定惯性。“企业在较大程度上自动遵守固定的惯例”是尼尔森和温特组织遗传学的核心假定。在他们看来，组织内部的惯例化行为的核心功能是利于形成稳定的预期，并促进组织内部特定知识的存储和传播。他们使人们认识到，惯例是一种类似于基因一样的东西，它提供了经济过程中“自然选择”发挥作用的稳定的可遗传物质。他们通过对经济主体与生物体的类比，揭示了“惯例本身源于自发演化过程，并通过对行为的约束影响演化方向”的特性。在此基础上，尼尔森和温特进一步提出，组织、创新和路径依赖等进化对于企业成长的影响至为深刻。市场环境提供企业成长的界限，这一界限与企业存活能力和增长率有密切关系，即在一定环境下创新的产生和扩散问题。这一理论将分析的视角从古典经济学的资源分配转向了创新的产生和扩散，由决策制定转向了学习。

由此可以看出，以尼尔森为代表的一些新熊彼特主义技术创新经济学家开始强调李斯特传统与熊彼特传统的有机结合，即在熊彼特的基础创新理论逻辑下，重视技术创新的专有因素及具体的社会制度与文化背景。私人以营利为目的的企业是所有这些创新系统的核心，它们相互竞争也彼此合作。尼尔森的研究将重点放在变革的必要性及制度结构的适应技术变革上。他认为一个经济体的主要任务就是保护“技术的多元结构”，结合“新奇”的讨论，重要的因素是新偏好的形成、技术和制度的创新、新资源的创造等。换言之，新奇事物的创造才是关键。在这一逻辑下，演化经济学可以被认为是对经济系统中新奇事物创生、传播和对由此所导致的结构转变进行研究的经济科学新范式。本书将其定义为经济演化创新理论。

（三）创新技术政策理论

在创新研究领域，萨塞克斯大学科学政策研究所（弗里曼创立）的科技政策教授凯思·帕维特具有独特的风格，并在技术变革、技术的本质和度量在科技政策中的作用等方面形成了很多具有开创性的研究成果，被认为是科技政策研究的奠基人。其创新领域的代表性研究论文为《技术变革的部门模式：走向分类和理论》（1984）。本书将其定义为创新技术政策理论。

OECD（经济合作与发展组织）的工作经历激发了帕维特对于政策研究的浓厚兴趣，并支持了他独特的研究方式与研究路径的形成。帕维特认为分析和解释企业与产业发展差异的第一步就是要有测量科技和创新的指标，因此首创了很多新的方法来测量创新和技术变革，如与帕里·帕特尔（Pari Patel）合作，尝试将专利数据作为衡量科技发展状态的指标，并论证了技术多样性对于公司和产品的重要性；与约翰·汤森（John Townsend）等人合力，开发出了英国第一个全面的创新数据库，被认为是创新测度史上的一个里程碑。帕维特凭借自己的理论关注与研究，架起了政策研究和计量经济学之间的桥梁。

在科学研究中，帕维特采用的方法论带有浓郁的归纳色彩，通常基于实证研究或是可靠的测量数据。他在创新研究领域的突出成就主要体现在以下两点：一是率先使用了新的测量工具；二是深入挖掘了创新行为背后的本质和决定因素。帕维特独特的归纳性研究方法发展出了创新企业的分类，其1984年发表的关于创新企业分类的论文被视为创新经济领域的经典文献之一。论文通过描述和解释自1945年以来英国大约2000项重大创新的数据所揭示的技术变革的部门模式，根据技术来源等标准，得出了创新企业的三部分分类法——供应商主导型、生产密集型和科学驱动型，有助于理解技术创新的来源、技术与产业结构之间的动态关系，以及技术优势的形成。长期以来，产业经济学家都是根据企业的规模和企业的主要产品来对企业进行分类的。而帕维特提出不同行业的创新来源和目的存在着明显差异，因此他把企业的"技术竞争力"作为对企业分类的依据。帕维特分类法的出现，挑战甚至取代了当时一度盛行的基于R&D强度对产业进行分类的"技术"分类法。基于全新的分类方法，帕维特试图更加明确地描述出创新企业的行为，并预测它们后续的行动，为政策分析提供系统的框架。

1997年，帕维特、玖·迪德、约翰·本珊特合著的《创新管理：技术变革、市场变革和组织变革的整合》一书面世。在书中，他们提出创新不仅局限于大型制造行业，也是其他企业的制胜因素。创新能够提高企业的竞争力，创新也要求管理人员能够掌握一整套管理知识及日常企业管理的技能，进一步将创新理论与管理领域结合。

（四）创新战略管理理论

与熊彼特、弗里曼等创新学者相比，加州大学教授戴维·蒂斯应当属于创新管理领域的后辈，但其学术成就及其对整个社会发展的影响力毫不逊色。蒂斯是当之无愧的创新战略管理领域带头人。

1986年，蒂斯发表重要文章《从技术创新中获得利润：关于一体化、合作许可与公众政策的含义》（*Profiting from Technological Innovation: Implications for Integration, Collaboration Licensing and*

Public Policy），通过对 EMI、IBM、施乐、通用电气等多家公司的创新行为进行系统的分析，创造性地从独占性、互补性资产及主导设计等角度对影响企业创新效益的因素进行了探寻，具体讨论和发现了企业应当如何更加有效地实施创新管理战略的问题。本书将其定义为创新战略管理理论。

蒂斯认为，创新是一个系统的过程，企业想要获得更多的创新租金（也称熊彼特租金），不仅需要强大的研究和发展能力，还需要能够与之互补和匹配的各种资源和能力，后者即互补性资产（Complementary Assets），包括销售渠道、品牌、服务体系、知识产权保护体系等。在其著作中，蒂斯详细分析了计算机分层扫描的行业，认为作为创新者的 EMI 之所以被通用电气等对手轻易击败，最重要的原因在于 EMI 之前并没有涉及医疗服务领域，没有比较完备的销售渠道和品牌，也没有好的服务支持体系，即缺乏相关的互补性资产。与之相反，通用电气等公司早已在美国乃至全球构建了非常完善的销售和服务支持体系，可以在更短的时间内对客户的需求做出响应，提升了它们的竞争优势。

2006 年，蒂斯发表《重新思考〈从技术创新中获得利润〉》（*Reflections on "Profiting from Innovation"*）一文，对《从技术创新中获得利润》进行回顾、评价与发展。蒂斯在文中提出，PFI（Profiting from Technological Innovation，从技术创新中获得利润）理论框架可以被视为对熊彼特等学者创新逻辑的进一步发展。熊彼特的理论较为狭隘地将市场结构和公司规模视为企业创新的决定因素，只重视完全竞争市场结构与创新的矛盾——完全竞争的市场不利于创新，PFI 理论则突破了原有的产业组织分析模式，认为独占的和成功的创新并不是来自创新者的市场份额（既有市场结构），而是更多地依赖于创新者的自身资产结构、管理层的市场进入时间决策，以及获取相应互补资产的契约结构。此外，蒂斯还对其 PFI 理论体系进行了优化，指出企业的创新需要更加重视互补技术和各种支持性基础设施的建立与完善。

产业创新阶段的理论主要立足经济学视角，从国家和产业的宏观层面看待创新问题，尽管也已初步涉及管理问题，但未明确提出创新管理的指导性原则。回溯来看，产业发展与管理逻辑密切相关，国家创新管理与产业创新管理的相关实践也离不开经济范式，尤其是经济理论中的技术创新问题已经成为组织创新管理中的重要议题，激进性创新与渐进性创新等相关理论概念也已成为创新管理研究不可或缺的理论基础。

三、繁荣发展阶段（1990 年至今）

（一）创新竞争理论

随着创新研究的进一步发展，1990 年，哈佛商学院大学教授[①]迈克尔·波特提出创新竞争理论，代表着创新研究从经济学领域正式向管理学领域的转变。波特是全球公认的战略管理领域“第一权威”“竞争战略之父”。波特凭借创新竞争理论的相关研究成果（畅销书《国家竞争优势》被美国《商业周刊》选为 1990 年度最佳商业书籍），被美国国家经济学人协会授予了“亚当·斯密奖”，在世界管理思想家 50 强评选（2005 年）中排名第一。

波特创新竞争理论的支柱成果出自其成名作——1980 年出版的《竞争战略：分析行业与竞争者的技术》（*Competitive Strategy: Techniques*

① 大学教授：University Professor，是哈佛大学的最高荣誉，迈克尔·波特是该校历史上第四位获得此项殊荣的教授。

for Analyzing Industries and Competitors），书中提出了两大思想理论：波特五力分析模型理论和三大战略思想（总成本领先战略、差别化战略和专一化战略）。之后，他跟随弗里曼对“国家创新体系”进行研究，开展宏观层面的创新与国家竞争力的相关研究，核心成果体现在《国家竞争优势》一书中（1990）。本书将波特相关理论定义为创新竞争理论。

波特创新竞争理论中关于竞争主体与竞争战略的论述成为组织创新管理时进行环境分析与战略定位必要的理论指引，关于价值链创新与环境技术创新的研究则为组织创新管理实践中的价值创造提供了实践指导和理论基础，如当前关于绿色创新管理、数字创新管理的相关研究都与价值链重构、环境适应紧密相关。

（二）创新学习理论

杜克大学教授韦斯利·科恩和宾夕法尼亚大学教授丹尼尔·利文索尔由于吸收能力概念的引入和发展，及其对促进了解企业、行业和国家的创新表现所做的贡献，成为创新管理领域的代表学者。

两人在1990年发表的论文《吸收能力：学习与创新的新视角》中首次引入吸收能力概念（企业评价、吸收和应用外部知识的能力），该论文是管理领域引用率最高的论文之一。

具体而言，这篇论文认为组织识别新的外部信息的价值、吸收并将其应用于商业目的的能力对其创新能力至关重要，并将这种能力称为吸收能力，在研究讨论中强调吸收能力对分析其他相关创新活动的影响，包括基础研究、创新的采用和传播，以及参与合作研发的决定。

本书认为，该研究成果是创新学习理论的起始，是后续学习型组织等理论概念的基础。

（三）国家创新系统理论

在弗里曼和波特“国家创新体系”相关研究的基础上，奥尔堡大学教授本特－雅克·伦德瓦尔出版了著作《国家创新系统：建构创新和互动学习理论》，将国家创新与互动学习结合，引发了“国家创新系统理论”的研究热潮。

伦德瓦尔是技术创新领域国际著名学者、国家创新系统理论的集大成者，1996 年由他创建的 DRUID（Danish Research Unit for Industrial Dynamics）已成为国际技术创新领域最著名的研究机构。早在 1985 年，他就开始了对技术创新过程的研究，并与弗里曼密切合作，提出了将创新作为一个互动过程的理念，随后初步提出了国家创新体系的概念。

另外，伦德瓦尔与比约恩·约翰逊合作提出了“学习经济”的概念（1994），后将学习经济与知识管理、创新成长结合研究，并于 2016 年出版该主题的专著，发展、完善了创新学习理论。

经济演化创新理论的提出者之一尼尔森也针对该研究主题，出版著作《国家（地区）创新体系：比较分析》，以收入差异区分，从实践对比的角度挖掘国家创新系统的特征和运作机制，研究对象为 15 个国家（含地区），包括以市场为导向的大型工业化国家、较小的高收入国家及一些新兴工业化国家，强调尽管国家创新系统具有复杂性和多样性，但是以盈利为目标且具有技术创新能力的企业始终是国家创新系统的核心，也是国家竞争力的重要来源（1993）。

（四）新兴创新实践理论

未被解释的新兴实践持续催生新的创新理论。本书选择与当前商业模式颠覆式创新层出不穷及重视生态体系协同的时代热点紧密相关的颠覆式创新理论与开放式创新理论做简要叙述。

哈佛商学院教授克莱顿·克里斯坦森是颠覆式创新理论的开创者和奠基人，其在《创新者的窘境》（*The Innovator's Dilemma*）一书中提出竞争的新规律——产品先面向低端市场，再逐步扩展并最终颠覆主流市场，继而抢占高端市场。克里斯坦森认为这些产品成功的原因是颠覆性技术（Disruptive Technology，或译作破坏性技术）。相反，一些受人尊崇的当红企业因为没有把握住市场与颠覆性技术的时机，最终丧失了行业中的领先地位（1997）。对于这一现象，克里斯坦森在2003年的后继之作《创新者的解答》（*The Innovator's Solution*）中回答了当红企业如何应对颠覆式创新的问题。

颠覆式创新理论并非一成不变，其理论体系仍处于持续完善之中。2015年12月，克里斯坦森再次在《哈佛商业评论》上发表文章，重新强调了颠覆式创新的定义和必须满足的条件。其他学者也在前期研究的基础上，对低端颠覆与高端颠覆、技术颠覆与市场颠覆等不同维度进行细分与解读，也积极运用案例研究方法，对爱彼迎等典型颠覆式创新实践展开理论阐释。

美国加州伯克利大学汉斯商学院“开放式创新研究中心”主任亨利·切萨布鲁夫是开放式创新提出者，主要研究技术管理和创新管理，代表作《开放式创新：进行技术创新并从中赢利的新规则》（*Open Innovation: The New Imperative for Creating and Profiting from Technology*）被美国国家公共电台时事纵观栏目誉为2003年度创新领域最好的书，开放式创新思想也已成为影响当代创新管理研究的主流思想之一。

20世纪80年代以前，尽管政府为基础科研提供了一定的资金，但大多数的研究工作主要是在名牌大学的实验室里进行的，包括企业相关研发工作。切萨布鲁夫将这种内部实验室研发的逻辑定义为封闭式的、高度集权的创新（高良谋和马文甲，2014）。随着全球价值网络的快速发展和创新管理研究的越发精细化，在探讨创新情境下发生在企业边界内外的知识、信息、技术、人员等的流动之时，开放式创新成为一个无法回避的话题。基于此，通过对 Xerox、IBM、Intel、Lucent 等知名公司的纵向案例进行研究与跟踪，切萨布鲁夫在总结案例企业创新行为共性的基础上，提出了“开放式创新”的概念。可以说，开放式创新的概念来源于对大量企业创新实践的洞察。

切萨布鲁夫认为，开放式创新需要企业通过对内部和外部资源的整合促进创新要素和创新能量的流动、分享与重组（2003）。知识是关键创新资源之一，企业边界的模糊使基于知识共享的价值共创、协同共赢成为可能，然而，受传统创新理念、管理能力等因素限制，开放式创新下的知识资源管理面临着诸多困境，从而影响着创新绩效（洪闯等，2018）。目前，开放式创新理论已成为数字经济时代商业生态系统构建、演化的基础理论，指引着最新的创新管理实践。

繁荣创新阶段，西方创新管理研究开始走出桎梏、辐射发展，不再拘泥于经济学的框架，而是围绕创新管理实践做出合理的理论解释。因此，这一时期所提出的创新管理理论未必有明确的理论学派基础，但一定有明确的创新管理实践基础。以理论发展必要性和代表性为依据，本书选择颠覆式创新理论和开放式创新理论进行介绍。

总体而言，西方创新管理理论萌芽于 20 世纪，从以经济学为基础的创新探索转化为以管理学为基础的创新实践提炼，理论体系逐渐多元，理论内涵逐渐丰富，对于指导各层次的创新管理研究和实践具有重要意义。西方创新管理思想溯源如图 2-1 所示。

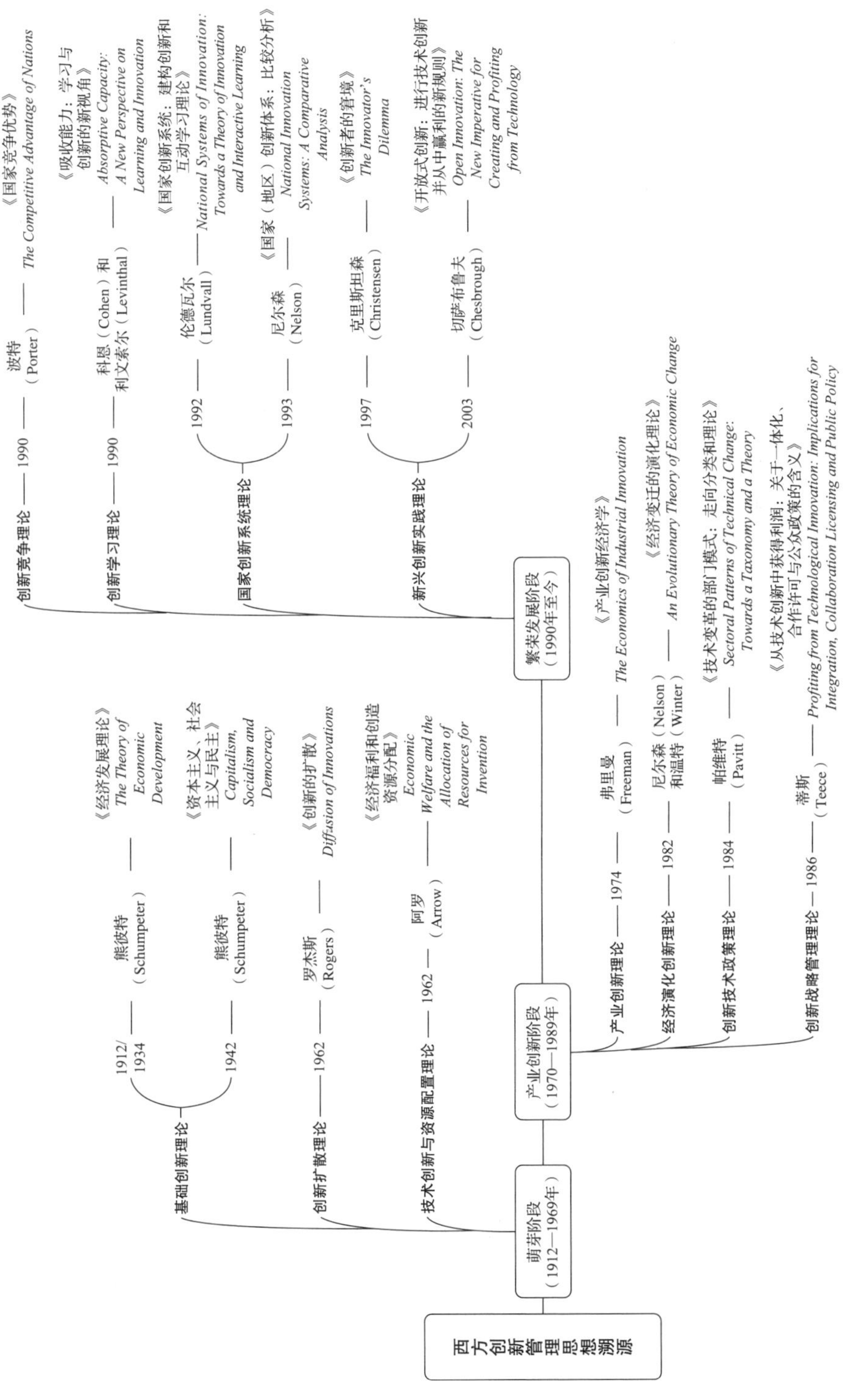

图 2-1　西方创新管理思想溯源

资料来源：笔者根据相关资料整理。

第二节 中国创新管理理论溯源

中国创新管理研究可分为三个阶段：引进起步阶段（1978—1992年）、本土化阶段（1993—2011年）和再创新阶段（2012年至今）。其中，引进起步阶段大多为西方已有创新理论的套用与化用，而在对创新管理思想进行本土化和再创新的过程中，国内创新管理领域涌现出大量代表性理论，标志着中国创新管理理论的变迁与发展。因此，本节选取后两个阶段创新管理理论的代表人物，及其所提出理论的核心内容进行介绍，以展现中国创新管理理论体系的发展过程。

一、本土化阶段（1993—2011年）

许庆瑞，中国工程院院士，浙江大学管理学院教授，中国特色技术创新管理理论的开拓者和奠基人，"中国创新管理之父"。许庆瑞建立了以技术创新为核心的"二次创新—组合创新—全面创新"的中国特色技术创新理论体系，对我国创新的理论研究和实践指导做出了杰出贡献。本部分将围绕"技术创新—二次创新—组合创新—全面创新"的研究路径（见图2-2），就许庆瑞对中国的创新管理理论研究所做出的重大贡献进行简要阐述。

（一）技术创新理论

1982年，许庆瑞开始了技术创新的相关研究，并提出"技术

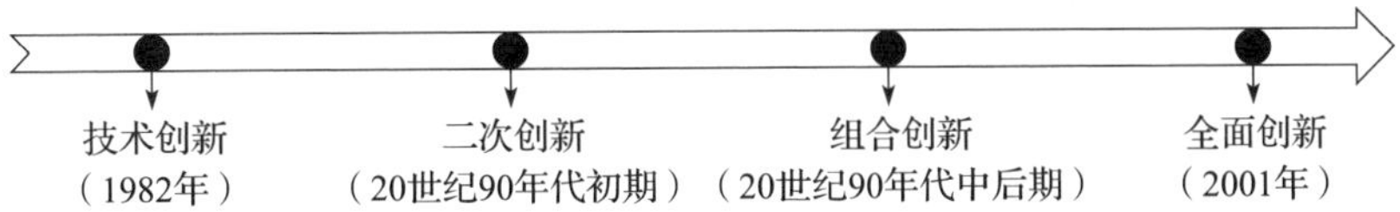

图 2-2 "技术创新—二次创新—组合创新—全面创新"理论体系溯源

资料来源：笔者根据相关资料整理。

创新应以企业为主体，要实现产学研的结合"。随后，许庆瑞于1986 年和 1990 年出版的专著《研究发展与技术创新管理》和《技术创新管理》，分别成为中国第一本教授研发与技术创新管理的教材与专著，对促进技术创新理论在中国的传播及国家技术创新工程建设发挥了重要作用。随后，许庆瑞参与中国国家自然科学基金第一个技术创新重大项目的研究。基于技术创新的理论研究，许庆瑞在推动企业技术创新的实践中也做出了重要贡献，成为中国技术创新的积极倡导者和推行者。

（二）二次创新理论

20 世纪 90 年代，国家投入大量资金引进国外先进的技术和设备，但最终不仅没有获得相应的收益，反而陷入了"引进—落后—再引进—再落后"的怪圈。为解决这一问题，许庆瑞承担了国家经贸委资助的"关于引进、消化与吸收的政策与体制研究"课题。在课题研究过程中，许庆瑞带领他的团队对杭氧、熊猫等企业进行了深入的调查研究，认为我国创新困境的原因是我国在消化、吸收国外先进技术的过程中没有进行二次创新。

由此，二次创新的概念开始被提出，即工艺创新先导、产品创新跟进的反向 U/A 模式。随后，许庆瑞的团队在二次创新的理论基础上，提出了许多具有指导性意义的企业实践建议。20 世纪 90 年代初，在理论研究和企业实践的基础上，许庆瑞的团队形成了加强消化吸收、二次创新以发挥后发优势的二次创新理论体系。

（三）组合创新理论

20 世纪 90 年代中期，许庆瑞发现企业在技术创新过程中，存在重产品创新，轻工艺创新、制度创新、文化创新等问题。由此，许庆瑞在论文《组合技术创新的理论模式与实证研究》中提出技术创新的组合模式，强调产品创新与工艺创新、自主创新与引进吸收、重大创新与渐进创新、内源创新与外源创新、技术创新与文化创新结合的理论。世界著名技术创新专家、麻省理工学院的爱德华·罗伯茨（Edward Roberts）教授对此做出了高度评价。

随着技术创新的快速发展，至 20 世纪 90 年代中后期，全国出现技术创新的研究和实践热潮，甚至出现有的企业“就创新论创新”的现象。由此，许庆瑞对组合创新理论进行了完善，提出基于核心能力的组合创新管理理论，并进一步拓展了理论的应用范围，并开创了将系统动力学应用于科技与创新管理的先河。系统动力学提出者——美国麻省理工学院的弗莱斯特（Forrester）教授——对许庆瑞的学术贡献给予了高度评价。

（四）全面创新理论

2001 年，许庆瑞在著作《企业经营管理基本规律》中首次提出“全面创新规律”的概念。次年，许庆瑞在以“21 世纪的技术创新与技术管理”为主题的第三届技术创新与技术管理国际研讨会上正式将组合创新理论升华为全面创新管理理论，并引起了国内外与会学者的广泛关注。

经过 5 年的理论积累和实践验证，许庆瑞发表了新著作《全面创新管理——理论与实践》，对全面创新管理的各种创新维度、相关要素及协同关系开展了广泛的研究。当前，全面创新管理已被认为是当今创新管理研究的重大突破。2009年，凭借全面创新理论，许庆瑞的团队与个人分别获得了“管理科学奖”和“管理科学特殊贡献奖”。

随着研究的不断深入，许庆瑞与他的创新团队构建了以企业为主体的“二次创新—组合创新—全面创新”理论体系，这一理论体系以全面创新管理为指引、以组合创新为平台、以二次创新吸收国外先进的技术、以集成创新实现技术范式，非常符合中国当时的国情，积极响应了自主创新的倡议，能够真正解决中国企业实际的创新问题，具有重大的理论价值和社会价值（陈劲和陈钰芬，2004）。

二、再创新阶段（2012年至今）

陈劲，清华大学经济管理学院教授，获国家杰出青年基金、国务院特殊津贴，是国家百千万人才和教育部长江学者特聘教授。

1989年，陈劲从当时还比较冷门的技术创新管理领域出发，开始了长达30余年的创新学术研究。在这一过程中，陈劲着力研究具有中国特色的技术创新理论与应用体系，是整合式创新、有意义的创新、基于核心企业的视角的企业创新生态系统等创新范式的提出者，是国内最先开展自主创新、开放式创新、协同创新研究的学者之一。

本部分将围绕“自主创新—开放创新—协同创新—整合式创新”的技术创新战略四阶段发展路径（见图2-3），就陈劲扎根中国企业创新的实践所提出的原创性创新管理理论进行简要阐述。

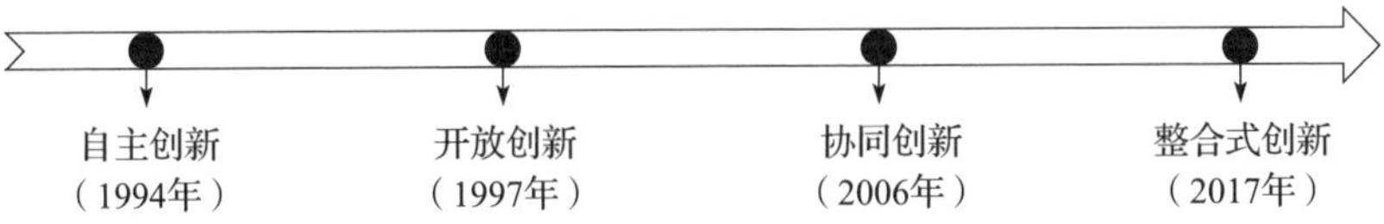

图2-3 “自主创新—开放创新—协同创新—整合式创新”理论体系溯源

资料来源：笔者根据相关资料整理。

1994年所提出的自主创新，是陈劲最早提出的原创创新理论范式。随着研究的不断深入，围绕新时代科技创新的战略需求，陈劲及其研究团队的成员基于技术创新管理理论研究，提出“自主创新—开放创新—协同创新—整合式创新”的技术创新战略四阶段发展路径的理论框架，并构建了与之相匹配的“自主研发主导—内外协同—产学研合作—基于核心能力”的技术创新系统。

其中的整合式创新，是陈劲在深入学习习近平科技创新思想的基础上，基于东方哲学和中国传统文化的优势所提出的一种全新的创新范式。其强调在战略视野驱动下，实现自主创新、全面创新、开放创新与协同创新的四者相互联系。整合式创新是战略驱动、纵向整合、上下互动和动态发展的新范式。整合式创新思想蕴含的全局观、统筹观以及和平观，符合东、西方哲学的核心价值追求，有助于在创新过程中实现科学、技术、工程与人文、艺术及市场的良性互动，实现在保持经济增长活力的同时，创新对于和平、生态文明、反贫困、实现人的幸福与价值等终极目标的驱动发展。

整合式创新代表着中国创新管理研究从分散视角走向整体视角。国内外知名企业都通过以自身为核心的企业创新生态系统的构建，成功地在激烈的市场竞争中实现快速发展，并形成了绝对的竞争优势。一个企业创新生态系统通常存在于一个或多个核心企业。由此，2015 年，陈劲及其研究团队围绕企业创新生态系统，研究其作为创新主体，如何与企业创新生态系统的参与者建立不同层次的合作关系，并在此基础上通过相互影响和共同演化，以实现创新绩效的提升、创新风险的规避，进而实现多方的共同发展。中国的创新生态理论也是建立在开放式创新理论的基础之上的，后文将详细叙述。

总体而言，本土化阶段形成“技术创新—二次创新—组合创新—全面创新”理论体系；再创新阶段形成“自主创新—开放创新—协同创新—整合式创新”理论体系，均体现了独特的中国创新思维。

第三节　中西方创新管理思想比较

马克思主义哲学主张，应该以客观规律和客观条件为基础对事物进行系统分析。理论研究应当遵循马克思主义矛盾观和“一分为二”的观点，具体问题具体分析，将静态背景与动态脉络相结合，努力“把握事实的总和”。因此，本节基于前两节对中外创新管理思想的溯源，从提出背景（静）和研究脉络（动）两个方面进一步梳理中外创新管理思想的发展特征，进一步归纳中外创新管理思想的共性与个性。

一、中西方创新管理思想发展的核心特征

理解创新思想发展，一是要明确其“源点”和“节点”，即找到每一时期重点思想提出的时代背景和问题背景；二是要明确其研究脉络，即梳理不同时期主要研究学派的代表性人物及观点。

（一）中西方创新管理思想的提出背景

1. 西方创新管理思想的提出背景

根据阶段差异，西方创新管理思想源于三个条件：创新核心概念的形成、强有力支持者的推动和新兴实践理论化需求的拉动。

萌芽阶段，作为创新研究的起点，熊彼特等人的突破性研究工

作揭示了创新作为经济增长最终源泉的重要作用，并开创性地提出了创新的定义，但由于当时国家与企业对相关概念关注较少，创新理论体系也尚未形成，最初其理论并未得到重视。

产业创新阶段，政府作为知识资源的聚合主体推动创新管理思想的研究工作，表现为第二次世界大战后，军事和民用部门的政策制定者开始对研发和创新产生兴趣（法格伯格等，2012）。美国军方聚集了一批年轻有为的经济学家，从经济学角度开始对创新进行系统研究（Hughes A C 和 Hughes T P，2011）。

繁荣发展阶段，随着创新管理研究的逐步完善，西方创新管理研究开始走向繁荣，更为关注为创新管理实践做出合理的理论解释，以反向指导符合时代需要的创新实践。此类理论会根据实践发展持续修正，典型代表为颠覆式创新、反贫困创新等理论的提出与完善。

2. 中国创新管理思想的提出背景

改革开放作为中国历史上“一次伟大的觉醒”，通过理论和制度的创新，释放了中国跨越式发展的巨大潜力，并由此带来了一系列创新理论的发展。改革开放以来，中国用 40 余年的时间完成了西方数百年的发展历程，并从“追赶”逐渐走向“超越”。中国独特的文化环境和社会背景使西方创新理论研究不能完美地解释和指导中国企业的管理和创新实践，因此中国学者多从结合“中国特色”的创新实践出发，从事“中国情境”下的创新研究，从而为创新研究做出了独特的贡献。其不仅有对西方先进管理科学的学习，还有对中国传统管理思想的传承。基于企业实践的发展，中国特色社会主义思想体系逐渐完善，由此形成了以创新驱动发展战略为代表的发展理念。反过来，理论的发展和创新也增强了中国特色创新发展道路的理论自信和文化自信，最终形成了中国特色创新管理理论。这也为我国继续全面深化改革、推动中国企业创新和发展提供了强有力的理论支撑。

根据阶段差异，中国创新管理思想源于五个条件：国家发展需要、大众创新智慧、强有力支持者的推动、标杆企业指引和传统文化嵌入。

引进起步阶段，一方面，结合中国发展的实际国情。中国创新管理理论是中国学者结合中国的实际国情和发展阶段而提出的，是适应时代和国情发展阶段的理论创新。另一方面，利用人民群众的集体智慧。在改革开放的初期，中国的创新实践，特别是技术创新实践并不具备西方创新实践的技术基础，因此中国决定利用群众的智慧进行创新，通过大众创新的机制，鼓励各式各样的创新，从而不断拓展创新的边界与范围，由此，出现了一大批堪称行业标杆的创新性企业。

本土化阶段，强调政府政策的指导作用。与西方国家相比，中国是典型的后发经济体，政府政策对激活企业创新活力、推动创新实践具有重要影响。尹西明等（2019）在研究中国原创创新管理理论的提出及形成背景时发现，基于中国情境的创新政策、创新实践和创新理论呈现“三螺旋”式协同演进的特征。自下而上的探索是市场经济环境中技术创新的主流创新模式，但在中国从计划经济向市场经济转型的过程中，自下而上的创新探索常常会遇到原有体制的限制，或者面临市场调节失灵和监管政策缺失的两难困局，由此，市场亟须国家通过政策和制度的变革对市场上的创新行为予以引导。

再创新阶段，一方面，发挥国有企业的引领作用。近年来，我国重视发挥国有企业的技术优势、资源优势等，从而实现关键领域的技术创新。目前，我国在核电、桥梁、航天、高铁等领域都取得了举世瞩目的傲人成绩。另一方面，传承传统文化的内在精髓。中国的创新管理理论是在汲取优秀传统文化智慧的基础上进行的探索与创新。例如，协同创新、全面创新和整合式创新便是针对当前阶段的发展问题、侧重解决企业创新难题而提出的创新管理理论，这些理论都是在传统哲学思想的基础上，将传统文化中的和谐统一、谋略制胜等思想应用于解决当前企业发展和创新的实践过程中的结晶。其中，整合式创新强调在汲取传统文化精髓的基础上，进一步融合东西方创新哲学，赋能中国企业参与“一带一路”建设、新型区域建设和全球创新体系建设。

中西方创新管理思想的提出背景对比如表 2-1 所示。

表 2-1　中西方创新管理思想的提出背景对比

思想	阶段	提出背景
西方创新管理思想	萌芽阶段（1912—1969 年）	学术突破：创新核心概念的形成
	产业创新阶段（1970—1989 年）	发展需要：战后重建的实际国情 主体支持：强有力支持者的推动
	繁荣发展阶段（1990 年至今）	实践指引：新兴实践理论化需求的拉动
中国创新管理思想	引进起步阶段（1978—1992 年）	发展需要：中国发展的实际国情 大众创新：人民群众的集体智慧
	本土化阶段（1993—2011 年）	主体支持：强有力支持者的推动
	再创新阶段（2012 年至今）	树立标杆：发挥国有企业的引领作用 文化嵌入：传承传统文化的内在精髓

资料来源：笔者根据相关资料整理。

（二）中西方创新管理思想的研究脉络

1. 西方创新管理思想研究脉络

从学科演变的视角看，创新研究起源于熊彼特的开创性工作，但其真正兴起是在 20 世纪 50 年代后期，此后发展迅速，目前创新研究群体人数已超过数千人（Fagerberg 和 Verspagen，2009）。国外创新管理思想的发展沿革与代表性研究如表 2-2 所示（Fagerberg 等，2012）。

表 2-2　国外创新管理思想的发展沿革与代表性研究

阶段	时间	代表性学者	代表性研究成果	主要观点
萌芽阶段（1912—1969 年）	1912 年 / 1934 年	熊彼特	《经济发展理论》	创新是现有资源的“重新组合”，经济发展在其某个历史时期会被创新推动而发生质变
	1942 年		《资本主义、社会主义与民主》	资本主义的本质特征是一个创造性破坏的过程，“不断地从内部变革经济结构”；垄断行为并非无关紧要，而是在创造性破坏的长期风暴中获得了新的意义
	1962 年	罗杰斯	《创新的扩散》	创新的扩散即一项创新经过一段时间，通过特定的渠道，在某一社会系统的成员中传播。创新扩散的要素包括创新、传播渠道、时间及社会系统四项
		阿罗	《干中学的经济含义》	技术是由“学习”获得的，而学习是以往经验的结果，也就是说，干得越多，经验越多，人均产出也就越多
			《经济福利和创造资源分配》	将发明广义地理解为知识的生产。从福利经济学的角度来看，确定发明的最佳资源配置将取决于发明过程的技术特征和知识市场的性质
产业创新阶段（1970—1989 年）	1974 年	弗里曼	《产业创新经济学》	按照技术创新对经济体系影响的大小，将技术创新分为渐进性创新、激进性创新、“技术体系”的变革和“技术经济范式”的整体大规模变革

续表

阶段	时间	代表性学者	代表性研究成果	主要观点
产业创新阶段（1970—1989年）	1982年	尼尔森和温特	《经济变迁的演化理论》	演化理论是通过类似生物进化的三种核心机制，即遗传性、变异或新奇性、选择过程来考察动态的演化过程。组织、创新和路径依赖等进化对于企业成长的影响至深；“新奇”思想下，重要的因素是新偏好的形成，技术和制度的创新及新资源的创造等
	1984年	帕维特	《技术变革的部门模式：走向分类和理论》	把企业的“技术竞争力”而非传统的企业的规模、企业的主要产品，或当时较为盛行的R&D强度作为对创新企业开展分类的依据，以更加明确地描述创新企业的行为
	1986年	蒂斯	《从技术创新中获得利润：关于一体化、合作许可与公众政策的含义》	创新是一个系统的过程，企业想要获得更多的创新租金（也称熊彼特租金），不仅需要强大的研究和发展能力，还需要能够与之互补和匹配的各种资源和能力，后者即互补性资产（Complementary Assets），包括销售渠道、品牌、服务体系、知识产权保护体系等
繁荣发展阶段（1990年至今）	1990年	波特	《国家竞争优势》	提出波特钻石模型（又称波特菱形模型和国家竞争优势理论），发展传统比较优势理论
		科恩和利文索尔	《吸收能力：学习与创新的新视角》	吸收能力是企业评价、吸收和应用外部知识的能力，对创新能力至关重要
	1992年	伦德瓦尔	《国家创新系统：建构创新和互动学习理论》	创新是一个互动过程。要从学习的角度看待国家创新系统的运作与发展
	1993年	尼尔森	《国家（地区）创新体系：比较分析》	一个国家企业的技术能力是其竞争过程的关键来源

续表

阶段	时间	代表性学者	代表性研究成果	主要观点
繁荣发展阶段（1990年至今）	1997年	克里斯坦森	《创新者的窘境》	竞争的新规律——产品先面向低端市场，再逐步扩展，最终颠覆主流市场并抢占高端市场
	2003年	切萨布鲁夫	《开放式创新：进行技术创新并从中赢利的新规则》	开放式创新需要企业通过对内部和外部资源的整合促进创新要素和创新能量的流动、分享与重组

资料来源：笔者根据相关资料整理。

萌芽阶段，创新被定义，研究主要集中在发现、解释创新特征，挖掘其与经济发展、学习模式、扩散方式的关系。

产业创新阶段，创新行为从微观走向宏观，研究焦点从企业层次的流程创新、产品创新转向宏观产业、国家层面的创新规律、创新系统等问题。

繁荣发展阶段，随着创新实践的兴起，学者为解释当前的创新现象，正式提出并进一步研究创新竞争理论、创新学习理论和国家创新系统理论，并逐步提出了颠覆式创新、开放式创新等具有特殊适用情境的创新管理思想。

2. 中国创新管理思想研究脉络

在新技术革命的推动之下，我国制造技术与发达国家的差距逐渐拉大。为实现追赶与超越，1978年，邓小平同志在全国科技大会上提出“科学技术是生产力”的重要论断。由此，我国创新管理理论开始起步。

由于西方的创新管理思想并不能完全适用于中国情境，中国特色的创新研究更强调立足于中国情境，从更系统、更全面的角度对西方创新管理思想进行了吸收、整合和发展，对创新管理思想研究的理论、方法和实践进行了基于中国情境的完善和改进。针对中国创新发展的特殊现象和重点需求，全面创新管理、自主创新、技术赶超等原创性成果不断出现，形成了本土情境的特色理论。

整体而言，我国创新管理研究可分为三个阶段，即引进起步阶段（1978—1992年）、本土化阶段（1993—2011年）和再创新阶段（2012年至今）。其中，在引进起步阶段，我国创新管理研究仍处于初始阶段，主要集中在西方创新管理理论引进和消化吸收。在本土化阶段，我国创新管理研究进入快速发展时期，其发展呈现实践化和国际化两个特点。在再创新阶段，我国创新管理研究迎来历史高峰阶段，其开始与新业态、新模式、新方法相结合。

近年来，中国创新管理研究主题不断拓展与聚焦，研究内容不断深化，研究方法不断优化，涌现出一大批优秀学者和丰富成果，在指导我国科技创新事业发展中做出了重要理论支撑贡献。特别是在对创新管理思想进行本土化和再创新的过程中，国内创新管理领域涌现出了大量代表性理论。现将中国主要原创性创新范式进行梳理，如表2-3所示。

表2-3 中国主要原创性创新范式梳理

阶段	时间	代表性学者	代表性研究成果	主要观点
本土化阶段	1994年	陈劲	《从技术引进到自主创新的学习模式》	国家或企业从技术引进到自主技术创新的过程中存在着不同的主导学习模式，不同的学习模式需要有不同的管理途径
	1995年	吴晓波和许庆瑞	《二次创新竞争模型与后发优势分析》	技术引进国赢得后发优势的关键是具备高素质的人才和积极进行工艺的二次创新
	1997年	张钢、陈劲和许庆瑞	《技术、组织与文化的协同创新模式研究》	技术、组织与文化的协同创新是企业走依靠技术创新发展道路所要解决的关键问题，并提出了三者相互匹配的分析框架与一般模式
	2003年	许庆瑞、郑刚和喻子达等	《全面创新管理（TIM）：企业创新管理的新趋势——基于海尔集团的案例研究》	提出创新管理的新趋势——全面创新管理的概念，全面创新管理是新经济时代企业培育核心能力、提高企业创新能力的必然趋势

续表

阶段	时间	代表性学者	代表性研究成果	主要观点
再创新阶段	2017年	陈劲、尹西明和梅亮	《整合式创新：基于东方智慧的新兴创新范式》	首次提出满足企业技术创新战略管理需求和支撑科技强国战略实施的“整合式创新”这一原创性创新范式，阐述了其定义和概念框架，论述了其内涵，并总结了理论贡献和政策启示
	2017年	魏江和刘洋	《中国企业的非对称创新战略》	市场、制度和技术体制的不同决定了中国企业的技术追赶战略和其他国际和地区企业技术追赶战略的非对称，由此提出基于中国独特情境的非对称创新战略

资料来源：笔者根据相关资料整理。

当前，基于中国特色社会主义市场经济发展的伟大实践探索所积累的宝贵经验，中国学者们坚持理论研究与实践应用相结合的原则，逐步形成了中国特色创新管理理论体系，并快速提升了中国创新管理学派实现理论创新的速度和质量。中国社会经济转型和中国企业集群式崛起，为中国创新管理理论的实践应用和发展提供了实践基础与驱动力，从而使中国创新管理理论更好地服务于企业、产业与国家的高质量发展。

（1）创新管理研究主题的演化。

庄芹芹和于潇宇（2019）通过对1992年至2018年6月国家社科基金数据库收录的创新管理类项目进行分析，发现创新管理研究主题演化呈现“由微观到系统、由单一向复杂、由面及点、由外引向内生”的规律性特征，具体表现为在研究主题、创新模式和创新驱动力的变化。

研究主题的变化体现在研究由关注微观个体转向宏观系统，呈现从企业、产业到创新系统的演化。具体来说，早期新管理类项目大多关注微观层面的企业创新，强调通过企业内部的创新管理实现企业绩效的提升。随着国家经济、产业经济的快速发展，产业创新问题逐渐凸显，创新驱动发展上升为国家战略，区域创新生态系统、国家创新体系构建成为热点话题，由此中观层面的产业创新研究开始涌现。

创新模式的变化体现在研究创新的类型与模式上由单一线性创新转向集成创新、开放式创新等复杂系统创新，研究不断向纵深推进。具体来说，早期研究大多是对技术创新、创新组织、管理创新等单一创新类型的探讨，随着新技术的快速应用与扩散，新兴技术带来的颠覆式创新、绿色技术创新等问题被广泛关注。随着创新管理模式日益复杂，协同创新、创新生态、产学研合作等主题也逐渐成为研究重点。

创新驱动力的变化体现在研究由技术引进转向自主创新，再到参与全球竞争的创新，创新管理目标不断升级。早期研究主要关注如何利用国外先进技术。随着自主创新发展路线明确，创新成为带动我国经济发展的强劲动力。由此，自主创新、全面创新等主题也逐渐成为研究重点。

（2）创新管理研究方法的演化。

在引进起步阶段，国内创新管理研究以引进和介绍西方创新管理理论为主，少数学者在数据收集的基础上，采用逻辑推演、案例分析等研究方法，对西方创新管理理论进行了本土化应用研究。这一阶段，国内专门的学术期刊较少，缺乏独创性的理论研究。随着改革开放进程的推进，西方创新管理理论、方法和实践不断引入，中国学者开始接触国际前沿创新知识，创新管理研究的活力被激发（李垣和魏泽龙，2019）。

在本土化阶段，国内学者普遍认识到创新管理研究数据匮乏，开始注重调查研究与数据积累（黄鲁成，2000）。学者们结合案例调研、问卷调查及基于问卷数据的描述性统计分析，陆续开展了诸多调查研究，以全面掌握国内企业技术创新现状，从而寻找具有普遍指导意义的创新管理对策。这一阶段应用的数理分析方法比较简单，但国内学者已经开始熟悉和掌握结构性语言。同时，随着国际化和信息化的进程不断推进，国内学者开始加强对外学术交流。由此，国内创新管理研究方法开始与国际前沿研究方法接轨，数理分析等结构化研究方法开始普及，规范研究结合实证研究、定性分析结合定量分析成为这一阶段创新管理主要的研究方法。此外，部分国内学者开始基于经验和现实观察提出假设，并利用中国企业或产业数据检验西方创新理论。

在再创新阶段，国内学者开始关注本土情境的探索性研究，以形成具有中国特色的创新管理研究方法。学者们主张采用探索性研究范式，总结和提炼中国企业的创新管理实践，再与西方创新管理理论进行比较，从实践中抽象和归纳原创性理论（林海芬和苏敬勤，2014）。这一阶段创新管理的研究方法以具有理论建构功能的探索性案例研究以主，辅以问卷统计方法。此外，部分国内学者在我国丰富的创新政策和数据基础上，在政策文本和政策工具分析与量化、专利评价与专利引文分析及创新知识图谱等问题上，形成了具有中国特色、面向现实问题的系统方法论。

但是，中国创新管理理论的发展也存在明显的不足。这些中国特色的创新管理理论虽然根植于中国企业的创新实践，但理论的创新依然落后于实践的发展，缺少对实践可能遇到的问题与挑战做出及时的预判和指导。当前，新一轮技术革命快速推进，中国改革进入深水区，大批企业和产业发展面临关键核心技术“卡脖子”的难题，如华为等极具代表性的科技企业的技术创新也正在步入“无人区”，亟须理论创新加以引领和指导，以帮助国家和企业应对瞬息万变的国际形势。

2020年，习近平总书记指出“创新是引领发展的第一动力”，强调我们要借助创新的推动发展作用，还要发挥创新的引领带动作用。因此，未来的创新管理研究需要在进一步研究创新一般规律的基础上，加快中国创新管理理论体系的建设。中国创新管理理论的发展既要扎根企业和国家发展，以及创新实践，也要积极吸收和借鉴国外学者对中国创新的研究和批判性思考。这不但能推动国内外创新理论交流和整合，也能推进创新型国家建设从创新驱动迈向创新引领，从而培育一批世界一流企业，并最终为推动全球可持续发展和建设人类命运共同体贡献更多中国智慧、中国方案和中国力量。

二、中西方创新管理思想发展的“和与不同”

（一）中西方创新管理思想的发展共性

1. 契合时代发展的需求

就国外创新管理理论而言，第二次世界大战后，军事和民用部门对创新的需求极大激发了创新管理研究的积极性。而随着互联网等新兴技术的发展与运用，创新主体逐步覆盖科技发展的痛点。我国积极实施科技体制改革，推动科技研究的快速发展，进而推动了技术创新研究的起步与发展。在学者们的持续研究与不懈探索之中，我国技术创新的相关研究实现快速飞跃。

2. 凝练创新主体的实践

就国外创新管理理论而言，无论是弗里曼的产业创新理论、波特的价值链理论，还是近年来受到普遍关注的颠覆式创新理论，都根植于创新管理实践。以颠覆式创新为例，克里斯坦森基于对大公司的创新模式与创新失败原因的深入探讨构建颠覆式创新理论，发现大企业更容易产生“创新惰性”，在开发低端市场与新市场方面缺乏驱动力和洞察力，较为合理地解释了诺基亚、柯达等大企业一朝失败的原因。另外，开放式创新、朴素式创新也是在新的商业实践中产生的。

就国内创新管理理论而言，以二次创新为代表的创新管理理论的提出都源于对创新实践的总结与探索。二次创新的提出便源于我国科技创新的痛点问题，即技术“引进—落后—再引进—再落后”的现象。为探究这一现象出现的原因，二次创新的提出者许庆瑞带领着研究团队前往杭氧、熊猫等企业进行了深入的调研。调研过程中发现我国在消化、吸收国外先进技术的过程中存在吸收、学习多，创新、改进少的情况，由此，许庆瑞研究团队提出二次创新理论。

3. 关注跨层次创新主体的行为

就国外创新管理理论而言，20 世纪末，国外创新管理思想从微观走向宏观，研究焦点从企业层次的流程创新、产品创新转向宏观产业、国家层面的创新规律、创新系统等问题。相关创新理论体系逐渐完善的同时也使得理论的内涵逐步覆盖各个层次，增强了理论的解释力与对社会发展的指引性。

就国内创新管理理论而言，非对称创新等新兴理论强调创新管理的驱动力由经济效益导向逐渐转化为社会价值导向，即创新管理应关注个人自我实现与社会价值实现，创新管理应从企业的微观层次和行业的中观层次拓展至国家的宏观层次，从而实现更大的社会价值。

（二）中西方创新管理思想的发展个性

1. 形成时点差异

国外创新管理思想诞生于 20 世纪初，成熟于 20 世纪末，随着发达国家的管理实践逐步稳定，后续形成的创新管理思想多为修补，而非创造。相比国外创新管理思想，中国创新管理思想诞生的时间较晚，两者的阶段划分截然不同，目前的研究大多跟随国外成熟创新管理思想或在国外成熟创新管理思想的基础上进行拓展或深化。中国情境的独特性孕育了现有创新管理理论无法解释的创新行为，因而产生了部分具有中国特色的创新管理思想，不过仍处于探索期。某种程度上，两者创新管理思想的发展与繁荣都离不开国家和企业的自驱力。如今，创新管理已无处不在，新兴的管理实践也为创新管理思想的涌现提供了新的土壤，未来两个情境下的创新管理思想均将继续发展甚至融合共生。

2. 创新模式差异

通过对比国内外创新管理思想的发展，不难发现国内外创新管理思想的本质是一致的，但具体的创新模式存在较大的差异。以欧美国家为代表的西方式创新管理主要是沿着熊彼特创新范式继续发展，强调以企业管理者为主导的技术创新。而中国特色的创新管理不仅突破了熊彼特创新的范式，也超越了单纯强调学习模仿的东亚创新模式，以及注重发自草根的南亚朴素式创新模式。中外创新模式的比较如表 2-4 所示。

表 2-4 中外创新模式的比较

创新模式	国外创新模式			中国创新模式
	西方式创新	东亚式创新	南亚式创新	中国式创新
范式	熊彼特 Mark Ⅰ + Mark Ⅱ	熊彼特 Mark Ⅱ	熊彼特 Mark Ⅰ	熊彼特 Mark Ⅰ + Mark Ⅱ
创新主体	企业家为主，大企业为辅	大企业	创新者个人为主	大众创新 + 国有企业引领
特征	技术驱动	以学习和模仿西方技术为主	朴素、借鉴的解决方案	系统驱动、集成创新
缺点	忽视政府在创新中的作用	自上而下，缺乏中小企业的活力	自下而上，缺乏科技含量	忽视科学理性的作用，原始创新不足

注：熊彼特 Mark Ⅰ 主要指来自企业家的间断创新；熊彼特 Mark Ⅱ 主要指来自大企业的持续创新。

资料来源：根据陈劲和吕文晶（2017）整理。

小结与评述

国外创新管理思想的提出源于两个条件：对创新的界定和强有力支持者的推动。因此，国外创新管理思想起源于创新理论奠基人——约瑟夫·熊彼特，以1912年其在《经济发展理论》中开创性提出创新定义为始。历经百余年的发展，在政府、研究机构等主体的强力支持下，国外创新管理思想经过了“思想萌芽—产业创新—繁荣发展”三个阶段。其中两个阶段的转折思想分别是以弗里曼为代表的产业创新经济学和以波特等学者为代表的创新思想蓬勃发展期。上述三位学者也是当之无愧的国外创新管理思想代表人物。此外，本书也对近年来创新管理领域的两个热门创新理论及其代表人物进行简单介绍，后文章节仍将展开详细介绍。整体来看，国外创新管理体系已经相对成熟，研究主题遍布宏观、中观与微观，研究问题也从共性走向个性，不同领域内的研究也持续细化，提高了创新管理思想的丰富程度。

在中国创新研究发展的40余年中，中国特色创新管理研究的主题经历了从微观到整体、从简单到复杂、从引进到原创的演化过程，并在推动科技创新战略制定、服务科技事业发展中发挥了重要作用。目前，中国特色创新管理研究已先后涌现了自主创新、全面创新、协同创新、整合式创新和有意义的创新等中国特色的原创性创新范式。

中外创新管理思想的发展既有共性也有个性。从宏观角度看，同样是时代发展的产物，是在大量创新实践的基础上凝练而成，均在不同创新主体间持续延展，强调知行合一；从微观角度看，两者在发展脉络、创新范式与主题等方面又各有侧重。

第三章

企业技术创新管理学派

▲

CHAPTER 3

科学技术的发展是企业进行创新的重要驱动因素。在科学技术迅猛发展的当下，技术创新能够深刻地影响人类社会和经济的发展。技术创新不仅事关制造新产品、创新生产方法，而且需要兼顾组织、制度、市场层面的活动，对于企业具有广泛且重要的影响力。

第一节　企业技术创新管理学派的形成与发展

在技术创新管理百余年的发展历程中，不同时期的研究内容具有相应的时代色彩。相关学者基于不同的研究视角为技术创新管理理论做出了很多的贡献，并形成了不同的学派。

一、企业技术创新管理的发展阶段

自熊彼特于1912年提出“创新”概念以来，企业创新管理理论已经经过百余年的发展。在此基础上，Sol（1951）在*Innovation in the Capitalist Process: A Critique of the Schumpeterian Theory*一文中对技术创新理论重新进行了较为全面的研究。由此，企业技术创新管理开始成为单独学派，并实现快速发展。

1. 萌芽形成阶段（20世纪初至60年代）

这一阶段，技术的快速变革推动了社会经济的快速发展。在此过程中，学者们也逐渐发现技术创新对社会经济发展的重要作用。于是，企业管理研究的学者们开始将熊彼特提出的创新理论应用于企业管理的研究中，从而丰富和发展了创新管理的研究。在这一阶段，学者们不仅进一步解释了技术作为创新的来源之一（Solow，1956），而且进一步探索了企业技术与创新的关系（Sol，1951）。

这一阶段的研究主要呈现两大特征。一是研究主题聚焦。这一阶段，学者们主要围绕技术创新领域，有针对性地、系统地搜集技术创新的案例与数据，以分析技术变化对企业发展的机遇和挑战。二是研究内容分散。这一阶段，学者们对于创新管理的研究内容较为分散，未能形成完整的创新理论框架。

2. 快速发展阶段（20 世纪 70 年代至 80 年代初）

基于 Sol（1951）的研究，企业技术创新管理开始成为一门独立的学科，由此，学者们对企业技术创新管理的研究也开始逐渐细化，关于技术创新管理的定义、分类、起源、特征、过程机制等各个细分研究领域开始涌现。

3. 日趋成熟阶段（20 世纪 80 年代至今）

这一阶段，随着企业技术创新管理的逐步成熟，企业技术创新管理的研究开始尝试对已有研究进行对比分析、综述总结和未来展望，为企业技术创新管理的系统性研究框架的形成奠定了基础。这一阶段的研究开始强调理论对企业实践的指导作用，以期将企业技术创新管理的研究成果应用于企业的创新实践中。这一阶段，学者们开始基于对企业技术创新的不同层次和不同角度提出不同的企业技术创新管理理论。

二、企业技术创新管理学派的主要内容

西方技术创新理论研究源自对于新古典经济学理论忽略技术创新与变革对经济发展影响的批评。技术的动态发展决定了技术创新理论具有动态性和复杂性的特征。在不同的时期，不同学者对其具有不同的认识，产生了技术创新的不同学派。

国外技术创新理论研究已有新古典学派、新熊彼特学派、制度创新学派和国家创新系统学派。新古典学派以 Solow 为代表，该学

派主张技术创新是经济增长的内生变量，并且还关注技术创新通过政府调控对于经济发展的影响；新熊彼特学派以曼斯菲尔德、卡曼等为代表，该学派坚持熊彼特创新理论，认为技术进步和技术创新是经济发展的核心；制度创新学派以兰斯·戴维斯等人为代表，强调制度创新与技术创新间的相互影响，并关注技术创新的个人收益与社会收益间的关系对技术创新效率的影响；国家创新系统学派以克利斯·弗里曼等人为代表，认为技术创新不仅与企业相关，更与包括政府、企业、大学研究机构等影响创新资源的配置和利用的主体、关系网络和运行机制等构成的国家创新系统有关，强调技术经济与国家经济发展的关系（彭靖里等，2006）。

我国学者对于技术创新的研究源自西方，并转向了对我国企业技术创新活动的研究，基本上是基于经济学、管理学和技术哲学的角度展开研究，关注技术创新的层次、机制与模式、扩散与转移、创新与企业家行为、技术进步与技术创新、管理创新与组织创新等内容（吴贵生和谢伟，2005）。

第二节 主要代表理论

开放式创新、颠覆式创新、全面创新、自主创新、二次创新是具有代表性的技术创新管理理论，相关学者围绕着这些管理理论做出了丰富的研究，并为企业缤纷多彩的创新行为做出了有效的指引。

一、开放式创新

开放式创新被提出后便引起了学界和实践界的高度关注，不少企业也开始利用开放式创新来构建自身的竞争优势，如中国的海尔构建了“10+N”开放式创新生态体系，搭建开放式创新平台。此外，学界也围绕开放式创新的各个方面展开了系统的理论研究，为开放式创新的发展做出了重要贡献。

（一）开放式创新理论的形成与演化

开放式创新将内部和外部想法结合到架构和系统中，提出的利用企业自身及外部渠道共同拓展市场的方式为企业内外部资源整合提供了新的方式。不少学者也开始从基础、网络、知识管理及治理、商业模式等方面对开放式创新展开了系统的研究。

1. 开放式创新的形成背景

开放式创新的概念最早由美国学者亨利·切萨布鲁夫教授

在 2003 年于《开放式创新：进行技术创新并从中赢利的新规则》一书中提出。开放式创新的提出源自切萨布鲁夫教授对 Xerox、IBM、Intel、Lucent 等企业的案例观察，当切萨布鲁夫教授将这些案例汇总时寻找其共同点，就提出了开放式创新的概念（梅亮，2017）。开放式创新最初被称为一种范式，它假设公司可以使用外部思想和内部思想，以及内部和外部市场路径，因为公司希望推进其技术。

开放式创新基于经济学文献中对研究与发展的讨论而提出，其描述的是这样一种现象：公司逐渐加大利用外部创意和技术的力度，让自己不使用的内部创意和技术走出去，供其他人用于他们自己的企业。该书提出了“侵蚀因素”（Erosion Factors）一词。侵蚀因素颠覆了先前“封闭式创新”的研发模式，促成了开放式创新模式这一新理论。这里的侵蚀因素指的是改变企业创新环境的因素，如劳动力流动性的增加、优秀大学的增加、初创企业获得风险投资便利性的改善等（切萨布鲁夫等，2016）。

2. 开放式创新的演化

开放式创新的研究逐步形成了四大研究主题：开放式创新的基础研究、开放式创新的网络研究、开放式创新的知识管理及治理研究、开放式创新的商业模式研究（孙冰等，2018）。

一是开放式创新的基础研究，包括开放式创新的概念、动机、影响因素、类型、组织形式等。大量的文章在一开始对开放式创新的基础概念及界定上进行了探讨，这也为开放式创新的其他研究奠定了良好的基础。

二是开放式创新的网络研究，包括开放式创新与协同网络、开放式创新网络对创新绩效的影响、开放式创新网络的测量等。开放式创新网络很重要的一点是能够将参与者纳入创新网络中，从而影响企业的创新绩效，但绩效有可能是正面的，也有可能是负面的。也就是说，开放式创新网络有可能帮助企业降低研发成本，获取新的外部来源；也有可能削弱创新者的先行优势。

三是开放式创新的知识管理及治理研究。开放式创新是企业内外部知识整合与开发的活动，知识是开放式创新的来源，因此，开放式创新中的知识搜索、知识转移、知识治理机制等成了研究的热点，需要有效治理开放式创新过程中的知识问题。

四是开放式创新的商业模式研究。商业模式的引入为了解开放式创新的应用提供了新的视角。在商业模式创新中，开放式创新也发挥着重要的作用。也有研究表明，开放式创新过程中的内外部因素限制可能会导致商业模式的混乱或固化。

为了了解开放式创新理论在国内学术期刊上的发表情况，在中国知网对以“开放式创新”为主题的文献进行搜索，时间限制在2003—2021年。为保证文献的质量，将论文来源类型选择为“CSSCI”模式，共检索到942篇相关文献，如图3-1所示。研究整体呈上升的趋势，在2016年研究论文首次突破100篇，为113篇。主要原因在于2015年《政府工作报告》中提出“大众创业，万众创新”（洪闯等，2018），学界对开放式创新开始了新一轮的研究浪潮。虽然此后的论文发表趋势有所下降，但总体都保持了年发表50篇以上。

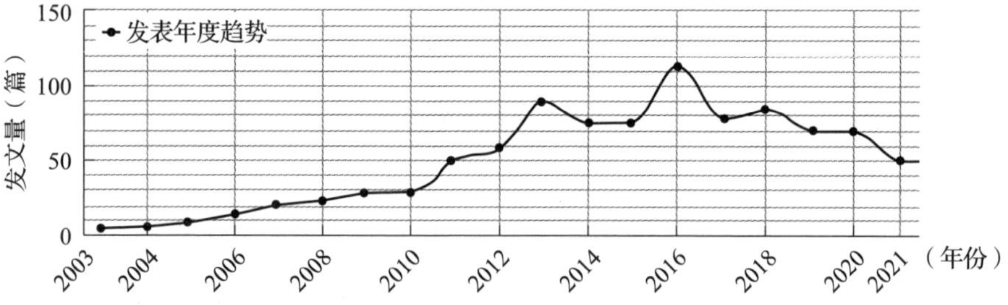

图3-1 “开放式创新”CSSCI论文发表情况

资料来源：中国知网。

（二）开放式创新理论的主要研究内容

尽管开放式创新的概念早已提出，但不同学者基于不同的理论视角及分析维度对开放式创新的定义、类型、影响因素展开了多元讨论，也丰富了开放式创新的理论研究。

1. 开放式创新的概念

自 2003 年 Chesbrough 提出开放式创新起，关于开放式创新定义的争论从未停止，至今也未得出统一的答案。众多学者从不同的角度对开放式创新进行了定义，高良谋和马文甲（2014）在《开放式创新：内涵、框架与中国情境》一文中，通过表格的形式简单梳理不同学者关于开放式创新的定义。本书在其基础上，补充了部分学者的观点，并将原有作者的主要观点进行了拓展。开放式创新的定义如表 3-1 所示。

表 3-1　开放式创新的定义

视角	研究者	主要观点
资源	Chesbrough（2003）	企业将内外部创新资源整合到一个结构中进行技术研发，同时将内部技术通过自己的渠道带入市场，或者利用外部渠道实现商业化（同时利用企业内外部创新资源和内外部商业化资源）
	Piller 等（2004）	企业系统地从消费者和使用者那里收集和整合信息来产生创新、修正或规范产品与服务的过程（外部创新源特指消费者）
	Hastbacka（2004）	开放式创新是企业综合利用内部、外部技术和创新思想，伴随投资、项目和生产的过程进入，同时可能通过向市场进行技术转让和资产分派，再由市场将信息反馈给研发部门的过程（强调内外部资源和内外部市场的核心作用）
	West 和 Gallagher（2010）	企业系统地在内部和外部的广泛资源中鼓励和寻找创新资源，有意识地把企业的能力和资源与外部获得的资源整合起来，并通过多种渠道开发市场机会的一种创新模式

续表

视角	研究者	主要观点
流程	Chesbrough（2006）	有目的地利用知识的流入与流出，以促进企业内部技术创新、扩大市场范围
	Lichtenthaler（2011）	企业通过创新过程系统地进行内外部的知识开发（Knowledge Exploration）、知识保持（Knowledge Retention）和知识利用（Knowledge Exploitation）的活动
	Chesbrough 等（2016）	一个广为分布的创新流程，其基础是根据每个组织的商业模式，运用金钱机制、非金钱机制，有目的地管理穿越组织边界的知识流
认知	West 等（2006）	开放式创新不仅是一些受益于创新的实践活动，也是一种创造、转化、研究这些实践的认知模式
主体	赵坤和郭东强（2016）	开放式创新由过去的外包到具体的合作伙伴，变为了现在的面向广大消费者、供应商，到每个人都可以作为创新的主体

资料来源：笔者根据相关资料整理。

2. 开放式创新的类型

关于开放式创新的类型，Chesbrough（2003）认为开放式创新可以使知识既能从企业外部流入内部，也能从内部流至外部。一个是“由外而内”的方面，将外部的想法和技术带入公司自己的创新过程；另一个不太常见的方面是“由内而外”的部分，允许公司中未充分利用的想法和技术“走出去”，融入其他人的创新过程中。

在此基础上，Gassmann 和 Enkel（2004）指出开放式创新包括由外向内流程、由内向外流程和耦合流程（Coupled Process），其中耦合流程是由外向内和由内向外两种流程的结合。根据由外向内流程和由内向外流程，Chesbrough 和 Crowther（2006）将开放式创新分为内向型和外向型两种。其中，内向型开放式创新（Inbound Open Innovation）是指企业利用外部的知识源，将外部有价值的创意、知识、技术整合到企业中，来进行创新和商业化过程；外向型开放式创新（Outbound Open Innovation）是指企业成为其他组织的知识源，主动将内部有价值的创意、知识、技术输出到组织外部，由其他组织进行商业化的过程。Dahlander 和 Gann（2010）进一步划分了内向型开放式创新与外向型开放式创新的维度，如内向型开放式创新分为获取和搜索，外向型开放式创新分为销售和揭示。如国内的众创空间在开放式创新演化过程中分别经历了流入的开放式创新、流出的开放式创新及双向流动的开放式创新三种不同类型（胡海波等，2019）。

3. 开放式创新的影响因素

武素明（2019）对开放式创新的影响因素做了较为全面的归纳，分别从外部知识、组织能力、其他因素各个方面阐述了其对开放式创新的影响。

第一，外部知识对开放式创新的影响。开放式创新强调内外部资源的整合，其中外部的知识对于开放式创新至关重要，企业应该采取相应的措施尽可能获取并利用好外部知识。这包括两个方面：一是获取外部知识的过程，包括获取—整合—商业化三个步骤（West 和 Bogers，2014）；二是外部知识搜索对开放式创新的重要性，不仅仅对开放服务创新有正向作用，还影响着企业的创新绩效。

第二，组织能力对开放式创新的影响。企业通过从外部获取大量的知识，还需要进一步地转化，而对这些知识进行转化的过程则需要企业有能力去识别外部知识。现有研究围绕这个问题主要从两个方面展开了探讨。一是探讨能力类型的划分，如聚焦在吸收能力（Kim 等，2016），或者将能力分为吸收能力、分散能力、创新能力、知识管理能力（Lichtenthaler 等，2009），抑或将能力分为感知能力、获取能力和配备能力（Grimaldi 等，2013）。二是具体探讨吸收能力的维度，如将吸收能力划分为认识知识属性、获取、吸收、转变和利用五个维度（Hughes 和 Wareham，2010）；或者将吸收能力划分为潜在吸收能力和现实吸收能力，其中潜在吸收能力指的是如何认识与吸收知识，而现实吸收能力指的是转变和利用知识。以上研究均表明组织能力对开放式创新有正向影响。

第三，其他因素对开放式创新的影响。如 IT 战略通过影响企业的创新战略，进而提升企业的绩效（Cui 等，2015），创新气候（Popa 等，2017）、社会媒介（Mount 和 Martinez，2014）、开放的研发（Enkel 等，2009）、资源拼凑（周飞等，2018）。以上研究均从不同方面说明不同影响因素对于开放式创新都起着重要的正向作用。

（三）开放式创新理论的代表人物

作为开放式创新理论的提出者，亨利·切萨布鲁夫毫无疑问是开放式创新理论研究的领军性人物。而在国内开放式创新的研究中，清华大学陈劲教授发表的多篇开放式创新主题的中文论文在被引量及下载量上位于前列，成为国内开放式创新研究的先行者。

1. 亨利·切萨布鲁夫

亨利·切萨布鲁夫是开放式创新理论的提出者，他的研究重点是技术管理和创新战略，其发表的开放式创新代表性成果如表 3-2 所示。亨利·切萨布鲁夫指出开放式创新是一种范式，它假设公司可以而且应该使用外部和内部的想法和市场路径来推进它们的技术。开放式创新背后的中心思想是，在一个知识广泛分布的世界中，公司与其环境之间的界限变得更加具有渗透性。公司不能完全依赖自己的研究，而应该从机构购买许可流程或发明。此外，未在公司业务中使用的内部发明应在公司外部使用（例如，通过许可、合资、分拆）。

表 3-2　亨利·切萨布鲁夫发表的开放式创新代表性成果

论文来源	主要观点介绍
Chesbrough H. Open Innovation：The New Imperative for Creating and Profiting from Technology [M]. Boston Harvard Business School Press，2003.	传统的创新模式主要集中在企业内部，与外部想法和技术隔绝，过去的创新模式正在变得过时，取而代之的是一种新的范式，即"开放式创新"，它战略性地利用内部和外部的创意来源，并通过多种途径将它们推向市场
Chesbrough H，Vanhaverbeke W，West J. Open Innovation：Researching a New Paradigm [M]. Oxford: Oxford University Press，2006.	开放式创新描述了一种公司利用可能超出自身界限研究和开发的创新模式。作者将创新实践与已建立的创新研究机构联系起来，展示了过程中的新事物和熟悉的事物，为开放式创新的使用提供了理论解释，探讨了开放式创新的适用性、对公司边界的影响、成功的潜力，以及其对知识产权政策和实践的影响
Chesbrough H. Open Innovation：A New Paradigm for Understanding Industrial Innovation [J]. Open Innovation：Researching a New Paradigm，2006（400）：0-19.	开放式创新指的是利用有目的的知识流入和流出来加速内部创新，并为外部使用创新扩大市场。开放式创新是一种范式，它假设公司在寻求推进技术时可以而且应该使用外部想法及内部想法，以及进入市场的内部路径和外部路径。开放式创新表明有价值的想法可以来自公司内部或外部，也可以从公司内部或外部进入市场。这种方法将外部想法和外部市场路径置于与早期内部想法和市场路径相同的重要水平

资料来源：笔者根据相关资料整理。

2. 陈劲

陈劲是中国发表开放式创新论文最多的学者，其多篇关于开放式创新的论文被引次数超过 400 次，在国内开放式创新研究中位居前列，其发表的开放式创新代表性成果如表 3-3 所示。

表 3-3 陈劲发表的开放式创新代表性成果

论文来源	主要观点介绍
陈钰芬，陈劲. 开放式创新促进创新绩效的机理研究［J］. 科研管理，2009，30（4）：1-9+28.	文章认为开放式创新模式能减小技术创新和市场的不确定性。开放创新体系下，技术创新将吸纳更多的创新要素，形成以创新利益相关者为基准的多主体创新模式，并融合上海宝钢集团的案例加以阐述。文章提出以全面创新投入替代研发投入来衡量企业技术创新水平将更为合理和完整
陈劲，陈钰芬. 开放创新体系与企业技术创新资源配置［J］. 科研管理，2006（3）：1-8.	研究结果表明开放式创新主要是通过获取市场信息资源和技术资源，以弥补企业内部创新资源的不足，进而提高创新绩效。机理研究揭示了开放式创新体系下各创新要素对促进创新绩效的作用，为企业在创新实践中根据自身资源的拥有状况，有选择地与外部创新要素有效连接，获取外部创新资源，为更有效地实施开放式创新提供理论指导

资料来源：笔者根据相关资料整理。

《开放创新体系与企业技术创新资源配置》一文被引次数 461 次（数据截至 2022 年 2 月），研究如何通过有效的创新管理和技术创新资源配置，避免创新的两难境地，提高企业技术创新能力。《开放式创新促进创新绩效的机理研究》一文被引次数 423 次（数据截至 2022 年 2 月），基于 209 家中国创新型企业的问卷调查数据，采用结构方程模型对开放式创新的机理与作用路径进行了实证分析。

二、颠覆式创新

颠覆式创新通常意味着后发企业能创造出“更简单、更容易、更便宜”的产品，能重新定义市场的竞争格局，其最终目标是实现对行业领先巨头的追赶甚至超越。在数字经济时代，颠覆式创新的作用更为明显，企业可以借助颠覆式创新获取技术创新资源，帮助企业适应数字发展新趋势。颠覆式创新理论自提出以来，得到了学术界与实践界的广泛关注，甚至成为国家相关政策的重要依据。因此，有必要对其发展历程与主要内容进行梳理。

(一) 颠覆式创新理论的形成与演化

颠覆式创新理论源于颠覆式技术理论，针对技术跨越问题，即解决了技术市场化的难题，一经提出便得到了诸如苹果、微软等知名企业的赞扬与运用。在学术界，颠覆式创新研究经历了提出与完善、快速成长、逐渐成熟的发展过程，形成了诸多研究成果，为实践运用提供了新视角。

1. 颠覆式创新的形成背景

在学界和实践领域曾存在一个难以解决的问题，即技术创新从基础研究到商业化之间往往存在较高的失败率（Wessner，2008），很多科研成果较难顺利实现成果的市场转化，且这种现象长期存在（Beard 等，2009），这一困境被命名为科技创新的“死亡之谷”（Valley of Death）（Beard 等，2009；Markham 等，2010）。美国在第二次世界大战之后，尤其关注对“死亡之谷”的解决，并试图以政府扶持的方式支持一些能快速实现技术成果转化的初创企业，待这些企业跨过“死亡之谷”后，政府便逐渐退出。这为美国市场经济的发展提供了充足的活力，也为颠覆式创新等美国创新理论的形成奠定了实践基础。

1997 年，美国哈佛大学教授 Christensen 在总结前人研究的基础上，提出了颠覆式创新理论，该理论追求从颠覆式技术中找寻全新的市场和产业，以获得更大的发展空间。该理论提出后，很多企业家和学者将其认定为跨越技术市场化“死亡之谷”难题的有效解决方案。该理论在学术界与实践界备受推崇，并根据创新发生、影响深度与广度，将创新进一步划分为持续性创新（Sustaining Innovation）与颠覆式创新（刘文勇，2019），足见颠覆式创新的影响力之广。

2. 颠覆式创新的演变

在学者和企业家的高度关注下，颠覆式创新理论的相关研究得到快速发展，成了创新领域一个重要的理论。经过多年的发展，颠覆式创新理论已经历了提出与完善、快速成长和逐渐成熟三个演变阶段。

（1）颠覆式创新的提出与完善阶段（1997—2004 年）。

此阶段，以颠覆式创新理论创始人 Christensen 教授为代表的学者提出了颠覆式创新的概念（1997），并以学术讨论的形式持续完善颠覆式创新的概念内涵。颠覆式创新的概念是在颠覆式技术基础上形成的（1997）。早期，学者们将颠覆式创新等同于颠覆式技术（Loh 和 Venkatraman，1992），直到 Christensen（1997）在《创新者的窘境》一书中才将二者区别开来，并将颠覆式创新识别为一种区别于连续性创新的创新理论（Christensen 等，2003）。颠覆式创新概念内涵的明确为该理论的深入研究提供了重要的前提基础。

（2）颠覆式创新快速成长阶段（2005—2015 年）。

随着互联网技术的兴起与广泛运用，学者们开始聚焦探索颠覆式创新的技术路线图、细分类型、商业模式创新、实现路径、案例研究等（Christensen 等，2005；Govindarajan 和 Kopalle，2006），颠覆式创新研究进入蓬勃发展时期。此阶段，颠覆式创新的研究内容逐渐丰富、具体，研究范围逐渐拓展、明确，并逐渐被后发企业和新兴市场国家关注，成为其实现“弯道超车”的重要理论依据和实践指引（Sultan，2013），颠覆式创新的理论研究价值和实现指导意义逐渐凸显。

（3）颠覆式创新理论逐渐成熟阶段（2016 年至今）。

此阶段，关于颠覆式创新研究的理论文献进入快速增长阶段，学者们基于前人研究不断深化对颠覆式创新概念、类型、影响因素、演化过程和实现路径等的研究（臧树伟和李平，2016；Majumdar 等，2018；Christensen 等，2018），并不断完善与补充颠覆式创新理论的相关内容，使其逐渐适应当前全球市场环境变化的要求。颠覆式创新的理论价值也不断提升，逐渐被更多的学者和企业管理者所熟知。

（二）颠覆式创新理论的主要研究内容

发展至今，颠覆式创新理论的内容体系逐渐完善，形成了概念内涵、影响因素、类型划分和实现路径的理论结构。本部分在梳理上述内容的基础上，构建具有借鉴价值的理论框架。

1. 颠覆式创新的概念界定

颠覆式创新（亦称破坏性创新或颠覆性创新）（Disruptive Innovation）概念最早由哈佛大学教授 Christensen 在《创新者的窘境》一书中提出，认为颠覆式创新是指后发企业在关注被在位企业忽视的产品或服务的基础上，持续改善产品的性能或服务的质量，以满足那些被在位企业忽视的市场需求，从而改变市场的竞争格局（Christensen，1997），从而最终在市场中占据一定的主导地位（见图 3-2）的一种创新方式。颠覆式创新是相对于持续性创新而言的（Christensen，1997），持续性创新最大的特征是基于主流消费者市场已形成的产品价值维度来界定产品性能，这种在既定市场中的技术进步是渐进的、持续性的（陈云等，2018）。企业可以从技术、产品和商业模式等方面实现颠覆式创新。颠覆式创新可以为后发企业提供与在位企业差别较大的产品性能组合，后发企业可从市场、技术、生产和顾客四个方面实现颠覆式创新（Christensen 等，2003）。颠覆式创新的概念模型如图 3-2 所示。

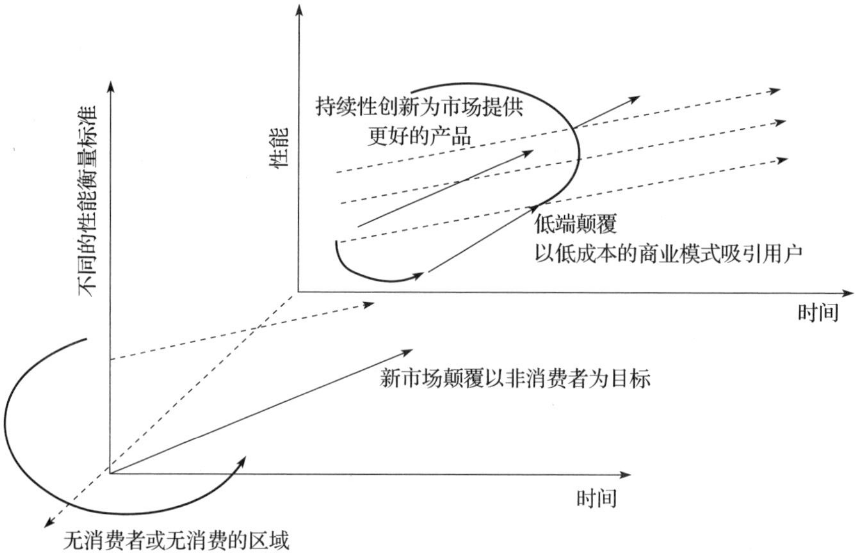

图 3-2 颠覆式创新的概念模型

资料来源：Christensen 等（2003）。

Christensen 提出颠覆式创新理论后，很多学者对颠覆式创新提出质疑的声音。为此，*Journal of Product Innovation Management* 在 2006 年第 1 期刊载了十多位专家学者讨论颠覆式创新是什么及未来如何发展等问题的文章，呼吁知名学者对此理论进行辩驳。Christensen（2006）也以 *The Ongoing Process of Building a Theory of Disruption* 为题对诸多质疑之声展开了回应与回答，在该文中 Christensen 反复强调颠覆式创新是在特定情境下所形成的特定行为。这意味着颠覆式创新是一个过程理论，而非静止结果。此文发表以后，国外批评颠覆式创新理论的文章渐渐减少，并对理论概念与特征等进行补充解释，从不同视角解析了颠覆式创新的理论概念，如表 3-4 所示。

表 3-4 颠覆式创新的相关概念

代表性学者	研究视角	对颠覆式创新概念的理解
Gilbert（2003）	市场侵入	颠覆式创新是企业识别与进入全新市场的重要理论基础，能为企业侵入全新市场提供战略保障
臧树伟和李平（2016）	市场竞争	颠覆式创新是一种为企业提供市场竞争优势的创新战略，改变了传统竞争格局和市场需求满足模式
Govindarajan 和 Kopalle（2006）	产品主流	颠覆式创新属于非连续的创新策略，后发企业应先提供满足低端消费者的产品，进入甚至占领低端市场。待积累了一定的经验后，改变市场竞争格局，甚至颠覆高端市场的发展态势
Markids（2006）	技术创新	颠覆式创新是一种依靠技术创新改变市场竞争格局的创新，需要匹配合适的企业战略
Schmidt 和 Druehl（2008）	市场需求	颠覆式创新通过创造更简单、更廉价的产品构建一个全新的市场，更是为满足市场需求而形成的一种区别于持续性创新的战略
王敏和陈继祥（2008）	商业模式创新	颠覆式创新的本质既是一种非连续性创新，也是一种商业模式创新，后发企业可在重组产业价值链、重构资源结构与企业流程、重塑利润保护机制等基础上实现颠覆式创新
Adner（2006）	产品性能	颠覆式创新是一种可为企业转变价值模式，提升产品性能的创新，这类创新改变了现有技术结构以满足被主流市场忽视的那些需求

资料来源：笔者根据相关资料整理。

2. 颠覆式创新的影响因素

在对颠覆式创新理论分析基础上，学者们发现企业在实施颠覆式创新过程中并不像想象中的那么简单（Christensen 等，2018），企业很难从组织内外部判断何时可以实施颠覆式创新，以及匹配哪些企业能力（Adner，2006），这便使得部分学者开始关注颠覆式创新的影响因素，颠覆式创新影响因素研究如表 3-5 所示。

表 3-5 颠覆式创新影响因素研究

<table>
<tr><th colspan="3">研究视角</th><th>主要观点介绍</th><th>代表性学者</th></tr>
<tr><td rowspan="6">内部视角</td><td rowspan="2">组织能力</td><td>动态能力</td><td>在资源和时间不同的情境下，通过对颠覆式技术的搜索和市场的细分及对既有技术潜能的挖掘，探索式学习和利用式学习均能鞭策后发企业颠覆式创新的成长</td><td>林春培（2015）</td></tr>
<tr><td>静态能力</td><td>颠覆式创新需匹配不同的组织文化，难以克服的组织文化惯性导致在位企业变革失败</td><td>Gilbert（2003）</td></tr>
<tr><td rowspan="4">组织结构</td><td rowspan="2">独立结构</td><td>创建于全新价值网络内拥有独立成本结构和盈利模式的独立机构能更好地推动颠覆式技术的商业化推广，是后发企业顺利开展颠覆式创新的必要条件</td><td>周江华（2012）</td></tr>
<tr><td>缺乏资源的后发企业相较于规模较小的企业而言，更加适宜采用独立的组织形式</td><td>杨强（2014）</td></tr>
<tr><td rowspan="2">二元性组织</td><td>颠覆式创新成效与规模负相关，与组织独立性和自主水平正相关</td><td rowspan="2">King 和 Baatar-togtokh（2015）</td></tr>
<tr><td>颠覆式创新和维持性创新对组织能力的诉求差异可以通过双能型结构和双能型情境的创建消除</td></tr>
<tr><td rowspan="4">外部视角</td><td colspan="2">技术</td><td>颠覆式技术所吸引的市场规模小且利润率难以满足在位企业的增长需要，似乎更有理由忽略潜在颠覆式技术的发展机会</td><td>Yu 和 Hang（2011）</td></tr>
<tr><td colspan="2">市场</td><td>前瞻性市场导向和反应性市场导向分别属于企业在市场方面的探索活动和应用活动，两者分别具备不同的性质和特征，对企业具有不同的作用，可影响企业颠覆式创新战略的实施</td><td>Sultan（2013）</td></tr>
<tr><td colspan="2" rowspan="2">政策</td><td>创新政策的合理制定和运用，如政府财税政策、政府采购政策和风险投资政策等，能极大推动颠覆式创新活动的开展</td><td>宋铁波和沈征宇（2014）</td></tr>
<tr><td>后发企业是颠覆式创新活动开展的绝对主体，但在政府资金、政策等方面的宏观指导下会推动大企业颠覆式创新的实施</td><td>臧树伟和李平（2016）</td></tr>
</table>

资料来源：笔者根据相关资料整理。

可以看出，组织能力和组织结构是颠覆式创新成功实施的内部先决条件，而源于技术、市场和政策三方面的外部力量可进一步推动颠覆式创新。组织能力和组织结构的匹配有利于创新的开展，与创新形式适宜的组织结构在确保颠覆式创新资源获取的同时有利于组织能力最大效用发挥，组织能力的提升也会影响组织结构形式以适应创新活动。基于对内部组织和外部影响因素的分析，可以构建颠覆式创新影响因素结构，如图 3-3 所示。

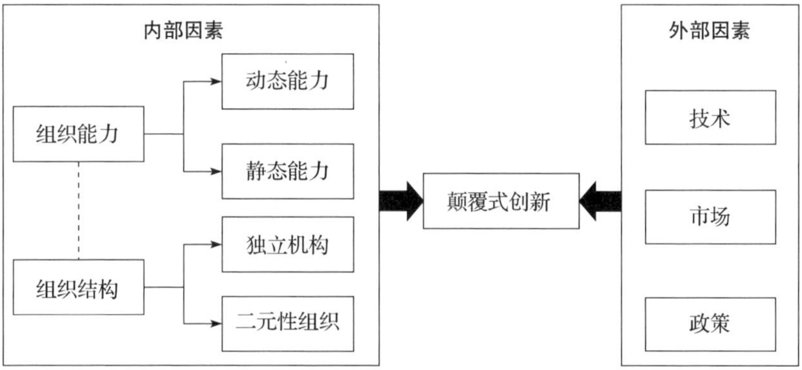

图 3-3　颠覆式创新影响因素结构

资料来源：笔者根据相关资料整理。

3. 颠覆式创新的类型划分

Christensen 等（2015）将颠覆式创新从所颠覆的市场情境特征出发，划分为低端市场颠覆和新市场颠覆两个层面进行分析。低端市场颠覆发生在已经存在的市场情境中，此情境下的企业比较关注被在位企业忽视的市场需求，通常以更廉价、更轻便和更简单的产品满足这些需求，从而构建起面向低端市场的价值网络与服务体系，一旦企业在此情境中逐渐稳定后，便会对在位企业形成颠覆，甚至彻底改变原有市场的竞争格局。新市场颠覆存在于原有市场之外的全新市场，此情境下的市场需求发生了新的变化，此前的产品和服务已不能满足新的市场需求，企业需要创新产品和服务性能才有可能实现对原有价值网络的颠覆，形成新的竞争优势（Christensen 等，2015；Lim 和 Anderson，2016）。低端市场颠覆与新市场颠覆比较如表 3-6 所示。低端市场颠覆植根于对技术要求较低的原有价值网络，通过提供简便和便宜的产品，满足被领先企业忽视的低端用户需求，从而获得发展优势，最终实现对领先企业的颠覆。低端市场颠覆聚焦的市场具有竞争对手多、竞争压力较大等特征。新市场颠覆则会创造一个全新的价值网络，在这个价值网络中，企业不会正面与在位企业展开竞争，而是通过性能与价值的改进创造一个以非消费者为目标的新市场（吴佩等，2016；Hopp 等，2018）。

表 3-6　低端市场颠覆与新市场颠覆比较

比较维度	低端市场颠覆	新市场颠覆
侵入市场的角度	低端市场或原有市场	全新的市场
价值体系	原有价值网络的最低端	新的价值体系
产品特色	低价、简单、便捷的服务与产品	全新性能与价值的产品与服务
消费者偏好	价格敏感，被在位企业忽略	对价格不敏感，引导新的消费需求
过程	在产品与服务更新迭代基础上拓展至主流市场	逐渐破坏原有价值网络结构
结果	实现对主流市场与原有价值网络的颠覆	

资料来源：笔者根据相关资料整理。

颠覆式创新也可以分为低端市场颠覆（Low-market Disruption）和高端市场颠覆（High-market Disruption）（King 和 Baatartogtokh，2015）。低端市场颠覆植根于对技术要求较低的原有价值网络，通过引入低成本的产品，获取不被领先企业所关注的低端客户从而不断发展壮大，最终入侵主流市场（Christensen 等，2015），低端市场颠覆聚焦的市场具有竞争对手多（胡海波等，2021）、竞争压力较大等特征（Lim 和 Anderson，2016）。高端市场颠覆则会创造一个全新的价值网络，在这个价值网络中，后发企业不会正面与在位企业展开竞争，而是通过性能与价值的改进创造一个以非消费者为目标的新市场（吴佩等，2016）。

4. 颠覆式创新的实现路径

第一，现有研究认为颠覆式创新属于过程理论学。从现有研究来看，颠覆式创新的阶段过程尚未统一，有学者提出了颠覆式创新六阶段理论，也有学者提出了四阶段或三阶段理论。首先，有研究认为颠覆式创新在确定市场根基的基础上，必须经历进入根基市场、侵入主流市场、获取主流市场客户、顾客角色转换和在位者被颠覆的五个阶段（Hopp 等，2018）。其次，有研究认为后发企业实现颠覆式创新必须经过四个阶段，即寻求非竞争性市场、非竞争性市场快速成长、非竞争性市场对新市场产生冲击、实现对主流市场的颠覆（Gilbert，2003）；也有研究提出了机会识别与开发、机会发展、解决方案形成和持续拓展的四阶段过程模型，以此指导后发企业实施颠覆式创新（Sandberg，2002）。最后，国内大部分研究认为颠覆式创新经历了三个阶段，如杨瑾和解若琳（2020）认为颠覆式技术创新必须经历前段模糊、创意研究与使用与商业化的系统过程；王金凤等（2019）则将颠覆式创新建立在新市场初始创新阶段基础上，认为企业在实施颠覆式创新过程中需要经历组织架构优化、技术轨道发展、适应外部环境、实现全面成熟的过程。

第二，学者们认为颠覆式创新的实现需要对技术、市场与商业模式等进行颠覆。Hopp 等（2018）认为，后发企业实施颠覆式创新的关键在于构建合适的技术与市场，进而在技术与市场方向明确的基础上实现对在位企业的颠覆，甚至占领整个市场。后发企业在新市场足够成熟后，可再将前期储备的技术与市场优势转化为后发企业的发展优势，以实现核心竞争力的提升，最终实现对先发优势企业的追赶甚至赶超（王金凤等，2019）。王金凤等（2020）基于小米公司的案例分析发现，后发企业只有在重构其技术与价值网络形态的基础上才能较好地实现颠覆式创新，其中，技术创新是颠覆式创新的基础，一般会经历技术起源、开发、主导和成熟等阶段过程。某种程度上来说，颠覆式创新情境下，后发企业的技术创新策略不一，且较为复杂，既包括小型化、简单化和增补化等的技术重塑策略，也可综合使用模仿创新、自主创新、探索式创新等创新手段（冯立杰等，2019）。同时，不可忽视的是，颠覆式创新还要求注重以顾客为导向，重视消费者的体验和提高消费者黏性（Schwalbe 和 Ulrich，2018）。后发企业加大资源投入力度开发全新市场、识别用户市场并积极与顾客构建联系机制等以新市场顾客为导向的策略，将便于后发企业摆脱原有市场的束缚，快速实现对在位优势企业的颠覆（Petzold 等，2019）。

5. 颠覆式创新的理论框架

基于对颠覆式创新主要内容的分析，可以形成如图 3-4 所示的理论框架。该理论框架表明，对于企业（后发企业）而言，实现快速追赶以发展成为在位优势企业的关键在于发挥颠覆式创新的作用。首先，面对创新策略的选择，后发企业应选择能快速实现追赶的创新策略；其次，在颠覆式创新研究基础上，明确目标市场，并了解其市场特质；再次，以企业在颠覆式创新进程中的影响因素及创新过程为着重点；最后，企业借助颠覆式创新理论成功进入主流市场，成为市场主导企业，实现对在位企业的颠覆。

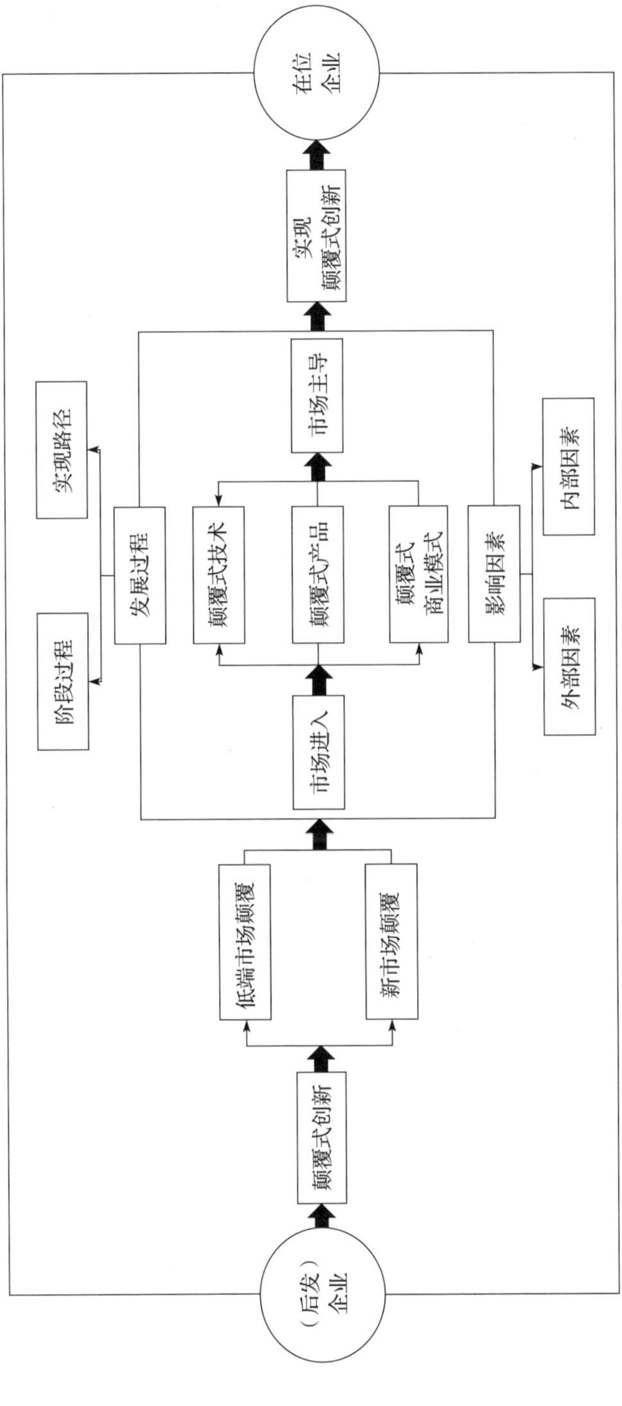

图 3-4　颠覆式创新的理论框架

资料来源：笔者根据相关资料整理。

从主要研究内容演变规律来看，较难判断颠覆式创新未来的研究热点，可能依然会存在研究分散、不聚焦的问题（王金凤等，2020）。从科技创新趋势来看，人工智能、3D打印、大数据、云计算等先进技术的运用势必会成为后发国家和后发企业重点突破的方向，为后发国家和后发企业颠覆式创新提供优良的环境（李倩等，2020）。围绕先进技术进行颠覆式创新会成为必然，但也会给后发国家和后发企业应对颠覆式技术的变革提出一定的挑战（Hopp等，2018）。

同时，颠覆式创新理论起源于美国，广泛运用于发展中国家，越发被欠发达国家和先天资源匮乏企业所重视（Petzold等，2019）。但是，中国的整体市场情境不同于其他国家，完全照搬使用颠覆式创新是否真的适合我国情境特征？影响我国后发企业颠覆式创新的因素有哪些？我国后发企业实现颠覆式创新的路径是否会区别于其他国家？这些问题都值得从学术与实践角度进行更深层次的探讨与研究。

另外，现有研究聚焦于分析后发企业的颠覆式创新相关问题（王金凤等，2018；冯立杰等，2019；王金凤等，2019），较少分析在位企业面对颠覆式创新挑战的应对方法，颠覆式创新的提出并不是为了击垮在位企业，恰恰是为了促进后发企业与在位企业共同进步（冯立杰等，2021）。因此，在位企业如何继续保持自身的竞争优势以避免后发企业的颠覆，具有同样重要的研究意义。

6. 对颠覆式创新的误解

颠覆式创新属于较复杂的创新理论，诸多学者和企业实践者并没有很好地理解颠覆式创新的精髓，存在几个误解。第一，误认为颠覆式创新是一瞬间的、短暂的创新行为。Christensen等（2015）指出颠覆式创新是一个过程，甚至会维持较长的时间，是一个从低端市场切入，在占领低端市场基础上，入侵高端市场，最终颠覆高端市场的过程（Lim 和 Anderson，2016），可以理解为颠覆式创新是一种从量变到质变的过程。第二，误认为颠覆式创新是一个绝对的现象。运用颠覆式创新的企业在低端市场能提供价格更便宜、功能更简单的产品或服务，以满足被在位企业忽视的非主流消费者的需求（Lim 和 Anderson，2016）；在高端市场能提供性能更齐全的产品，以满足在位企业原来无法提供的消费需求（Schwalbe 和 Ulrich，2018），因此，颠覆式创新是一个相对的概念。第三，误认为颠覆式创新必然是毁灭性的，势必意味着新业务取代旧业务。颠覆式创新属于过程理论，源于新市场或低端市场，在对产品或服务不断优化的基础上，实现对现有市场格局的彻底颠覆（王金凤等，2020），因此，颠覆式创新不一定是毁灭性的。

（三）颠覆式创新理论的代表人物

颠覆式创新起源与兴起于美国，其创始人 Clayton M. Christensen 形成了该理论的系列成果，是国外颠覆式创新理论的代表性学者。国内最早研究颠覆式创新的学者是吴贵生和谢伟（1997），王金凤教授及其研究团队是国内代表性学者，他们的研究成果丰富了颠覆式创新的理论框架。

1. 克莱顿·克里斯坦森

哈佛大学商学院克里斯坦森教授是颠覆式创新的提出者，为颠覆式创新的发展与推广做出了巨大的贡献。克里斯坦森对颠覆式创新理论的阐述源于《创新者的窘境》和《创新者的解答》两本著作，这两本著作也成为诸多关于颠覆式创新学术论文的必引文献。除了这两本著作外，克里斯坦森还发表了多篇颠覆式创新理论论文，具体如表 3-7 所示。

表 3-7 克里斯坦森发表的颠覆式创新论文

论文来源	主要观点介绍
Christensen C M，Raynor M E. Innovation Solution Creating & Sustaining Successful [J]. Journal of Product Innovation Management，2005，22（2）：213-215.	从所颠覆的市场情境特征出发，颠覆式创新划分为低端市场颠覆和新市场颠覆两种类型。低端市场颠覆发生在已经存在的市场情境中，通常以更廉价、更轻便和更简单的产品满足需求。新市场颠覆存在于原有市场之外的全新市场，此情境下的市场需求发生了新的变化，此前的产品和服务已不能满足新的市场需求
Christensen C M. The Ongoing Process of Building a Theory of Disruption [J]. Journal of Product Innovation Management，2006，23（1）：39-55.	企业可以从技术、产品和商业模式等方面实现颠覆式创新，但颠覆式创新的本质是一种非连续性的商业模式创新，后发企业可在重组产业价值链、重构资源结构与企业流程、重塑利润保护机制等基础上实现颠覆式创新
Christensen C M，Baumann H，Ruggles R. Disruptive Innovation for Social Change [J]. Harvard Business Review，2006，84（12）：94-101.	颠覆式创新是一种借助颠覆式技术满足企业技术需求和市场产品需求的创新模式，是企业识别与进入全新市场的重要理论基础，能为企业侵入全新市场提供战略保障
Christensen C M，Raynor M，Mcdonald R. What is Disruptive Innovation? [J]. Harvard Business Review，2015，93（12）：44-53.	颠覆式创新是一个演化过程，后发企业在关注被在位企业忽视的产品或服务基础上，持续改善产品的性能或服务的质量，以满足那些被在位企业忽视的市场需求，从而改变市场的竞争格局，最终在市场中占据一定的主导地位
Christensen C M，McDonald R，Altman E J，et al. Disruptive Innovation：An Intellectual History and Directions for Future Research [J]. Journal of Management Studies，2018，55（7）：1043-1078.	颠覆式创新的核心概念被广泛误解，也未将颠覆式创新看作为管理研究中可构建的理论概念。颠覆性创新理论的一个重要见解是，当产品还不足以满足客户的性能要求时，企业依赖内部相互依赖的集成产品架构来最大化性能。随着性能达到并最终超过现有需求，竞争就转移到其他方面

资料来源：笔者根据相关资料整理。

克里斯坦森在界定颠覆式创新概念基础上，重点对颠覆式创新类型、演变过程等展开了分析。其中，克里斯坦森将颠覆式创新界定为后发企业实现“弯道超车”的有效途径（Christensen，2006），并认为后发企业实现颠覆的关键在于关注被先发企业忽视的产品或服务，在改善产品性能和服务质量的基础上，改变市场竞争格局（2015），这便将颠覆式创新界定为过程理论，为后续理论研究和实践发展提供了重要的理论根据。

2. 王金凤及其研究团队

郑州大学王金凤教授及其研究团队是国内研究颠覆式创新理论的代表性学者，推动了颠覆式创新理论在国内的发展。王金凤及其研究团队发表的颠覆式创新论文如表 3-8 所示。

表 3-8　王金凤及其研究团队发表的颠覆式创新论文

论文来源	主要观点
冯立杰，杜靖宇，王金凤，等. 颠覆式创新视角下后发企业价值网络演变路径［J］. 科学学研究，2019，37（1）：175-183.	基于价值网络理论，颠覆式创新过程可分为进入期、追赶期和破坏期。在颠覆式创新演变过程中，后发企业围绕技术与市场交互关系制定应对价值网络变化的策略
冯立杰，吴敏，王金凤，等. 面向低端市场颠覆式创新的技术机会识别路径研究［J］. 软科学，2019，33（4）：91-98.	当技术发展至生命周期成长后期或成熟期时，企业可以实施颠覆式创新
王金凤，王永正，冯立杰，等. 低端市场颠覆下后发企业商业模式创新路径研究［J］. 科技进步与对策，2019，36（16）：108-116.	低端市场颠覆式创新下的后发企业商业模式创新路径分为切入细分市场、重构价值网络、颠覆市场格局、构建竞争壁垒四个阶段
王金凤，于飞，冯立杰，等. 市场环境影响下颠覆式创新实现路径研究——基于小米公司案例的扎根分析［J］. 科技进步与对策，2020，37（5）：1-9.	市场环境对颠覆式创新的影响表现在技术、需求和产业三个方面，后发企业在市场环境影响下可通过技术创新和价值网络重构两条路径实现颠覆式创新
冯立杰，周荣荣，王金凤. 颠覆式创新视阈下在位企业价值网络的演变路径［J］. 南开管理评论，2022（1）：1-16.	价值网络演变对于在位企业开展颠覆式创新活动以抵御后发企业的颠覆意义重大。颠覆式创新过程中在位企业的价值网络演变依次经历了被动适应型、主动适应型到主动创造型三个阶段

资料来源：笔者根据相关资料整理。

王金凤教授及其研究团队的贡献在于：第一，在肯定颠覆式创新属于过程理论的基础上，进一步深化了颠覆式创新的演化过程研究，认为颠覆式创新的演化经历了进入期、追赶期和破坏期三个阶段（冯立杰等，2019）；第二，在克里斯坦森研究的基础上，进一步深化了颠覆式创新类型研究，认为颠覆式创新的具体类型应包括技术颠覆（王金凤等，2019；冯立杰等，2019）、商业模式颠覆（王金凤等，2019）和价值网络颠覆（冯立杰等，2019；王金凤等，2019；冯立杰等，2021）等；第三，在现有研究基础上进一步深化了颠覆式创新实现路径研究，认为在后发企业实施颠覆式创新的过程中，市场环境发挥了重要作用，后发企业在市场环境的影响下，可通过价值网络重塑和技术创新重构等路径实现颠覆式创新（王金凤等，2020）。

三、全面创新

企业的创新行为具有动态性与复杂性特征，在不同的经济与社会背景下，创新的主体、时间、空间、要素等都会产生变化。因此，企业创新难以仅仅用单一的技术创新、组织创新等来充分描述，具有全员、全时空、全流程、全价值链特点的全面创新对创新理论进行了有益的补充。

（一）全面创新理论的形成与演化

一个理论的形成与演化都具有特定的实践与理论背景。飞速进步的生产技术、日趋复杂的社会与经济环境都要求企业创新需要更加综合地协同各类要素，并融入全球化的经济浪潮之中，突破时间与空间的桎梏，吸引更加多元的主体参与创新行为。

1. 实践背景

进入21世纪以来，中国企业在技术创新方面取得了长足的进步，但长期以来对技术创新不够重视，技术创新投入低导致企业技术创新能力不足。大量实践表明，众多技术创新类项目未取得理想收益的原因之一在于难以在技术要素与非技术因素之间建立有效的协同机制，相对技术创新，观念、文化创新明显滞后，技术创新战略不够明确或技术创新战略与经营战略间协同效率低下，技术创新激励机制缺位，组织内部协同流畅性有限令创新速度与绩效受到制约，技术与市场脱节等问题突出（许庆瑞等，2006）。

在进行技术创新的过程中，中国企业常常会面临三对主要矛盾，即技术创新投入周期长、回报不确定性高与企业经营的风险厌恶之间的矛盾，企业维持持续竞争优势的需求及有限的创新能力之间的矛盾，企业组织、文化、制度、战略难以与技术创新能力有效协调的矛盾。

此外，日趋复杂的竞争环境对企业创新提出了更高的要求。进入20世纪90年代以来，IT技术、互联网等技术被广泛应用于实践当中，新技术革命从根本上改变了企业的生存发展环境、经营目标和经营方式。随着我国经济的进一步开放与发展，经济全球化及信息技术的飞速发展，消费者对商品的高端化、个性化需求也逐步显现，消费者能便捷地通过网络获取市场信息，以更低的购买成本选购品质更优秀、品类更丰富的商品。同时，全球化的趋势令企业能够在全球范围进行创新资源的配置。更加激烈的市场竞争及更加复杂的创新设计都要求企业进一步提高自身的创新能力。此外，越来越多的企业遭遇了增长的鸿沟，传统的措施，如加强营销、降低成本、提高生产效率和实施并购皆无法完全弥补增长鸿沟、实现一流的经营收入。

综上所述，竞争环境及市场需求的动态发展对企业提出了全方位竞争的要求。若要取得持续的竞争优势，企业需以技术创新为核心进行全面、系统、持续的创新（许庆瑞，2007）。

2. 理论演化

“创新”的概念于1912年由美国学者约瑟夫·熊彼特首次提出，一经提出后便成为经久不衰的研究话题，而创新研究的焦点也从宏观层次的经济增长转向企业的微观层次创新活动的管理，并在随后的时间里经历了个体创新，组织推动创新，组织外部创新，组合创新、集成创新和系统创新，以及全面创新管理的五个发展阶段（许庆瑞，2007）。企业创新管理理论的发展如图3-5所示。

进入21世纪以来，全面创新理论在我国的研究与应用关注度更高。在中国知网上以“全面创新”为关键词进行检索，对中国知网中核心期刊和CSSCI来源期刊的文章数量进行统计，全面创新理论的发文数量及趋势如图3-6所示。

3. 发展基础

一切新理论的提出和发展都是建立在已有理论的基础上的。全面创新管理理论（Total Innovation Management，TIM）的研究视角经历了由单一的创新要素向复杂的创新系统的转型，创新过程中呈现出复杂性、生态性、协同性和动态性的新特征，并突出了创新系统内部各要素之间的互动性，而这些特征正是来自生态理论、人本理论、协同理论、复杂自适应系统理论、开放式创新理论、分布式创新理论和模块化理论等理论基础。

（1）生态理论。

企业生命周期理论及在其基础上发展而来的组织的生命周期理论是创新管理的生态系统原理的前身。创新管理的生态系统原理将组织拟人化，认为组织的发展规律符合生物学中的增长曲线。职

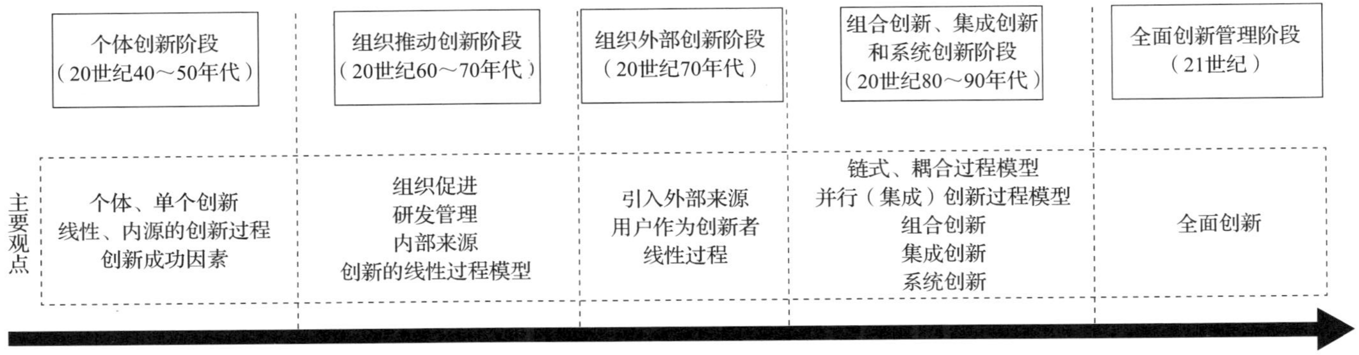

图 3-5 企业创新管理理论的发展

资料来源：笔者根据相关资料整理。

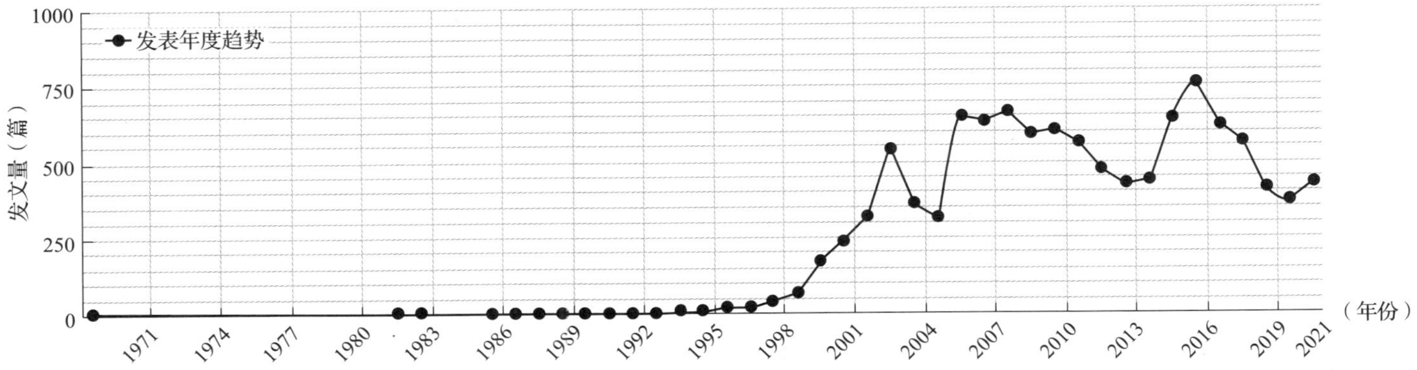

图 3-6 全面创新理论的发文数量及趋势

资料来源：中国知网。

能各异员工间的分工合作以及员工创造力与组织创新环境构建的相互协同自20世纪50～60年代以来成为企业创新成功的原因。创新管理的生态系统较传统的创新管埋埋论具有三大特征：突破传统的创新机械观，强调人与组织环境的关联（James Morre，1993）；突破传统的创新技术论，强调兼顾技术与非技术的全要素创新；突破传统的创新单一时空观，强调全过程、全价值链以及全球化资源整合的全时空创新（柳卸林和王倩，2021）。

（2）人本理论。

20世纪初，美国哈佛大学梅奥教授的“霍桑工厂实验”得出，生产效率及生产积极性的影响因素并非工作的物质环境及工作福利的优寡，而是职工的心理因素与社会因素。20世纪中叶，基于梅奥的研究，人的需要、个体的价值逐步成为管理的对象和重要因素，从中已能够看到现代人本管理的雏形。20世纪末，社会生产围绕人的需要、人的发展来进行，企业竞争、产品竞争、市场竞争演化为全面的人才竞争，以人为本的管理理念成为普通民众与学者间的共识，并且在管理实践中得到了运用和发展。

人本理论的兴起与发展，为全面创新的管理带来了四点启示：人在创新中最具活力；创新思想源于人，广泛的群众性造成了创新的差异性；尊重人才，尊重群众的首创精神是搞好创新的根本；企业全面创新管理的基点在于构建和提升企业创新型人才，包括创新型管理者、创新型研发人员和创新型工人。

（3）协同理论。

协同理论的思想基础可追溯至古老的中西方哲学，无论是人与自然还是人与人之间协调发展都涉及“协同”的概念。德国理论物理学家赫尔曼·哈肯（Herman Haken）作为协同学科的创始人，其提出的“协同概念”源自耗散结构理论（Haken，1977），用于反映复杂系统中各个子系统间的协调关系。协同理论最显著的特点是可以通过子系统之间的交互，实现单个个体无法实现的新成果或目标。

技术创新十分复杂，是一个非线性的过程，涉及技术、市场、文化、战略、组织、制度等多种创新元素。由于不同的创新要素在不同环境下的信息及能量获取方式不尽相同，因此对于创新的主导权并不确定。为了取得更佳的创新绩效，不同的创新要素之间也会存在合作与竞争的关系，而如何有效地进行协同，促进创新系统的有效运作受到创新要素间协同的影响。协同的基本特征和目的是以竞争为基础进行合作。在企业的技术创新过程中，各创新要素间能否通过合作产生积极的促进作用，并通过竞争实现合作是实现协同的重要条件，企业及其子公司及不同职能部门之间的整合和协调是协作的关键。

（4）复杂自适应系统理论。

复杂自适应理论（CAS）指受规则影响、互相作用的主体组成的系统，其最早由美国密歇根大学教授 John Holland 提出。CAS 范式为理解和解释不同学科的复杂系统提供了新的思路和视角，一经推出，即得到了学术界和企业界的热烈关注（Stacey，1996）。CAS 理论将系统从平衡状态转变为稳定与不稳定、可预测与不可预测的矛盾状态，从而使组织能够生成创造力、创新和变革能力。一个企业只有在均衡状态中脱离混沌的边缘，不受组织僵化的制约，才能充满创新和活力（Stacey，1996）。

① 企业创新与复杂自适应系统。企业通过创新能够不断提升技术和管理能力。而要实现持续创新，企业必须是不平衡和不对称的，即处于混沌的边缘，因为组织最能适应混乱。而领导者只有建立以

战略为导向的创新激励机制和绩效评价机制才能在战略指导下建立公司内部的失衡状态。而这种差距带动了公司内部不同部门人员的主动性，最终通过创新，持续推动着公司的发展。

当企业与外部环境交换物质和信息时，当某些内部参数在环境相互作用的过程中达到某个临界点时，系统某一点的小波动通过系统的放大机制会变成巨大的波动。领导者在推动企业创新中的重要作用是发现制度中的微小变化，并通过具体的领导行动和控制放大这些变化，推动企业不断创新，始终平衡自身，取得突破，谋求公司的进化与发展（Dooley，1997；Holland，2000）。CAS 理论指出，企业是一个动态发展的学习系统，系统本身不是固定不变的，它总是随着环境的发展而动态调整（Stacey，2001）。因此，只有在公司内部营造良好的学习环境，建立学习型团队，发展为创新型企业才能让员工不断学习，增强意识、提高能力，进而调整创新方向，满足企业发展的需求（李贵春等，2005）。

② 创新网络与复杂自适应系统。每个企业都不是独自创新的，而是位于一个由独立或半独立的经济实体组成的创新网络体系中。创新网络系统通过不同实体之间的企业行为在采购、制造和产品销售方面进行交互。因此，创新网络也可以看作是一个 CAS，创新网络的实体之间存在着竞争、合作等多种动态关系。非核心创新网络通常处于被动状态，而核心企业创新网络常常处于主动状态（胡海波和黄涛，2016）。

公司内部运营单位、会员企业、供应链系统构成创新的网络体系。系统中的每个实体都有自己的目标、业务战略、内部结构和生存动机，这些主体通过聚会和互动不断适应环境，获得长远发展。因此，在推动企业创新的过程中，领导者的一个重要职能就是协调创新网络中为企业发展做出贡献的参与者之间的关系。领导者则应该有选择地采取战略联盟、研发合作等策略，在内部驱动或外部驱动路径下构建市场导向或技术导向创新网络，使企业自身进入与周边创新网络有序互动的状态（Choi 等，2001；康胜，2003；张涛等，2003；胡海波等，2020）。

③ 复杂自适应系统对企业全面创新理论研究的促进作用。全面创新具有推动企业在混沌边缘运营的重要作用。复杂自适应理论指出，公司可以在三个领域运营：稳定区域、不稳定区域和产生吸引的子边缘，而企业的最佳经营区域是在产生吸引的子边缘附近的稳定区域和不稳定区域之间。在该领域运营的企业不仅可以保持积极创新的活力，而且对外部环境的变化极为敏感，往往会通过创新来保证企业的稳定运营。在全面创新的实践中，领导者需要带领企业全体成员，帮助企业在稳定与不稳定之间保持一定的平衡和张力，以此保持企业生存和发展的活力、动力、企业特色，实施连续性和有序的演变。CAS 理论揭示了领导机制在企业全面创新实践中的重要作用，即保证企业的复杂系统在混沌边缘的运行。

CAS 有利于提高创新主体的主观能动性，而个人主观能动性的程度决定了整个系统运行的复杂程度，这是 CAS 范式的独特之处。因此，在全面创新管理的实践中，企业需要重点关注如何激发创新主体的主观能动性，让企业的每一位成员都成为创新者（姜华，2000）。强大的创新主动性有利于推动每个创新主体来适应外部环境，进而令企业可以轻松把握和应对外部环境的变化，及进行创新。

创新企业是一个多层次的复杂自适应系统。从员工个人、创新团队到创新组织，这些不同层次的创新活动相互影响、相互作用，推动着公司的整个创新过程。因此，在全面创新背景下，不同层次的创新任务和创新主体间协同方式的差异值得关注。

（5）开放式创新理论。

开放式创新概念于2003年由Henry Chesbrough首次提出，倡导企业在创新过程中改变传统的封闭式创新模式，有机结合外部技术和内部技术。只有在开放式创新模式下，企业才能发挥最大的创新作用，获得最大的创新收益，而开放式创新源于知识的广泛分布、技术人才的流动性增长、风险投资的蓬勃发展、产品生命周期的缩短。

知识的创新是创新的根本，而广泛分布的知识决定了封闭式创新必将被开放式创新取代，广泛利用各种来源的知识是企业建立竞争优势的保证。企业需要以多种方式使用创新资源。首先，企业需要尽可能与外部组织建立联系，实现不同组织之间的知识共享，构建知识整合、知识共享、知识创造的网络体系，促进知识创新活动（唐方成和仝允桓，2007）。其次，技术创新能够融入产品之中，并能够为客户提供创新价值，因此，创新必须与商业模式创新相结合（Chesbrough，2007）。最后，企业可通过组织创新实现内外部创新资源的有效结合，通过制度创新建立适应市场竞争的技术创新管理机制（王锋正等，2020）。只有在组织制度创新、技术创新和运营机构管控创新的基础上，模式创新才能得到妥善的推动和实施。

开放式创新仅强调资源来源的多样性，并没有进行更为深入的研究。而全面创新理论指出创新的源泉是全时空的、全员性的、全方位的。开放式创新强调技术创新与企业商业模式在技术要素与市场要素之间的协同作用方面的有效融合，而创新作为一项系统工程，本质上是各要素创新的协同。此外，从组织和创新系统的角度来看，开放式创新却没有将技术创新与企业商业模式整合为一个系统。全面创新管理理论将多要素之间的协同互动整合为一个理论平台，强调组织、制度、战略、文化、理念等多要素的协同创新，为多种因素和市场因素共同构建了良好的系统平台。

（6）分布式创新理论。

分布式创新指创新所需的技术及能力并非集中在某一组织内部，而是分布在一系列企业和其他知识创造机构之间（Coombs等，2002）。在分布式创新理论中不仅包括了企业全员创新模式，它还强调通过吸纳更多的员工进入组织创新体系中，提升个体与组织的协同效率，进而实现组织创新水平的提升。此外，由于参与分布式创新的一系列企业和其他知识创造机构地理上的分散分布，实施创新也需要解决空间距离对协同效率的负面影响（Yakhlef和Ali，2005）。

全面创新管理凭借其全时空创新和全员创新，有效地弥补了分布式创新的不足，为管理分布式创新提供了战略化方向，并可以帮助企业转化外部创新参与者，结构化其管理协调机制。

（7）模块化理论。

产品模块化理论于1995年由Dess和Rasheed引入企业管理领域。其含义为：企业通过将非关键模块外包给其他企业或个人，模糊了企业组织的边界，并通过战略模块控制企业网络（Dess等，1995）。而Sanchez（1996）基于企业战略和竞争优势的考虑，倡导企业通过产品、组织和知识架构的有效战略管理，而模块化产品会对企业创新成本产生影响（Arora等，1997）。认知模块指的是以各种感知器官为媒介，将信息转化为共同的思维语言。

模块化的理论研究对于全面创新管理理论有着重要意义。具体而言，创新要素之间的联系可被视作模块之间的关联；对于全面创新管理中学习机制的研究可借鉴模块化认知理论的相关内容；模块化作为认知的核心构件，同样也是全面创新管理中组织学习和个人学习的核心对象。

（二）全面创新管理理论的主要研究内容

1. 全面创新管理的基本概念

全面创新管理以培育核心竞争力和提升可持续竞争力为导向，以各种创新要素（如技术、市场、战略、组织、制度、文化）的协同为手段，以观念和文化为先导，通过有效的创新管理机制、方法和工具，通过全员、全时、全球化、全价值链、全流程的创新，以期实现价值创造。企业全面创新管理的五角模型如图 3-7 所示。

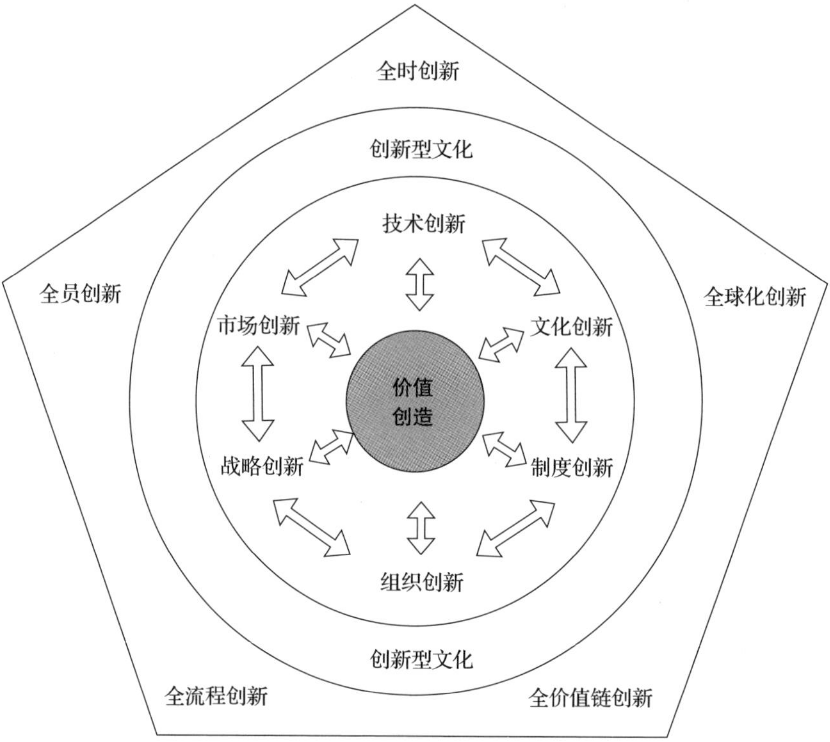

图 3-7　企业全面创新管理的五角模型

资料来源：许庆瑞等（2003）。

2. 全面创新管理的类型

基于全面创新管理范式的基本概念，可将全面创新管理范式进一步分为全要素创新、全员创新、全时空创新，三者分别是全面创新管理的主要内容、时空特征，它们之间的有效协同能够充分诠释全面创新管理的整体内涵。

（1）全要素创新。

全要素创新要求从系统性和综合性出发，做到创新的全方位协同，即技术、战略、文化、制度、组织和市场等各方面要素进行全面协同，以期达到最佳的创新效果。郑刚（2004）总结了六大要素，即战略、技术、市场、文化、制度、组织要素，他所面向 100 余家大中型企业的实证分析结果也进一步验证了这六大要素对于创新绩效的重要影响。从全面创新管理（TIM）的系统、全面视角来看，这些要素的作用发挥离不开全员参与和全时空的背景。

① 战略创新。在全要素创新维度中，战略创新指企业通过对于外部环境变化的识别，并基于自身发展的需求，对企业发展战略进行调整和变革（Cooper，1997）。

② 组织创新。组织创新主要包括流程创新和组织结构创新。流程创新指企业对业务流程进行局部或者全部的变革，以提高组织敏捷性和业务绩效（Tushman 等，2002）；组织结构创新指改变组织内部的分工和协作、层次与机构设置以及沟通方式，有效地串联起组织的战略、文化、流程和技术，以期提高组织绩效（Weerawardena 等，2006）。

③ 技术创新。探索、发现、实验、开发、模仿及采用新产品、新工艺和新的组织结构构成了技术创新的全过程。而在如今，技术创新还需兼顾组织、制度、市场在技术创新中的作用，并发展为获取竞争优势过程中各种相关活动的、相互作用和反馈进行的平行过程（Tidd，2001）。

④ 市场创新。市场创新指在市场条件下，企业创新者根据企业

战略进行市场发展和新市场开发的组织和管理活动。

⑤ 文化创新。文化创新主要指匹配企业战略调整、组织结构变化以及领导人更替等变化的企业价值观、制度规范、员工行为等的变化，能够促进且形成新的价值观和制度规范（Tushman 等，2002）。

⑥ 制度创新。内生制度体系和外生制度体系构成了企业制度，通过内生制度创新，能够对如何创新、何时创新、何处创新、由谁创新、由谁受益等进行规定和协调；通过外生制度创新，以社会政治体制、经济体制、国家和地区创新体系、企业产权制度等不由企业自身决定的制度来影响企业全面创新的结果（刘劲杨，2002）。

（2）全员创新。

全员创新认为创新是包括企业研发和技术人员在内的全体员工的共同行为。每个职能部门的员工都可以在自己的岗位上成为杰出的创新者。从广义上讲，全员创新还涉及用户、供应商和股东等利益相关者。

① 多元主体创新。在全面创新中，创新主体不仅仅是技术专家，而应充分发挥管理、研发、销售、生产、后勤等多部门员工的创新潜力，提升员工群众性的创新意识和能力，以应对激烈的市场竞争，提升组织绩效（许庆瑞，2003）。

② 主动创新。员工创新的积极性是企业进行创新的必要条件，基于员工高层次的心理需求，赋予员工更大的自主权、独立性和责任心去实施创新，往往能够激发企业内部的创新潜力，获得更大的创新绩效（Hammer，1996；Hammer 和 Champy，1993；Johannessen 等，1999）。

③ 组织与员工发展结合的创新。基于制度经济学视角，通过建

立和完善激励机制，促使员工与企业共同创造价值，兼顾组织发展和员工个人发展，才能够令员工推动企业增值（谢章澍和杨志蓉，2006）。

④ 全员协同创新。全员创新不仅仅强调创新主体范围的扩大，还强调不同主体之间的相互合作、优势互补、信息共享，实现内部协同创新效益。

⑤ 可跨职务的创新。跨职务创新强调组织内部的赋权，通过允许员工拓展自己的职务范围而进行创新，也允许员工专注于原有职务范围内的局部创新，结合两者以期最大限度地激发全员创新的潜力（James，1999）。

（3）全时空创新。

经济全球化、价值网络化、需求个性化等现实环境是全时空创新的驱动因素，而全时空创新要求企业基于一切可利用的时间资源和空间资源来进行全面创新。基于内容的差异，可将全时空创新划分为全时创新和全空间创新（全价值链创新和全球化创新）。

① 全时创新。基于时间竞争的背景，企业为了持续获得竞争优势，需要充分利用时间，缩短市场需求的响应过程，快速地、低成本地推出优质的新产品以满足市场需求。根据时间资源利用的不同方式，全时创新可分为即兴创新、即时创新和连续创新。即兴创新强调创新的随兴而发，是对特定问题的灵感闪现和凝固；即时创新强调随时而发，对特定问题应快速并有创造力地解决；连续创新强调创新的连续性，利用网络技术和信息技术消除创新的时间障碍，提升创新效率（徐静，2004）。

② 全价值链创新。全价值链创新以企业价值网络为基础，旨在整合创新资源进行创新。全价值链创新包括企业内部价值链创新和

企业外部价值链创新。基于内部逻辑，企业内部价值链创新以研发、制造、财务、营销等不同部门的创新资源整合来实现创新，实现成本优化及差异化竞争等创新目标。基于外部逻辑，企业外部价值链创新以供应商、客户、竞争对手、科研机构等外部主体的创新资源整合来提升企业的创新能力，提升创新的速度和成功率（陈劲等，1999）。

③ 全球化创新。全球化创新以经济全球化为大背景，通过构建全球创新网络，最大限度地整合全球不同地区的创新资源来提升创新绩效。基于全球化创新的实施顺序，创新全球化大致能够分为当地适应阶段、当地智力利用阶段和全球网络化阶段（陈劲，2003）。

3. 全面创新管理实施的驱动因素

基于不同的逻辑视角，企业进行全面创新管理的原因可分为内动因与外动因。基于企业内部逻辑视角，全面创新管理需要在企业内部形成强烈的创新氛围，并从战略、技术、制度、文化、组织、市场等多个方面促进全面管理的实施。具体内动因包括企业自身发展的需求、员工自身素质提高的要求、核心能力提高的需求、单一要素创新的缺陷、创新偏好的影响、降低创新风险的需要、延长企业生命周期的需要、企业降本增效的需要等。基于企业外部逻辑视角，企业进行全面创新管理不仅需要进行内部跨部门的协同，还需与企业外部的研发机构、高校及其他企业进行互动，且政府、金融、法律、文化等因素也是重要的影响因素。具体的外动因包括个性化的市场需求及快速响应市场的要求、经济全球化的要求、新科技革命浪潮的要求、社会因素的影响、竞争对手和供应商的影响及其他因素（许庆瑞，2007）。全面创新管理的内外动因如表 3-9 所示。

表 3-9 全面创新管理的内外动因

动因类型	动因
内动因	企业自身发展的需求
	员工自身素质提高的要求
	核心能力提高的需求
	单一要素创新的缺陷
	创新偏好的影响
	降低创新风险的需要
	延长企业生命周期的需要
	企业降本增效的需要
外动因	个性化的市场需求及快速响应市场的要求
	经济全球化的要求
	新科技革命浪潮的要求
	社会因素的影响
	竞争对手和供应商的影响
	其他因素

资料来源：笔者根据相关资料整理。

4. 全面创新的实现路径

企业进行创新往往受到其所面临的主要矛盾的影响，而不同企业所处的发展阶段各不相同，且随着企业的发展，其所面临的主要矛盾也会随之变化，因此，不同企业实施全面创新管理的路径也会存在差异。在不同阶段，不同创新要素往往主导着企业的创新，据此，可将要素创新主导类型分为四种类型（许庆瑞，2007）。企业的要素创新主导类型如表 3-10 所示。

表 3-10　企业的要素创新主导类型

要素创新主导类型	企业阶段特征	范畴
技术创新主导型	产品形成阶段	技术创新
管理创新主导型	信息交流与结构配置处于非正式阶段	非技术创新
市场创新主导型	产品的多元化、规模化阶段	
全面创新主导型	强调稳定和效率兼顾的阶段	

资料来源：笔者根据相关资料整理。

基于上述四类要素创新主导类型，企业从单一的管理创新主导型转向全面创新主导型有三类途径（许庆瑞，2007）。

（1）管理创新主导—技术创新主导—全面创新主导。

技术基础雄厚、技术创新能力强的企业通常会采取该路径，即从管理创新主导转向技术创新主导，以技术创新为手段实现市场目标，进而完成向全面创新的转型。

（2）管理创新主导—市场创新主导—全面创新主导。

海尔、联想等我国优秀企业是通过此类路径实现向全面创新主导的转变的，即以夯实的管理基础为前提，通过加强市场开发和营销管理，实现企业的发展，在企业规模壮大的同时，逐渐转向全面创新主导。

（3）管理创新主导—全面创新主导。

少数企业能够从管理创新主导直接转向全面创新主导。

5. 全面创新的评价体系

（1）评价方法。

在对创新能力评估审计的早期研究中，有四种经典方法常为研究者采纳使用，分别为评分法、决策理论、经济学方法及有限最优。而在这四类评估方法中尤以评分法最为便捷和常用，因其既能基于量化角度给出研发或实施技术创新项目的科学依据，又能在定性层面展现管理研究者睿智的科学管理思想，所以评分法最适合用于半定量地对创新绩效与影响因素间的关系进行评估。

用评分法对创新能力评估审计时，需要注意适时更换评估指标体系，不能长时间使用同一套指标体系，所以使用评分法对创新能力评估时保证其效度的关键在于，须针对性地根据不同的管理理论、管理手段或经济环境背景条件来设计相应的指标体系。因此，每当管理理论发生创新、颠覆或企业竞争环境的大变动时，评估指标体系也会发生大幅的改动或创新。

高标准定位法作为一种新兴的创新能力评估工具，自 1980 年以来，逐渐开始广泛应用于西方企业，成为其不可或缺的一个重要管理手段并频繁出现在管理文献和企业管理活动中。

高标准定位顾名思义将竞争行业中实力最强、最有名望、技术最领先的企业设为标准，寻求自身企业定位，然后对这些标准企业取得优秀绩效的因素进行分析，从而改进自身不足，如此反复进行，直到达到甚至超越标准。此法实质上就是通过对行业内龙头企业已有的先进创新思想、创新实践经验或技术管理方式方法，结合自身条件、发展战略取精去糟，制定相应的模仿甚至赶超策略，从而提升企业的竞争能力，做大做强。

高标准定位法具体可分为五个操作阶段。一是筹划。在此过程中，首先企业内部需要确定执行部门和具体内容，核心是找出企业竞争力的关键影响因素；其次要选定标杆企业，进而收集该企业的先进创新思想、创新实践经验或技术管理方式方法。二是分析。具体为找出目标企业与自身在实践与绩效水平上的差距和差异，从而确立追赶目标。三是统一思想。在员工中贯彻改革思想，提升决策的响应度及员工的配合度。四是实施。确立追赶目标后，制定相应的具体措施下达各级执行。五是常规化。当高标准定位正常施行运转后，应将其转化为企业的一项日常职能活动，融入企业运转中去，使之成为常规化行为。

高标准定位的意义或作用在于为企业确立可信可行的奋斗目标，使企业在实践上提高竞争力成为可能。其优点在于以现存的标杆企业为持续目标，因此具备动态性，即企业外部环境变化不会致其失效；缺点在于，一是耗时长，二是需要企业上下的全力配合，三是工作开展得成功与否会受到调查者的水平限制。

（2）评价指标。

基于创新的结果和创新过程的不同维度，可为全面创新的效益评价设立 5 个一级指标和 29 个二级指标（许庆瑞，2007）。全面创新效益评价指标如表 3-11 所示。

表 3-11 全面创新效益评价指标

分类		序号	指标
创新业绩（关键指标）	直接效益	1	新产品销售率
		2	新产品利润率
	间接效益 1	1	新产品数
		2	重大产品改进（包括工艺创新）数
		3	支持或参与指定新标准数
		4	创新产品单位成本降低率
		5	生产效率提高率
		6	节约能源指标值
		7	改善环境状况指标值
	间接效益 2	1	专利申请数
		2	发明专利申请数
		3	技术诀窍数
		4	技术创新提案数
		5	科技论文数

续表

分类		序号	指标
创新过程效益（辅助指标）	创新核心过程	1	内外部创新资金比例
		2	技术带头人、技术桥梁人物数
		3	品牌价值
		4	创新信息来源
		5	人员培训费 / 创新投入
		6	技术创新投入 / 销售额
		7	产、学、研合作创新投入
		8	创新科技人员人数 / 职工人数
	创新周边系统	1	企业领导的创新意图和责任心
		2	创新激励机制
		3	组织创新文化和气氛
		4	技术创新的预测和评估能力
		5	创新战略制定和实施效果
		6	技术装备水平
		7	在其他地区构建研发机构的数量

资料来源：笔者根据相关资料整理。

（三）全面创新理论的代表人物

许庆瑞，中国工程院院士（工程管理学部）、浙江大学管理学院教授、博士生导师，提出了企业“二次创新—组合创新—全面创新”的理论体系，也是全面创新管理理论的提出者。2004—2019 年，许庆瑞累计发表“全面创新理论”相关文献 32 篇，相关研究重点关注海尔、联想、惠普等高新技术企业的创新行为与模式。许庆瑞发表的全面创新理论论文如表 3-12 所示。此外，许庆瑞发表了专著《全面创新管理——理论与实践》，他在此书中全面、权威、细致地阐述了全面创新管理理论及相关内容。

表 3-12 许庆瑞发表的全面创新理论论文

论文来源	主要观点介绍
许庆瑞，郑刚，喻子达，等. 全面创新管理（TIM）：企业创新管理的新趋势——基于海尔集团的案例研究［J］. 科研管理，2003（5）：1-7.	结合国内外创新管理理论的进展，提出了全面创新管理（TIM）的新概念，并从时空维度和要素维度结合海尔集团的案例进行了阐述。全面创新管理是企业培育核心能力和提高创新能力的必然趋势
谢章澍，许庆瑞. 论全面创新管理发展及模式［J］. 科研管理，2004（4）：70-76.	考察了全面创新管理的理论和实践依据，企业创新管理日益全面与复杂，因此需要考虑全要素、全员、全时空的创新来整合企业内外部资源，来满足顾客的个性化需求
许庆瑞，谢章澍，郑刚. 全面创新管理的制度分析［J］. 科研管理，2004（3）：6-12.	创新管理理论大致经历了传统创新管理理论、组合创新管理理论、全面创新管理理论三个阶段。全面创新管理要求企业既能够迅速整合内外部资源有效地进行创新满足市场需求，又要求企业能够系统地构建创新的制度体系，保证全面创新管理的持续性和有效性
许庆瑞，谢章澍，杨志蓉. 全面创新管理（TIM）：以战略为主导的创新管理新范式［J］. 研究与发展管理，2004（6）：1-8.	创新管理呈现出全面性和战略主导性的发展趋势，据此构建出全面创新管理（TIM）的理论模式：基于系统观的技术与非技术要素协同创新，基于生态观的全员创新、全时空创新和基于发展观的战略性创新，其内涵可概括为内容的全要素创新、主体的全员创新和形式的全时空创新
许庆瑞，郑刚，陈劲. 全面创新管理：创新管理新范式初探——理论溯源与框架［J］. 管理学报，2006（2）：135-142.	全面创新管理以培养核心能力、提高核心竞争力为导向，以价值创造（价值增加）为目标，以各种创新要素（如技术、组织、市场、战略、文化、制度等）的有机组合与全面协同创新为手段，通过有效的创新管理机制、方法和工具，力求做到“全要素创新，全时空创新，全员创新和全面协同”，突出了以人为本的新观念，并扩大了创新的时空和要素范围

资料来源：笔者根据相关资料整理。

四、自主创新

（一）自主创新理论的形成与演化

1. 自主创新理论的形成背景

20世纪末，改革开放成效初显，一大批跨国合作企业、国有改制企业、民营企业如雨后春笋般诞生，中国的经济体量逐渐增加，经济主体的开放程度逐渐加深，相关经济活动也开始与国际接轨。作为发展中国家，中国的技术能力相对薄弱，为改善自主技术能力、调整产业技术结构和发展经济，从国家到企业都在积极引进国外技术，以技术引进为源点，通过学习与实践消化、吸收甚至创造新的技术（吴广谋和盛昭翰，1998）。如何在技术引进的基础上实现自主技术创新的跃迁、培育和提高自主技术创新能力是提升中国综合实力的必由之路（王秀江和彭纪生，2009），也是国家在发展过程中必须要回答的问题，这一研究主题引起了学界的关注。

一个国家在引进、消化与吸收国外技术的过程中存在着许多活动，陈劲（1994）将这种特定的技术发展过程分为技术吸收、技术改进与自主技术创新几个阶段，认为中国等发展中国家技术引进的终极目标应是实现较多的自主技术创新，提高发展的竞争性与持久性，强调从技术引进到自主创新的重要性，并以技术发展的三个阶段——技术吸收、技术改进、自主技术创新——为基础，一一对应实现技术创新的学习模式——干中学（Learning by doing）、用中学（Learning by using）、研究开发中学（Learning by researching and developing），并基于对中国某大型电子企业15个技术引进项目的消化吸收、改进与自主技术创新情况的深入剖析，总结出三种学习模式的核心原则和动态特征，以有利于中国企业充分利用学习的特有功能，促进技术引进的效用，提升自主创新能力。三种学习模式的核心原则与动态特征如表 3-13 所示。

表 3-13　三种学习模式的核心原则与动态特征

技术发展阶段	技术吸收	技术改进	自主技术创新
主导学习模式	干中学 在工艺层次上可导致一连串渐近创新	用中学 在产品和工艺方面引入若干变革	研究开发中学 在特定领域内发生积累性的技术变革
研究开发投入	较低	较低	较高
涉及的研究开发人员	较少	一般	较多
劳动力技巧的重要性	较高	较高	较高
高层决策者取向	反应型	先导型	创造型
研究开发体系	无变革	变革	较大变革
信息流	固定	有一定反馈	较灵活
获得的技术知识	do-how，do-why	know-how	know-why

资料来源：笔者根据相关资料整理。

“自主创新”一词起源于中国学者（陈劲，1994），但“自主创新”一词从学术界走向社会并成为国家战略，从而反哺学术研究，与中国政府反思中国改革开放下的粗放型发展模式及提出建设创新型国家的重大战略决策有关（钟劲松，2011）。2006 年，全国科学技术大会明确定义“自主创新就是从增强国家创新能力出发，加强原始创新、集成创新和引进消化吸收再创新”。该定义也奠定了后续研究的基础认知。

2. 自主创新理论的演化

经梳理，自主创新内涵的解读经历了三个阶段，反映了中国自主创新研究的不同发展过程。本书将其定义为自主性技术创新阶段、本土创新阶段和整合创新阶段。

（1）自主性技术创新阶段（1994—2000 年）。

这一时期的研究关注技术层面的自主创新。陈劲（1994）提出发展中国家的终极目标是“实现较多的自主技术创新”。柳卸林（1997）提出在自有技术上的自主创新。傅家骥（1998）认为企业通过自身努力和探索产生技术突破、攻破技术难关，在此基础上实现自主技术创新。

（2）本土创新阶段（2000—2012 年）。

这一时期的研究强调自主创新应关注创新主体特征，包括本土市场需求及本土创新主体。路风和慕玲（2003）认为中国企业在利用外国企业基础技术时，应依据本土市场需求特点进行产品创新。李具恒（2007）指出自主创新是创新主体受其意志支配，创造出新的社会经济价值的过程。安同良等（2012）指出自主创新是由创新主体主导的、有自主知识产权的创新。本土情境下自主创新定义逐步完善的同时，为有效发挥自主创新的引导作用，学者们也开始构建自主创新能力的评价体系，并有针对性地围绕技术创新、制度创新等维度开展分析（胡海波，2010、2012）。

（3）整合创新阶段（2012 年至今）。

这一时期的研究，探索了全球场域下的自主创新进展。柳卸林（2012）认为，中国自主创新是全球创新体系的一部分。郑烨和杨若愚（2015）认为，自主创新是在开放、合作、共享、协同的创新环境下，国家、区域、产业、企业等创新主体以“自我主导”，运用新思想、新理论、新知识和新方法等整合多种资源的创新活动。胡海波等（2016）通过纵向案例研究，强调自主创新的动力机制是动态演化的，对指导企业实施自主创新具有重要的指导作用。路风（2018）指出自主创新永远是开放的。陈劲和尹西明（2019）指出，中国国家发展的战略趋势表明自主创新正在走向“基于自主创新的开放整合”，是中国推动建设更加美好世界的重要趋势。

自主创新理论在我国的研究开始于1994年，在中国知网上以篇名包含“自主创新”为筛选条件（需注意的是，由于1994年提出概念的文献时间较早且发表期刊《科研管理》属于个刊发行，知网上无法以关键词检索到，暂不列入）进行检索，检索时间截至2021年12月31日，对CNKI中CSSCI来源期刊的文章数量进行统计，其发文数量及趋势如图3-8所示。

由图3-8可知，自主创新理论已具有丰富的研究基础，与自主创新相关的文献共计2768篇。但在理论提出的早期阶段，由于理论体系过于庞大，且缺乏直接匹配自主创新内涵的研究主题，该研究议题并未充分引起学界关注。自2005年起，随着国家发布《国家中长期科学和技术发展规划纲要（2006—2020）》，并不断在政策文件、报告讲话中强调自主创新的重要性，使自主创新相关实践不断增长，自主创新理论研究也获得了重视。近年来，随着自主创新理论基础的完善，研究也逐步走向纵深化，人们开始用科学的系统研究方法研究国家重大工程创新与企业创新发展的现实问题（郭爱芳等，2021）。

（二）自主创新理论的主要研究内容

自主创新理论的主要研究内容为自主创新的内涵、自主创新的分类和自主创新的实现三个维度，每个维度均有不同的论述。本书综合现有研究提出自主创新的内涵，对随阶段发展的自主创新分类进行梳理，并从能力等多个角度呈现自主创新实现的条件与路径。

1. 自主创新的内涵

自主创新是我国学术界针对技术赶超发展特定阶段提出的概念，但是国外很难找到对应或等同的概念，最相近的概念是内生创新

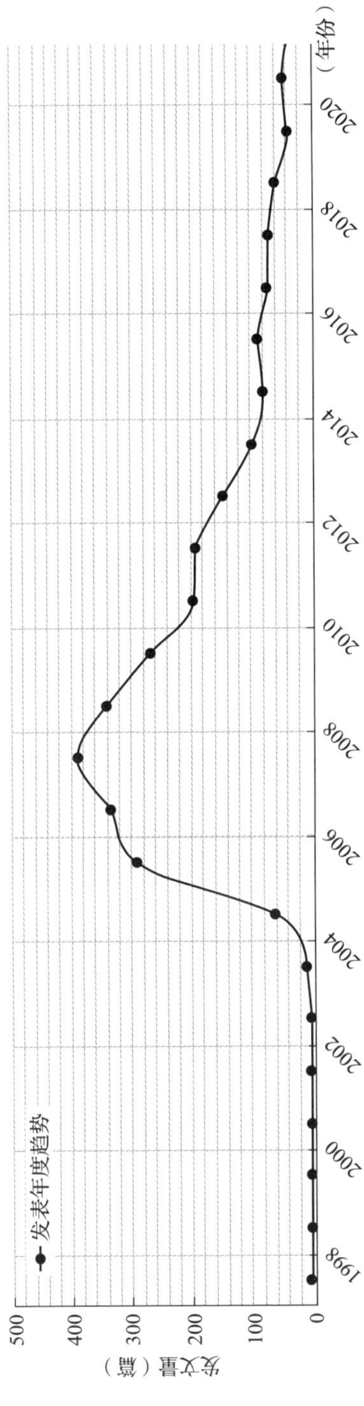

图 3-8　自主创新理论的发文数量及趋势

资料来源：中国知网。

（Endogenous Innovation，Andergassen 和 Nardini，2005）。杨德林和陈春宝（1997）从微观层面上将自主创新界定为：企业通过自身努力攻破技术难关，形成有价值的开发成果，并在此基础上自行推动创新的后续环节以完成技术成果的商品化并获取商业利润的创新活动。综合现有研究，本书总结提出，自主创新实际上是技术创新或科技创新的不同表述方式，意在突出和强调技术创新的自主性。

2. 自主创新的分类

基于以上的分析，不同的阶段自主创新具有不同的内涵，自主创新的类型同内涵一样在不同的发展阶段呈现出不同的类型与模式。

时任科学技术部部长的徐冠华（2006）将自主创新分为三类：一是加强原始创新，努力获得更多的科学发现和技术发明；二是加强集成创新，使各种相关技术有机融合，形成具有市场竞争力的产品和产业；三是要在引进国外先进技术的基础上，积极地促进消化吸收和再创新。许庆瑞等（2013）针对现有文献存在自主创新划分模糊的问题，打开了自主创新能力的黑箱，从核心技术知识源的角度，将自主创新分为二次创新、集成创新和原始创新。陈劲和吕文晶（2017）提出，中国企业的创新过程先后走过了以引进先进技术为基础的引进消化吸收再创新，到强调各类技术融合的集成创新，再到有中国特色的原始性自主创新的发展道路。

3. 自主创新的实现

自主创新的实现研究内容可以前因（实现条件）、过程（实现路径）和结果（实现模式）划分，其中，前因包括能力和环境两个维度。

（1）自主创新的能力。

为实现中国自主创新，学者们纷纷开始研究自主创新能力。谢伟（1999）提出了一个“从技术引进到生产能力，再到创新能力”的产业技术学习过程模型。高旭东（2005）研究指出，与日、韩企业在相对封闭条件下的赶超相比，我国企业现在必须直接面对跨国公司的激烈竞争，技术赶超的关键是尽快从事有效的研发活动。郑刚等（2008）认为，自主创新强调在创新中不仅要技术引进和模仿，而且需要在消化吸收再创新中掌握部分或全部核心技术和知识产权。柳卸林和何郁冰（2011）提出通过加强企业基础研究，以提高企业的自主创新能力。欧阳桃花等（2012）揭示了北京比亚迪模具的创新能力演化路径及能力构筑过程，并指出中国企业侧重于适应与学习来自组织外部的知识，缺乏探索新知识的内在动力，呈现吸收能力的非双元性特征。

（2）自主创新的环境。

近年来，学者们认为营造创新环境，有利于自主创新的实现。中国很多学者强调了政府的干预（许箫迪，2010），强调国家支持及实现目标的信心（高旭东，2005）。

此外，中国很多学者从国家文化、民族文化、基础教育、科技创新体制及政府补贴调控等视角探讨了自主创新的实现环境。杨爱华和杨建成（2013）认为，先进军事文化是以“天河一号”等为代表的一批重大国防科技自主创新成果实现的关键。吴东和吴晓波（2013）指出，中国企业的自主创新与技术追赶，必然要考虑：情境上的特殊性、发展环境的时代性及理论上的创新性，需要结合中国本土“制度＋技术＋市场＋网络”的具体情境进行深入研究。林祥（2015）指出，中国自主创新道路的基本特色是：实行市场和政府相结合的科技创新体制，渐进创新先行，小企业担当重任，其创新文化既有集体主义也有个人主义。柳卸林等（2017）认为，我国目前面临如何处理好自主创新与创新全球化关系的挑战的问题。石金叶和范旭（2019）认为，基础研究是自主创新能力之源，没有基础科学的突破，就没有技术的划时代发展。

（3）自主创新的路径与模式。

在企业创新发展方面，张骁和杨忠（2007）指出，对于技术落后的企业来说，缩小与技术先进企业之间技术差距的努力往往是从模仿开始的，逐渐经历从纯粹的模仿到创造性模仿，再到局部创新，直至自主创新的整个赶超过程。由于技术的差距主要是企业间的知识差异造成的，因此获取知识，尤其是技术核心知识将是实现赶超目的的关键。郑刚等（2008）针对中国装备制造业提出了以全面成本领先和高起点引进、高速度吸收、高水平超越为特色的开放式自主创新模式。苏楠和吴贵生（2011）指出，本土领先企业主导创新是中国装备制造业自主创新的有效模式。

4. 自主创新理论的研究展望

（1）技术创新哲学指导中国自主创新的实践活动存在缺口。

虽然现有技术创新哲学研究已经取得了丰富的成果，但仍然存在一些重要不足。首先，现有研究主要基于西方理论来发现技术创新中普遍存在的哲学问题。虽然这些问题具有重要的理论价值和实践意义，但它们未能有效反映中国自主创新实践中面临的特殊矛盾和冲突。现有技术创新哲学研究多集中于2000—2006年，在探索哲学思想如何指导中国自主创新的实践逻辑之间还存在重要缺口。其中一个重要原因是，现有很多研究仅从哲学视角解读了技术创新（普遍性），缺乏从技术创新特殊性方面解读中国自主创新，缺乏深入根植于中国自主创新实践活动，发现中国自主创新的特殊规律。哲学视角的片面性与没有深入链接中国自主创新实践活动或许是造成现有研究成果较为零散，未形成一套研究体系和范式的重要原因。

（2）中国自主创新的分类与创新边界尚待清晰界定。

现有自主创新文献强调了中国企业自主创新的三种类型：通过引进先进技术消化吸收再创新、通过技术融合的集成创新、中国特色的原始创新。现有文献将三种创新看作是递进关系。然而，随着内外部环境的变化，三种创新之间的关系也发生了变化。在很多领域，三种创新已经同时存在，并且相互促进共同演化。在这种情况下，自主创新的研究迫切需要基于哲学指导思想，站在一个全局的角度来进行，分析不同类别创新之间的关系和影响机制，厘清不同类型创新之间的边界，研究这种复杂的关系需要矛盾论的哲学指导，因为矛盾论是认识复杂事物的根本法则。

此外，虽然集成创新、原始创新和跨界创新已经成为常用的学术名词，但它们之间的边界尚缺乏清晰的界定。一个重要的原因是现有研究主要关注某一类创新，而没有将不同类别的创新放在一起进行比较。模糊的边界带来了两个重要问题。一方面，现有研究结论的适用边界模糊，不能有效指导实践。例如，某些研究结论只适用集成创新，但由于缺乏清晰的边界，可能会用来指导原始创新，从而产生负面效果。另一方面，现有研究的结论不能够有效整合。三种创新是自主创新的三种体现，有其共享的内涵和通用的管理实践。例如，三种创新都面临着处理自主创新的可供性与开放性之间的矛盾。然而，由于缺乏对三类创新共同内涵的界定，基于三类不同创新的研究成果往往被分开，未能有效整合。

（3）中国自主创新的实践逻辑有待提炼与发展。

现有研究尚未对不同自主创新类型的实践逻辑提出具体的政策支持与保障，亟待进一步探索。

首先，现有自主创新政策研究不能有效解释，为什么相同的创新政策会在不同的创新类型间产生巨大的绩效差异，以及为什么不同的创新政策会在相同的创新类型中产生相似的绩效。这一谜题背后的一个重要原因是，现有研究主要是从制定和执行层面对创新政策进行分析，而没有从创新活动本身的角度来分析。通过深入的文献回顾和对企业家的调研，可以发现，推动创新活动是创新政策制定的一个核心目标，同时创新活动是市场需求和技术供给共同作用的结果。

其次，通过分析企业家对自主创新的解读，可以发现，中国的创新发展驱动战略，得到了作为创新主体的企业及企业家的积极响应与实践，取得了一系列重要的创新实践成果，但依然存在以下三方面的问题。

第一，自主创新实践缺乏统一的指导。很多企业家都意识到了自主创新的重要性，并且努力通过企业自身实践实现自主创新。但是在实践过程中，缺乏统一的、科学的范式作为指导。这在一定程度上加大了企业自主创新的难度，延长了企业自主创新的周期，影响了自主创新的成果。如何依据中国情境建立起中国企业自主创新的范式，是理论研究需要深入探讨和解决的问题。

第二，自主创新实践缺乏有针对性的指导。中国自主创新既有普遍性，也有特殊性。比如，原始创新、集成创新和跨界创新三者之间既存在共同性问题，也存在各自面临的特殊性问题。如何对症下药，针对不同的创新模式提出有针对性的路径和方案，也是理论研究需要解决的重要课题。

第三，自主创新实践和创新政策之间缺乏匹配性。根据企业家反馈，现有自主创新政策和企业自身发展的需求不能完全匹配。一个重要的原因是，目前很多创新政策是以具体项目的形式出现的，资助参与这些项目的企业进行自主创新。这一做法的缺陷在于，政府主导的项目很多时候与企业自身发展的需求有差异。企业更希望能够将创新精力集中在自己精通的行业，参与定向的资助项目反而会分散企业注意力。这种情况下，营造一个鼓励自主创新的宽松环境，效果可能更好。这个环境应该具有灵活的机制，如自主创新补贴和相应的税收优惠，鼓励企业根据自身需求进行自主创新。这类政策也应遵循创新活动的一般规律，因为创新活动往往很难规划，其过程有大量的不确定性和风险，过分的规划可能会带来负面效果，难以真正释放出企业自主创新的活力。因此，现有的创新政策需要平衡定向规划和宽松环境，营造二者之间的关系。

（三）自主创新理论的代表人物

自主创新理论由中国学者基于中国创新实践提出，其代表人物有陈劲、许庆瑞、李随成和苏敬勤。

1. 陈劲：自主创新理论的开创者与推广者

陈劲于1994年在《从技术引进到自主创新的学习模式》一文中提出自主创新概念，是自主创新理论的开创者。以主题为“自主创新”、作者为“陈劲”在知网检索文献，截止时间为2021年12月31日，共检索到59篇文献，总参考数790次，总被引数1654次，总下载数52290次。陈劲自主创新研究的引证文献数量及趋势如图3-9所示，表明其关于自主创新的研究受到学界的广泛认可。

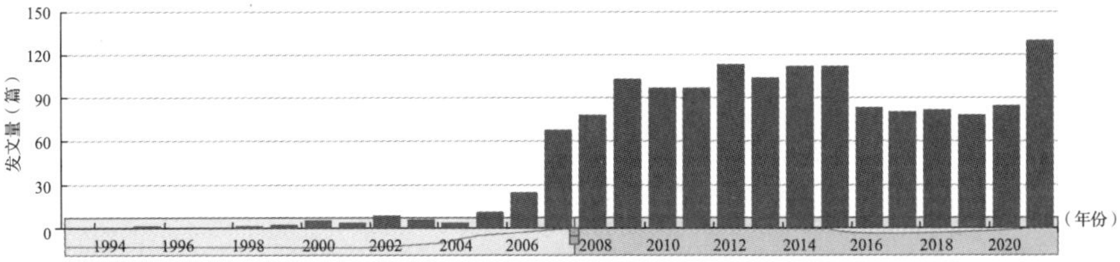

图3-9 陈劲自主创新研究的引证文献数量及趋势

资料来源：中国知网。

然而，陈劲在初次提出自主创新的论文中并未展开，只是强调学习模式在国家或企业从技术引进阶段过渡到自主创新阶段的过程中起到关键作用。随后，陈劲围绕自主创新能力、自主创新模式、自主创新环境和自主创新路径进行探讨，为国家、区域和企业的自主创新实施建言献策。2010 年以后，陈劲及其团队将自主创新作为理论基础提出有意义的创新、整合式创新等相关概念（陈劲等，2019；吴欣桐等，2020）。陈劲发表的自主创新主题论文如表 3-14 所示。

表 3-14　陈劲发表的自主创新主题论文

论文来源	主要观点介绍
陈劲. 从技术引进到自主创新的学习模式［J］. 科研管理，1994（2）：32-34+31.	发展中国家技术引进的终极目标应是：实现较多的自主技术创新，提高发展的竞争性与持久性。学习是工业技术创新过程中重要的活动形式，对发展中国家而言，它对技术知识的转移、交流与使用，以及技术能力的积累与提高有较大价值，即学习在技术引进到自主创新这一过程中发挥重要的作用
陈劲，邱嘉铭，沈海华. 技术学习对企业创新绩效的影响因素分析［J］. 科学学研究，2007（6）：1223-1232.	技术学习是实现自主创新的钥匙。技术学习的五方面要素——学习源、学习内容、学习主体、学习层次和学习环境均会直接或通过影响技术能力间接影响企业创新绩效。其中，学习源对创新绩效不具备间接影响作用，学习环境对创新绩效不具备直接影响作用，而对于创新绩效影响最为显著的要素依次是学习内容、学习主体和学习层次
陈劲，王方瑞. 我国自主创新与知识产权管理系统［J］. 公共管理学报，2006（4）：52-57+109-110.	促进自主创新的知识产权系统建设必须综合考虑自主创新层次、产业结构（产业类型）、自主创新组织类型、知识产权组合等关键要素。自主创新层次以我国自主创新体系界定为基础，主要包括二次创新、集成创新、原始创新。产业结构主要可细分为供给主导型产业、规模集中型产业、信息密集型产业、以科学为基础的产业、专业供应商型产业和服务业。自主创新组织类型则主要包括国家创新系统中的企业、高校和研究机构

续表

论文来源	主要观点介绍
陈劲，俞湘珍，王姝. 有中国特色的自主创新之路与政策［J］. 管理工程学报，2010，24（S1）：12-20.	中国的未来取决于创新思想和日益提升的知识产权创造力。国家自主创新是从国家战略的角度表明一个国家产业技术的创新特征和发展路径。国家在推行自主创新政策时，必须将提升国家自主创新能力，突破原有技术范式，摆脱技术输出国的控制，转变国家的经济增长方式，创造更多的价值作为主要的目的。其中，原始创新是实现技术范式突破的主要手段，消化吸收再创新和集成创新是实现手段

资料来源：笔者根据相关资料整理。

2. 许庆瑞：自主创新能力研究的代表

许庆瑞早期关注技术能力的积累与演化过程，自 2009 年起进行自主创新模式的比较研究（赵晓庆和许庆瑞，2009）。许庆瑞等（2013）通过对海尔集团的单案例纵向研究，打开了自主创新能力的黑箱，从核心技术知识源的角度，将自主创新分为三种类型的能力：二次创新能力、集成创新能力和原始创新能力。至此，其后续相关研究均围绕企业创新能力展开，并持续关注典型企业海尔集团的自主创新实践（许庆瑞等，2018）。许庆瑞发表的自主创新主题论文如表 3-15 所示。

表 3-15　许庆瑞发表的自主创新主题论文

论文来源	主要观点介绍
许庆瑞，吴志岩，陈力田. 转型经济中企业自主创新能力演化路径及驱动因素分析——海尔集团 1984 ～ 2013 年的纵向案例研究［J］. 管理世界，2013（4）：121-134+188.	自主创新能力有两个层次，即低阶的二次创新能力和高阶的原始创新能力，而集成创新能力是从低阶走向高阶的过渡能力。吸收能力是海尔集团自主创新能力不断升级的内在驱动力和重要基础。历史压力和随机事件使海尔集团不断进行惯性突破，是其自主创新能力演化的外在推动力量。海尔的自主创新能力演化路径是受内因和外因共同作用产生的结果

续表

论文来源	主要观点介绍
赵晓庆，许庆瑞. 企业技术能力演化的轨迹［J］. 科研管理，2002（1）：70-76.	几乎所有的后进国家的企业技术进步都是从技术引进开始的。成功工业化的后进国家的经验表明，从技术引进开始的工业技术进步过程，随着工业化和产业技术水平的提高，企业技术能力呈现出阶段性的变化。企业技术能力的增长是一个技术能力各要素的连续性积累和总体技术能力的间断性跃迁的过程。在此过程中，企业技术能力一般经历了从仿制能力到创造性模仿能力再到自主创新能力三个阶段
赵晓庆，许庆瑞. 自主创新模式的比较研究［J］. 浙江大学学报（人文社会科学版），2009，39（4）：55-62.	通过比较研究日本、韩国和我国台湾地区的创新模式，发现韩国和我国台湾地区虽然分别实行了技术跨越战略与价值链提升战略，但共同点是都依赖于海外市场；尽管技术上的追赶与跨越也是日本企业创新的一个基本模式，但日本企业的特殊之处在于它们并不满足于技术进步，而更关心如何将这些先进的技术用于满足日本客户独特的需求。因此，日本主要是依靠国内市场需求，以破坏性创新颠覆欧美企业的垄断地位。我国应形成以破坏性创新为主导、以技术跨越为辅助的自主创新模式，并强调以深入理解我国客户需求、发掘我国文化内涵为根本的创新思路

资料来源：笔者根据相关资料整理。

3. 李随成：自主创新能力与供应商行为研究的代表

李随成于2009年起开展自主创新的相关研究，是较早将企业自主创新聚焦到供应链领域、探讨企业自主创新与供应商行为结合的学者，后续也输出了一系列该主题的成果（李随成和姜银浩，2011）。李随成发表的自主创新主题论文如表3-16所示。

表 3-16 李随成发表的自主创新主题论文

论文来源	主要观点介绍
林筠，刘伟，李随成. 企业社会资本对技术创新能力影响的实证研究［J］. 科研管理，2011，32（1）：35-44.	结构维社会资本对自主创新能力有着显著的直接影响，并通过企业间合作、产学研合作对自主创新能力产生不同程度的间接影响；认知维社会资本对自主创新能力、合作创新能力有着显著的直接影响，并通过企业间合作对自主创新能力、合作创新能力产生不同程度的间接影响；企业间合作对自主创新能力、合作创新能力均有正向影响，产学研合作对自主创新能力有正向影响。更有效地利用社会资本是企业提升技术创新能力的关键，在通过社会资本积累提升企业技术创新能力的过程中，合作充当了重要的中介角色，加强与其他企业、科研机构的合作是提高技术创新能力必要的途径
李随成，姜银浩. 供应商参与新产品开发对企业自主创新能力的影响研究［J］. 南开管理评论，2009，12（6）：11-18.	供应商参与新产品开发对关系互动和知识创造均有显著的正向影响，进而通过两者对企业自主创新能力产生显著正向影响。因此，在供应链管理思想的驱使下，装备制造企业应加强与供应商的创新合作，鼓励供应商参与新产品开发；在创新合作的环境下，装备制造企业应加强与合作方的互动过程，实施互动式创新；在科技加速变革与知识爆炸的时代中，加强与供应商的交互学习，注重新知识创造，是装备制造企业提升自主创新能力的根本所在
李随成，姜银浩. 装备制造企业自主创新能力探索性因素分析及其实证研究［J］. 科学学研究，2009，27（8）：1255-1262.	从装备产品创新特性、组织学习、资源依赖、核心能力四个方面，探讨了装备制造企业自主创新能力的相关因素，提取出交互学习能力、资源集成能力、创新核心能力和创新产出能力四个主要因素。装备制造企业提高自主创新能力，应该增强企业内外交互学习能力，进而自主地创造新知识和突破核心技术，形成企业创新的核心能力，不断整合创新必需的内外部资源，并且将新知识、技术和资源应用并渗透到不同的产品中，实现创新价值化，最终占领市场的优势地位

资料来源：笔者根据相关资料整理。

4. 苏敬勤：自主创新案例研究的代表

苏敬勤是近年崛起的自主创新研究者，主要采用案例研究方法，挖掘企业自主创新的影响因素、协同关系与创新模式等细化议题，其研究成果对学术界与实践界认识并应用自主创新理论具有积极作用（苏敬勤和刘畅，2019）。苏敬勤发表的自主创新主题论文如表 3-17 所示。

表 3-17 苏敬勤发表的自主创新主题论文

论文来源	主要观点介绍
崔淼，苏敬勤. 技术引进与自主创新的协同：理论和案例［J］. 管理科学，2013，26（2）：1-12.	技术引进与自主创新的协同具有情境性的特征，两者达成协同必须同时满足三个前提条件：一是在技术来源维度上，动态技术战略、技术引进与自主创新两种技术来源的协同共用和技术平台构成一个良性循环系统；二是技术项目本身具有复杂性的特征；三是在技术能力维度上，分别以具有阶段性特征的研发模式和技术先进性为载体，技术引进与自主创新组成一个良性循环系统
吕一博，韩少杰，苏敬勤. 翻越由技术引进到自主创新的樊篱——基于中车集团大机车的案例研究［J］. 中国工业经济，2017（8）：174-192.	在模仿创新、改进创新、自主创新的引进型技术创新的不同阶段，企业组织惯性先后显现出负向效应为主、正向效应为主和正负向效应并存的阶段性特征。探索式学习会抑制组织惯性的负向效应，而利用式学习则会强化组织惯性的正向效应
洪勇，苏敬勤. 我国复杂产品系统自主创新研究［J］. 公共管理学报，2008（1）：76-83+124-125.	引进消化吸收再创新是发展中国家技术能力发展的一般轨迹，我国复杂产品系统自主创新的实现也应遵循这一路径。由于我国作为创新主体的企业大多存在技术、资本等各种资源相对匮乏和复杂产品系统涉及技术领域多、开发规模大、创新风险高等特性的问题，合作创新网络成为我国复杂产品系统自主创新的最佳组织形式。面临发达国家的技术封锁，我国复杂产品系统自主创新依赖于国内技术集成创新来实现

续表

论文来源	主要观点介绍
苏敬勤，刘静. 产品升级导向下的自主创新路径选择：理论与案例［J］. 科学学与科学技术管理，2011，32（11）：65-71.	以产品升级为创新的导向和目标，使企业以自主创新为核心的战略定位更加清晰和准确。以多元化路径策略实现产品升级、产品线延伸，满足客户需求，实施国产化项目，适应国家政策和技术合作是其中五条可能的实现路径。真正实现自主创新不但需要企业不断摸索、学习、总结经验，也需要政府在政策、资金支持、产权保护等方面营造一个有利的市场环境

资料来源：笔者根据相关资料整理。

五、二次创新

二次创新是适合我国企业的技术创新方式（孙冰和尚青岩，2003）。20 世纪末，二次创新理论的产生与中国市场经济发展的时代背景息息相关，并在如今全球环境不确定性日益增强、中国综合国力稳步提升的情境下增添了新的实践与理论注解。

（一）二次创新理论的形成与演化

1. 二次创新理论的形成背景

技术迭代伴随着创新行为产生，Kuznets（1940）在对商业周期的讨论中提出基于改进创新逻辑的技术发展观和创新扩散观，类似观点也受到 Sahal（1981）等学者的认可，这种观点如图 3-10 所示。基于该观点及对技术发展规律的深刻认识，Dosi（1982）批评了需求拉动论和技术推动论这两种对立的理论。他认为，前者只是从需求的变化来被动地解释技术创新，不能有效说明技术创新的复杂性、相对独立性、继承性和不确定性，后者则仅从技术的供给方来理解技术创新的动因，无法解释经济环境对技术变化方向的影响。因此，他从理论角度进一步对改进创新逻辑做出解释，提出“技术范式”理论，即一项重大创新将会产生一种新的“技术范式”，在此基础上，一系列受制于既定的技术范式（Technological Paradigm）、沿着一定的技术轨迹（Technological Trajectories）进行的产品性能改进和生产工艺改进行为也会随之发生，这种行为可以被称之为“改进型创新活动”。

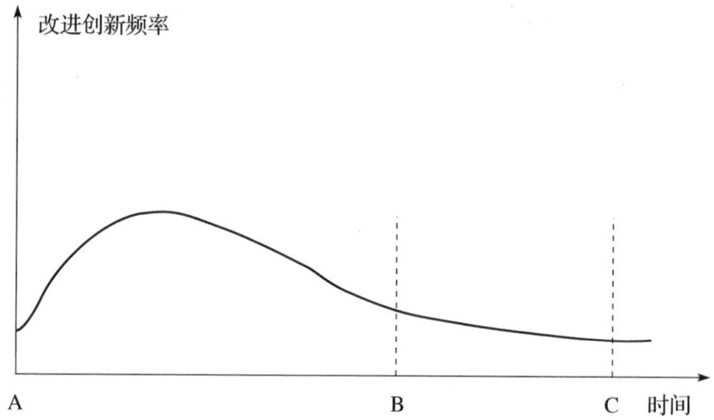

图 3-10 既定技术范式中的创新活动

资料来源：Dosi（1982）。

1995 年，结合中国情境，在充分吸收现有研究对创新空间上的扩展过程、技术创新发展规律理解的基础上，浙江大学吴晓波首次提出二次创新理论（Secondary Innovation），并通过模型验证与案例分析等多种研究方法，阐释了二次创新的过程模型、进化特征和周期性质。

2. 二次创新理论的演化

作为在中国社会主义市场经济发展情境下的产物，二次创新理论的发展离不开中国企业的成长与创新实践，其演化可以分为三个阶段。

（1）孕育阶段（1995—2004 年）。

二次创新理论属于技术创新研究领域的分支，也由于二次创新理论有助于解释处于相对技术劣势的中国企业在全球化竞争中的技术引进、升级与追赶问题，早期的研究通常与全球化情境下的技术创新相关，关联的研究主题包括技术创新、技术创新能力及环境、技术引进、技术跨越、制造业全球化（张明玉，1999；吴晓波和倪义芳，2001；吴晓波等，2003）。

（2）发展阶段（2005—2015 年）。

经过孕育阶段，二次创新理论的基础研究已逐渐丰富，此时，随着中国企业的技术发展路线从模仿创新阶段转向自主创新（原始技术创新）阶段，研究开始关注技术创新的自主性和原创性，因此二次创新的研究开始与自主创新、组织学习等相关主题链接。相关研究认为二次创新是实现自主创新的前提条件与有效途径（刘希宋等，2005），并开始以二次创新与其他创新方式作对比，探寻自主创新能力发展的战略与路径（喻卫斌，2006）。另外，二次创新过程中知识的作用也开始受到关注（付亚玲，2005），知识演化、组织学习等研究主题随之兴起（吴晓波和聂品，2008；吴晓波等，2009），并基于研究的动态性和系统性，探讨二次创新动态过程中组织学习模式的演化规律（彭新敏等，2011）。

（3）探索阶段（2016 年至今）。

经过发展阶段，二次创新理论已初步脱离技术创新大框架的限制，形成专属的研究网络，并表现出动态化、个性化的研究趋势。相关研究开始聚焦特定创新维度的二次创新表现，如开放式创新（高照军和张宏如，2017）、商业模式创新（吴晓波等，2021）等。出于指导创新管理实践的目的，有利于理论探索的案例研究方法兴起。

二次创新理论在我国的研究开始于1995年，在中国知网上以“二次创新”为筛选条件（考虑该主题检索相关性，先以关键词“二次创新”进行初步检索，由于1995年提出概念的两篇文献时间较早，在知网上无法以关键词检索到，直接以篇名检索作为补充）进行检索，检索时间截至2021年12月31日，对CNKI中CSSCI来源期刊的文章数量进行统计，二次创新理论的发文数量及趋势如图3-11所示。

由图3-11可知，二次创新理论已具有一定研究基础，与二次创新相关的文献共计104篇，其中1995年吴晓波发表的2篇文章奠定了后续研究的基础，2001年至2021年，吴晓波团队也陆续在《管理世界》等高水平期刊上发表了17篇以二次创新为主题的研究。由于二次创新仍是我国大多数企业成长发展的主要路径，仍需要更深层次的探讨，以便为企业提供更实质有效的建议，因此，二次创新仍是创新领域的热门议题。

（二）二次创新理论的主要研究内容

1. 二次创新理论的内涵

二次创新的定义离不开前文Dosi（1982）所提的两组概念——技术范式和技术轨迹。

二次创新是与一次创新区隔的相对概念。运用上述两个概念，吴晓波（1995）对一次创新和二次创新做出明确定义。一次创新是指主导了技术范式和技术轨迹的形成、发展和变革的技术创新；二次创新则是指在技术引进基础上进行的，囿于已有技术范式，并沿既定技术轨迹而发展的技术创新。二次创新过程模型如图3-12所示。

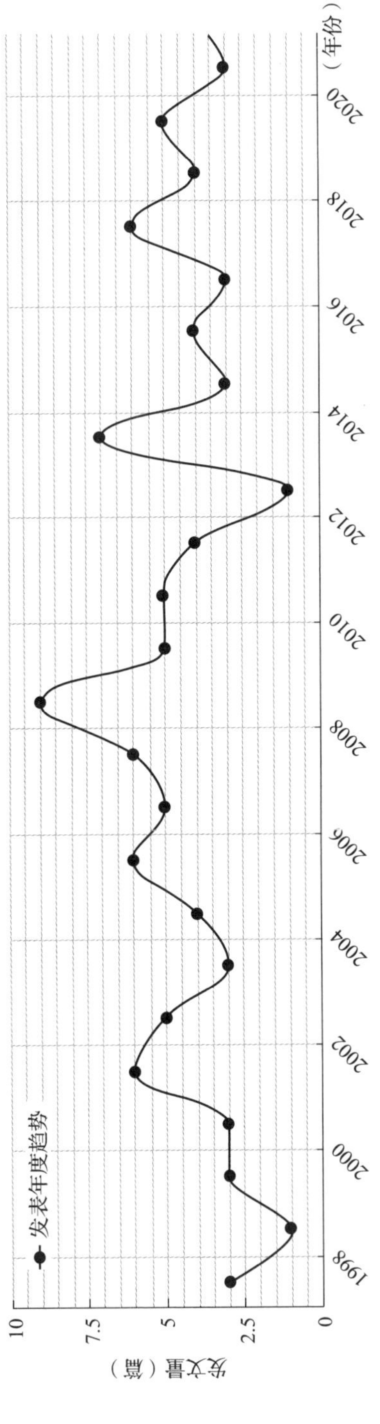

图 3-11　二次创新理论的发文数量及趋势

资料来源：中国知网。

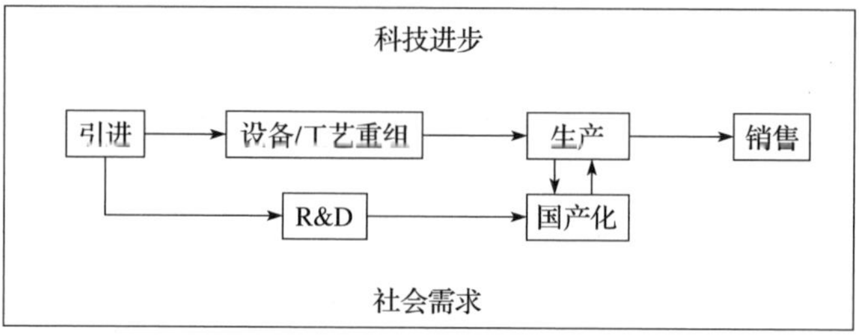

图 3-12　二次创新过程模型

资料来源：吴晓波（1995）。

由于二次创新的主体是一个开放系统，二次创新的过程是一个积累的进化过程。因此，吴晓波（1995）提出的二次创新过程模型是一个技术源模型，针对引进技术所处生命周期阶段的不同，可分为成熟技术、新兴技术和实验室技术三类技术的引进逻辑，表现为两类引进的二次创新。其中，基于新兴技术和实验室技术引进实现的二次创新表明企业已掌握核心技术要点，有助于后续实现一次创新，即原始创新。二次创新动态过程模型如图 3-13 所示。相关研究

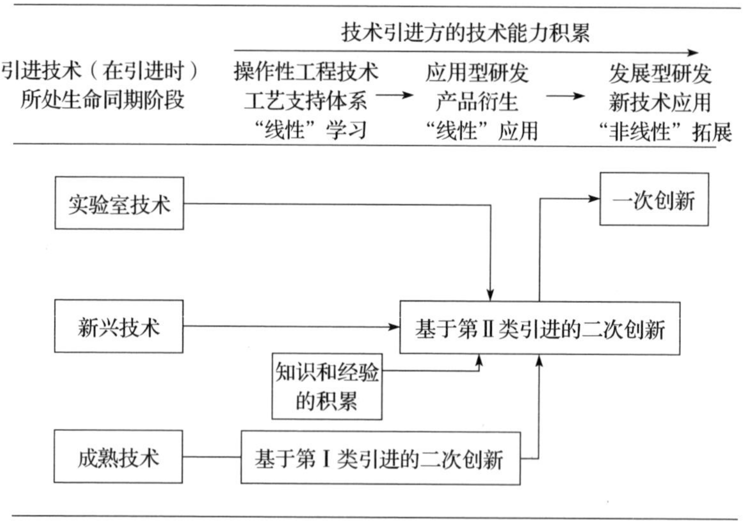

图 3-13　二次创新动态过程模型

资料来源：吴晓波（1995）。

也进一步揭示了二次创新的“否定之否定”的螺旋式上升发展规律，体现企业技术体系发展的渐进与突变、连续与非连续、量变与质变的关系。

着眼全球，一次创新或二次创新在处于不同发展水平的国家都有体现，无论是发达国家还是发展中国家。但根据技术创新的一般规律，发展中国家的技术积累较弱，更偏向基于技术引进进行二次创新，故了解二次创新过程、发挥二次创新效益对其技术进步的作用更为关键。现有二次创新研究更多关注发展中国家情境。

2. 中国情境下的二次创新逻辑

作为典型的发展中国家，从总体来看，20 世纪的中国在技术、经济、文化、教育等方面相对于发达国家有比较大的差距。从技术发展规律的总体特征来看，一般是以发达国家所引进的技术为本国技术发展的最主要的源头之一，但拥有技术本身不代表拥有技术创新的知识与能力，因而难以实现关键技术的持续迭代与后发至上。因此，和众多发展中国家一样，中国技术落后的行业中普遍存在着“引进—技术差距暂时缩小—技术水平停滞在原引进水平上—差距再次拉大—再次引进”的技术发展“畸形循环”现象，甚至由于资金、人才的匮乏，连这一循环都难以为继。技术是国家竞争力的重要组成部分，在全球范围内技术“马太效应”加剧的情况下，中国亟须掌握技术话语权。要想通过技术引进培育中国的技术能力，进而赶上世界发达水平，必须利用引进技术的后发优势实现比技术输出国更快的技术发展速度。后发优势的产生必须有赖于实现对引进技术的再次创新，使引进技术在适应中国情境的情况下实现更快的商业化，进而形成和发展具有本国特色的自主技术能力。

进入 21 世纪以来，中国在高铁、航空航天技术等方面已走在世界前列，但半导体（芯片与集成电路）、操作系统等“卡脖子”技术仍威胁着国家的经济安全。随着中国进入新发展阶段，2020 年 12 月，习近平总书记在中央经济工作会议上指出要强化国家战略科技力量，并强调在“十四五”开局之年，针对产业薄弱环节，实施好关键核心技术攻关工程。

从理论角度，探究二次创新规律是突破传统的“引进—消化吸收—创新”的封闭式线性观点和西方技术创新理论束缚的尝试。从实践角度，在新的历史情境下，二次创新具有极大的现实意义，是我国实现四个现代化必不可少的基本手段和途径之一。

3. 二次创新的研究热点

（1）动态演化视角下的二次创新与组织学习模式。

在二次创新的过程中，后发企业从外部获得的资源并不会自动地转化为技术能力，而组织学习则起到了至关重要的作用。组织学习是对组织知识进行创建、补充和管理的一种学习方式，是企业获得竞争优势应对动态环境的关键（Dodgson，1993；Spender，1996）。因此，现有研究借助案例研究方法，深入分析二次创新过程中企业的组织学习模式。

吴晓波（1995）基于对杭州制氧机集团 1978—1995 年的案例分析，发现在基于第Ⅰ类（成熟技术）引进过程中，随着二次创新阶段的演进，企业的组织学习模式相应地从适应型学习、维持型学习、发展型学习、过渡型学习向创造型学习演化。二次创新周期与组织学习模式演进如图 3-14 所示。

基于对二次创新动态过程的理解，以吴晓波为代表的学者开始进一步阐释不同二次创新情境下组织学习模式的演化机制。吴晓波等（2009）通过对杭州制氧机集团 1996—2008 年发展历程的纵向案例分析，提出了第Ⅱ类（新兴技术）引进的二次创新过程中，组织学习模式一般会经历“过渡型学习—创造型学习—维持型学习—

发展型学习”演化路径的观点。彭新敏等（2011）通过对海天集团1971—2010年发展历程的纵向单案例研究发现，二次创新的两次技术引进过程中后发企业的组织学习平衡模式会由间断型向双元型演化。

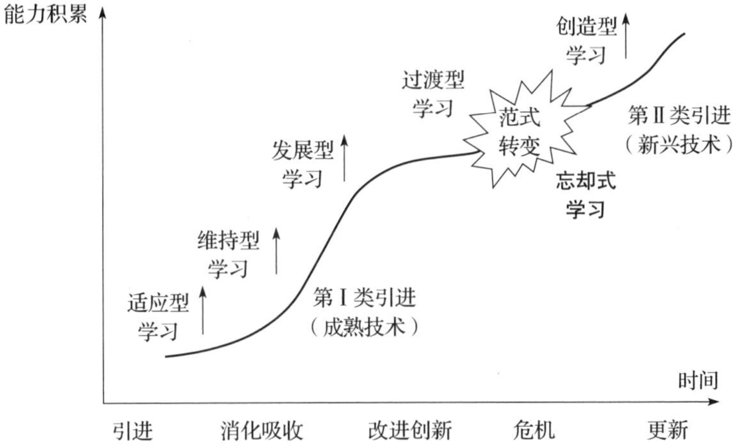

图 3-14　二次创新周期与组织学习模式演进

资料来源：吴晓波（1995）。

总体而言，学者们开始关注二次创新过程中组织学习模式、产业集群组织模式、后发企业追赶路径的演化机制，但目前对于演化机制的验证、探索仍不够充分，相关研究仍需进一步深化。

（2）开放式创新视角下的二次创新绩效差异。

外部市场与内部资源匮乏等因素迫使许多企业通过二次创新提高竞争力（吴晓波，1995），技术复杂性与高度竞争使建立开放式的合作与创新方式成为重要形式（高良谋和马文甲，2014）。从技术创新与演化的角度看，二次创新与开放式创新、创新绩效的相互关系有待探究。

现有研究主要基于开放式创新视角，探讨二次创新对创新绩效的影响（陈凌云等，2016；高照军等，2018）。企业不同的开放式创新模式对企业是否实施二次创新有侧重。研究表明二次创新并不在所有情境下都促进企业创新绩效的提高，有效的二次创新选择是一个权变的过程。首先，企业的二次创新需要“适境”，要密切关注外部环境条件。其次，企业的二次创新需要“适度”，盲目过多地引进反而不利于创新能力的提升。研究结论同样启示了企业进行自主创新的重要性。最后，二次创新的选择要“适时”。企业要在二次创新过程中探索适合特定时间情境下自身资源的市场化道路，将内部资源与外部资源相互融合，提高企业的市场化能力。

总体而言，目前二次创新与开放式创新、企业创新绩效等理论概念的相关关系仍未有清晰探讨，尤其是“二次创新”对开放式创新模式与创新绩效的不同调节机制值得深入研究。

（3）商业模式创新视角下的二次创新及后发企业追赶。

商业模式是描述企业如何在市场中创造价值、传递价值和获取价值的过程（Teece，2010；Velu，2015）。创新需要实现技术和商业两个层次的突破（Katila 和 Shane，2005），但是处于资源劣势地位的后发企业要想直接开展技术追赶往往面临着较大的风险和挑战，在这种情境下，商业模式创新成为一个提升技术实力的选项（姚明明等，2014）。Teece（2010）指出，商业模式可以进行空间移植。

基于上述认知，着眼中国情境，现有研究提出了商业模式二次创新的概念，将其定义为在把已有的商业模式引入另一个新的市场情境时，后发企业将发达经济体的原始商业模式根据新兴经济体本地客户偏好和市场基础设施条件进行引入的具体过程（Wu 和 Zhang，2010）。随着围绕商业模式为主要变革点的二次创新过程被证明是后发企业竞争优势的重要来源，二次创新与商业模式创新、后发企业追赶等相关议题成为学界关注的焦点。研究表明，二次商业模式创新与技术创新存在着耦合螺旋发展的共演机制，技术创新会促进二次商业模式创新的优势构建与过程演进（吴晓波等，2013），制度环境也会对商业模式二次创新产生影响（乔晗等，2020），两者共同影响后发企业追赶的绩效。

总体而言，二次创新的细化概念，如商业模式二次创新，在推动后发企业追赶过程中的具体作用机制有待深度挖掘，运用案例研究方法对企业二次创新过程进行剖析是优化我国企业二次创新绩效的重要基础（吴晓波等，2021）。

与此同时，二次创新的研究情境有待进一步聚焦，研究对象有待进一步细化。二次创新理论是探讨发达国家与发展中国家技术输出和技术引进的创新竞争关系最早的理论。该模型多聚焦在企业并购引致的二次创新、二次创新与开放式创新绩效关系及版权引进与二次创新关系等方面（周兵等，2014）。涂改革等（2021）将二次创新理论的研究从跨国情境转向国内情境的特殊性行业，开始拓展二次创新的研究情境，其以二次创新理论分析国有与民营控股军民融合企业技术创新路径及目标，研究得出国有与民营控股军民融合企业的创新机制不同的结论，即国有控股军民融合企业在二次创新路径上更加强调以创新技术融合市场机制，而民营控股军民融合企业在二次创新路径上更加强调参与军民融合企业技术研发及分享国有军民融合企业的技术溢出效应和政府信用，帮助相关特殊行业的企业找到适合自己的二次创新逻辑。此外，中小企业如何实现二次创新也是值得关注的议题。

（三）二次创新理论的代表人物

经过对前期检索论文的进一步整理，本书发现参与 104 篇“二次创新”直接相关主题论文撰写的作者共有 174 位，其中，只有 1 位作者共参与 17 篇论文的写作，剩余作者均只参与 3 篇及以下论文的写作。因此，该作者被认为是二次创新理论研究的代表人物，即二次创新理论的提出者吴晓波。以下为吴晓波团队发表的二次创新主题论文，部分概念提出论文因时间过早未包括在检索条件中但与研究主题密切相关，因此，本书作者进行手动补充后得到22篇论文。吴晓波团队发表的二次创新主题论文中，被引量排序前五的代表性文献来源及其主要观点，如表3-18所示。

表3-18 吴晓波团队发表的二次创新主题论文（被引量排序前五）

论文来源	主要观点介绍
吴晓波. 二次创新的进化过程［J］. 科研管理，1995（2）：27-35.	**明确定义二次创新的学术概念：**二次创新是指在技术引进基础上进行的，囿于已有技术范式，并沿既定技术轨迹而发展的技术创新。在开放经济条件下，二次创新的进化过程具有典型的非线性动态特征 强调“二次创新”现象并非局限于发展中国家，发达国家也存在
彭新敏，吴晓波，吴东. 基于二次创新动态过程的企业网络与组织学习平衡模式演化——海天1971—2010年纵向案例研究［J］. 管理世界，2011（4）：138-149+166+188.	基于二次创新动态过程，后发企业的企业网络由小规模、低成员异质性、弱强交替的网络向大规模、高成员异质性、二重网络演化，组织学习平衡模式也由间断型向双元型演化
吴晓波，马如飞，毛茜敏. 基于二次创新动态过程的组织学习模式演进——杭氧1996—2008纵向案例研究［J］. 管理世界，2009（2）：152-164.	深化吴晓波（1995）初步提出的“基于二次创新过程的组织学习模式演进”理论模型 企业二次创新从基于第Ⅰ类技术（成套、成熟技术）引进向基于第Ⅱ类技术（非成套、新兴技术）引进升级过程中，学习模式会随着动态演化，即非线性学习模式（过渡型学习、创造型学习）与线性学习模式（维持型学习、发展型学习）存在辩证演化规律。 在技术更新日益加快、市场竞争日趋激烈的竞争环境中，在引进技术基础上得以发展的企业应根据自身所处的环境、所积累的技术能力及“二次创新”的特点与阶段，动态地选择恰当的组织学习模式

续表

论文来源	主要观点介绍
吴晓波. 二次创新的周期与企业组织学习模式［J］. 管理世界，1995（3）：168-172.	“组织学习”模式与二次创新类型在二次创新周期各阶段上的动态演化关系规律：随着引进技术后企业二次创新阶段的演化，企业的组织学习模式相应地依次从适应型学习、维持型学习、发展型学习向过渡型学习和创造型学习演化
吴晓波，倪义芳. 二次创新与我国制造业全球化竞争战略［J］. 科研管理，2001（3）：43-52.	**开始运用二次创新理论进行问题分析。** 提出基于全球竞争的二次创新过程模型，共分为四个阶段。 在全球化竞争中，中国制造业应通过二次创新赢得后发优势

资料来源：笔者根据相关资料整理。

小结与评述

企业是创新的重要主体之一，而创新也是企业实现可持续性发展的动力和源泉。自 1912 年熊彼特提出创新概念以来，学者们基于熊彼特的创新理念对创新理论进行了深入的研究，到如今，企业创新研究已经历了近百年的发展，并形成了一系列的研究成果。

本章从技术创新角度出发，选取了部分具有代表性的国内外企业创新理论，对其提出背景、主要研究及代表人物进行了回顾和总结。

技术创新是指企业利用技术研发和采用新技术而实现的创新。现有研究从不同视角对技术创新进行了研究。从创新主体的视角出发，学者们提出开放式创新、自主创新等。开放式创新强调将内部产生的技术，利用内外部商业化渠道实现价值最大化。自主创新强调企业主要通过自身努力，攻破技术难关，形成有价值的研究开发成果。从创新方式的视角出发，学者们提出了颠覆式创新、二次创新、渐进式创新、激进式创新、微创新等理论。其中，颠覆式创新理论强调企业通过引入与主流市场功能属性组合完全不同的产品或服务，以吸引非主流市场上的消费者，并通过产品性能或服务的不断改善，最终改变主流市场竞争规则，从而实现对在位企业的颠覆的观点。二次创新理论强调在技术引进基础上进行的，囿于已有技术范式及既定技术轨迹而发展的技术创新的观点。从综合的视角出发，学者们提出了全面创新、协同创新等理论。其中，全面创新强调企业运用和整合各类创新要素（如技术、组织、市场、战略、管理、文化、制度等），以协同创新为手段，通过有效的创新管理机制、方法和工具实现价值创造。

目前，国外学界主要聚焦企业创新的实证研究，而对企业创新的系统性理论研究不足。而国内学界也主要聚焦管理创新及技术创新，系统性理论研究也有待进一步探索。企业创新的系统性理论研究是一个系统性工程，需要对创新条件、创新驱动力、创新影响机制、创新实现机制等方面进行系统性、综合性研究。目前，企业创新研究仍较难形成一个完整性的企业创新系统。

因此，未来学者们应围绕企业创新的现有研究成果，进行系统性地整合与研究，构建企业创新研究的系统性框架，以指导企业如何在激烈的市场竞争中获取竞争优势，即明确企业如何在已有的资源和能力条件下，进行技术创新、商业模式创新、服务创新等，不同创新的相互影响、相互作用，将极大地提升企业的竞争优势，形成企业创新持续发展的有利趋势。

企业创新研究的最终目的是要挖掘企业发展的源泉与动力，探索企业创新行为与其企业绩效结果之间的因果关系。由于企业创新行为与企业绩效结果之间并不是简单的直线、对等的逻辑关系，即企业绩效结果是企业持续创新的最终结果，但其背后表现的创新机理、影响机制仍是学者们未来需要探索的问题。

第四章

企业非技术创新管理学派

▲

CHAPTER 4

在企业创新管理理论百余年的发展过程中，早期企业创新的研究多关注企业的技术创新管理。20世纪80年代，随着企业技术创新管理研究逐渐成熟，企业创新管理研究开始转向非技术创新领域，特别是服务创新、商业模式创新等非技术创新得到广泛应用后，企业非技术创新管理开始成为单独学科，并实现了快速发展。

第一节　企业非技术创新管理学派的形成与发展

一、企业非技术创新管理的发展阶段

整体而言，企业非技术创新理论主要经历了三个阶段，即萌芽形成阶段（19 世纪 30 年代至 20 世纪 40 年代）、快速发展阶段（20 世纪 50 年代至 90 年代初）和日趋成熟阶段（20 世纪 90 年代中后期至今）。本部分将就不同阶段的发展进行简要概述。

（一）萌芽形成阶段（19 世纪 30 年代至 20 世纪 40 年代）

亚当·斯密（1776）早在《国富论》中便提出了劳动分工的意义在于“术业有专攻”，各种劳动流程在经验上的总结构成了管理科学的基础。而到 1832 年，在查尔斯·巴贝奇（Charles Babbage）的《论机器和制造业的经济》（*The Economy of Machinery and Manufactures*）一书中，在专业分工、工作方法及工具机器的使用、制造的经济原则下，生产流程、管理等非技术要素才开始得到重视。熊彼特（1912）在《经济发展理论》中将企业面对客观市场竞争行为的反应体现在技术创新和非技术创新中，他认为“非技术要素的创新在其中占有重要部分”，由此，企业非技术创新理论才开始逐渐萌芽及形成。

（二）快速发展阶段（20 世纪 50 年代至 90 年代初）

Solow（1956）认为，企业非技术创新对于企业整体创新能力的提升起到了重要的作用。在双核心理论中，企业创新的核心是技术创新和管理创新，两者共同促进企业业绩的提高（Daft，1978）。德鲁克（1994）则直接指出创新不一定局限于技术层面，非技术要素可以成为创新对象。非技术创新在创新中的重要性日渐得到了认可，组织、制度、管理、商业模式、供应链等其他非技术方面的创新受到了关注。在这一阶段，由于企业的非技术要素受到广泛关注，并逐渐在企业的发展与竞争中发挥越来越大的作用，由此，企业非技术创新理论得到快速发展。

（三）日趋成熟阶段（20 世纪 90 年代中后期至今）

随着经济全球化的发展，企业生产技术方面的改进需要内部做出适应性调整。非技术要素及其他创新要素的整合是技术创新绩效的重要保障，企业创新贯穿企业活动的全盘体系，技术创新和非技术创新发生的可能性并存，而业务内部运营体系的完善能够为企业技术创新营造更加良好的环境。进入 21 世纪后，随着技术的快速发展，商业模式创新、服务创新等非技术创新成为重要的研究内容。

二、企业非技术创新管理理论的主要内容

从熊彼特式创新出发，早期企业创新管理理论主要聚焦于技术创新，但随着企业创新管理理论的发展，以服务创新、商业模式创新、管理创新、制度创新等为代表的非技术创新开始出现。

管理创新贯穿企业管理全过程，具体包括管理观念、管理方法、管理工具和管理模式的创新。区别于一般意义上的“创新”，管理创新更强调为其他创新寻找合适的“创新机会”，或实现资源或要素的重组以实现创新。管理创新的主体不局限于企业管理者，它还强调企业“创新人”的产生和实践。

制度创新是指企业管理者为保证以技术创新为基础的产品创新、工艺创新等创新活动的顺利开展，改进现有的企业制度或建立新的企业制度，以获取额外收益的一系列活动。其主要涉及三个方面，即特定组织行为的变化、组织与环境相互关系的变化和组织环境中支配行为与相互关系规则的变化。

服务创新与商业模式创新等内容将在本章后部分具体讲解。

第二节　主要代表理论

在企业非技术创新理论的演进过程中，涌现出许多代表性理论，这些理论极大地推动了企业非技术创新理论的形成与发展。本部分选取四个主要代表理论，即商业模式创新理论、服务创新理论、整合式创新理论和非对称创新理论，并就其演进过程、主要内容及代表人物进行简要论述。

一、商业模式创新理论

商业模式创新是企业持续获取竞争优势的关键，在数字技术快速发展的今天，不少企业通过商业模式的创新迎来了新的发展机会，而学界也围绕商业模式创新开展了系统的研究。

（一）商业模式创新理论的形成与演化

商业模式创新源于对商业模式的研究，更加强调通过新的商业逻辑或新的方法去改变企业的价值创造，包括多种商业模式要素的变化。围绕商业模式创新的研究，已经历了战略运营、价值系统、整合创新三个阶段，并且还在继续深入探讨。

1. 商业模式创新的形成背景

商业模式创新（Business Model Innovation）是在商业模式（Business

Model）的概念上发展出来的，强调商业模式各价值要素的重构与升级。虽然商业模式的研究在20世纪90年代就引起了学者的极大热情，但对于商业模式的概念始终没有统一，目前学界较为认可的是Teece（2010）对商业模式的定义，认为商业模式是企业对价值创造、价值传递及价值获取这一机制的设计或建构。与商业模式相比，商业模式创新更强调价值创造、价值传递及价值获取的新商业逻辑或新方法，要求企业能够探索新的价值创造机会以获取价值，也强调对潜在资源价值的获取与升级。

自Mitchell和Coles（2003）在*The Ultimate Competitive Advantage of Continuing Business Model Innovation*一文中首次提出企业应主动开展商业模式创新活动后，众多学者开始对商业模式创新的概念、维度等展开了讨论，其研究的内容已大大拓展了商业模式的研究边界。与商业模式的定义一样，对商业模式创新的界定也没有较为统一的标准，Casadesus-Masanell和Zhu（2013）认为，商业模式创新是指寻找公司的新逻辑，为利益相关者创造获取价值的新途径，重在寻找产生收入的新方法；而Amit和Zott（2012）则认为，商业模式是对活动、内容、结构和治理的一般性重新配置。

2. 商业模式创新研究的演化

张志朋（2020）通过对3001篇关于商业模式创新的外文文献进行系统分析，提出了商业模式创新研究的演化路径，即遵循“战略运营—价值系统—整合创新”的逻辑。但事实上，商业模式创新是在商业模式研究的基础上提出的，要了解商业模式创新研究的演化过程，必须了解商业模式研究的演化。

第一，战略运营阶段（2000—2004年）。基于战略和运营的双重视角，探讨商业模式的基础概念、维度及影响因素等，为商业模式及商业模式创新的研究奠定了基础。从战略的角度出发，商业模式的目的是帮助企业更好地获取利润，是企业战略的重要影响因素之一；从经营的角度出发，商业模式涵盖企业经营的各个构成要素及各参与主体。

第二，价值系统阶段（2005—2010 年）。价值论和系统论视角的引入为商业模式创新提供了新的理论视角。价值论强调商业模式的目的是实现价值系统的打造，包括价值创造、价值传递、价值捕捉等环节（Teece，2010）；而系统论则强调商业模式是一个价值创造的系统，能够不断与价值要素发生互动（Zott 等，2011）。

第三，整合创新阶段（2011—2019 年）。创新视角的正式引入使商业模式的研究更为丰富。开放式创新的提出者 Chesbrough（2010）指出，商业模式的创新是企业战略层面的重要因素，同样资质的企业也会因为商业模式不同而产生大相径庭的结果，并指出了商业模式创新研究的机遇与挑战，为后续商业模式创新的研究指明了方向。此后，商业模式创新的研究正式迎来了爆发期，关于商业模式创新的各个方面研究也正式开始。如商业生态模式（胡海波等，2017）、可持续商业模式创新（Hu 等，2019）等研究都对商业模式创新的研究有很好的补充。

为了了解商业模式创新理论在国内学术期刊上的发表情况，在中国知网对以“商业模式创新”为主题的文献进行搜索，时间截至 2021 年年底。为保证文献的质量，将论文来源类型选择为“CSSCI”，共检索到 1139 篇相关文献（见图 4-1）。研究整体呈上升的趋势，2015 年首次超过 100 篇，并一直保持上升的增长趋势，尤其是 2019 年，关于“商业模式创新”的 CSSCI 期刊论文达到了 138 篇。

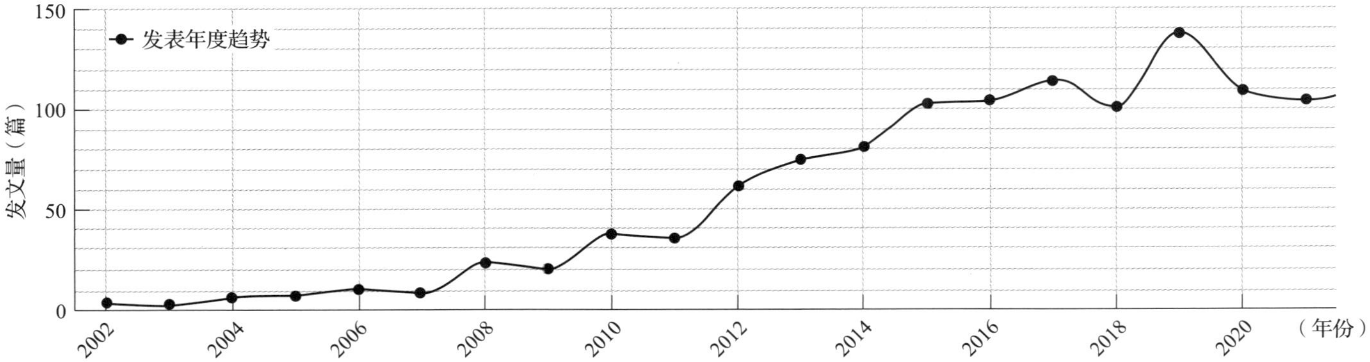

图 4-1 “商业模式创新” CSSCI 论文发表情况

资料来源：中国知网。

（二）商业模式创新理论的主要研究内容

商业模式创新理论的研究内容丰富，并且在不同的时代背景下有着不同的内涵，具有鲜明的时代性与快速发展性。本部分将从不同的维度，围绕商业模式创新的内涵、类型及影响因素展开讨论。

1. 商业模式创新的内涵

商业模式创新是在商业模式的概念上拓展的，因此要了解商业模式创新的内涵，往往需要借鉴商业模式的研究。本书从创新起点、创新过程、创新结果三个方面论述商业模式创新的内涵。

（1）基于创新起点。

认为顾客是商业模式创新的源头，因此商业模式创新是以非传统观念设计模型去满足隐藏的非顾客消费群体的需求，强调聚焦于顾客，重新定义价值主张，认为商业模式创新是具有市场导向性与主动性特征的创新。商业模式创新的目的在于引入新的服务或产品以提供给顾客，从而吸引新客户，此外，还期望以重新定义得更为全面的价值主张提高客户黏性或帮助他们降低成本，从而提升客户的忠诚度。这类定义明显的缺陷之处在于过于强调商业模式创新起点而忽略了过程性与结果性特征。

（2）基于创新过程。

认为商业模式是商业模式创新的对象，因此商业模式创新也就包含商业模式整个过程及其构成要素的创新。因此，这类定义遵循在时间上与逻辑上相互关联的系列活动与决策过程，包含商业模式的开发、营销与实现。认为商业模式创新是通过全新的方式将商业模式构成要素组合起来，为合作伙伴和客户实现价值创造的。因此，区别于竞争对手，有利于建立持续竞争优势与竞争壁垒、夯实客户关系并实现构成要素间的协同与发展。此外，还能够围绕自身中心建立商业生态系统，从而改变竞争格局，建立系统性的竞争优势。

（3）基于创新结果。

将商业模式创新的创新产出和服务创新或技术创新做了对比，认为商业模式创新未必会产生新的产品服务，而是通过新方法的使用实现现有产品服务的创建与交付，以及发现过程中获取价值的全新方法。指出新理念的提出是新型创新方式之一的商业模式创新的源头，并强调这是一个不断迭代升级的过程。这类观点认为，回顾过去并不能提供或证明未来模式的可行性，因此商业模式创新并非回顾以往经验；同时，由于商业模式创新是通过实现新机制的创造而非复制获取收入与价值的，因此商业模式创新也无须过多关注竞争对手。

2. 商业模式创新的类型

根据不同维度，对商业模式创新类型的划分也不同。

如根据创新程度的不同，商业模式创新可以分为渐进式商业模式创新和激进式商业模式创新（Velu，2015）。渐进式商业模式创新是指利用现有的设计潜力，对现有的产品或工艺进行微小的调整；而激进式商业模式创新是基于对现有设计的重大偏离，以开拓新的应用和市场。因此，渐进式商业模式创新更强调对于价值主张进行轻微的调整，而激进式商业模式创新则强调建立新的市场，以避免在原有市场进行直接对抗。

亦有根据异质性研究主题视角的不同，将商业模式创新分为新颖型商业模式创新与效率型商业模式创新（Zott 和 Amit，2007）的。新颖型商业模式创新关注商业生态系统中的创新功能，认为创新是价值创造的根本，强调交易方式或交易机制的创新，通过创新新产品或服务的推出，创新交易流程。效率型商业模式创新强调在商业生态系统中提高交易效率以创造价值，目的是降低各参与方的交易成本，实现交易过程的高效。

3. 商业模式创新的影响因素

尽管商业模式创新能对企业提供积极影响已经得到了许多研究证实和学者认可，但真正实施起来绝非易事。商业模式创新实施的成功率低，表现为高失败指数，因此，探究驱动企业进行商业模式创新的影响因素是十分必要的。有观点认为，商业模式创新是一种被动的，即由外部驱动内部的应激变化过程；也有观点认为商业模式创新是企业主动提前做出调整的应对手段，即为内部驱动（Martins 等，2015）。基于此，本书对相关文献进行总结，从内外两个逻辑划分商业模式创新的影响因素维度。商业模式创新的影响因素如表 4-1 所示。

表 4-1　商业模式创新的影响因素

影响因素	维度	文献
外部因素	技术创新	Øiestad 和 Bugge（2014）
	市场机会	Sinkovics 等（2014）
	情境因素	Zott 和 Amit（2013）；Ghezzi 等（2015）
	价值网络	Bohnsack 等（2014）；Velu（2015）
内部因素	资源能力	Mezger（2014）；Augier 和 Teece（2009）；Demil 和 Lecoq（2010）
	管理认知	Cavalcante 等（2011）；Doz 和 Kosonen（2010）；Mezger（2014）
	组织活动	Sinkovics 等（2014）；Doz 和 Kosonen（2010）；Mezger（2014）；Itami 和 Noshino（2010）
	盈利模式	Demil 和 Lecoq（2010）

资料来源：笔者根据相关文献整理。

具体来说，内外逻辑下商业模式创新的影响因素分别可划分为四个维度。先从外部影响因素说起，包括技术创新、市场机会、情境因素、价值网络。

一是技术创新。商业模式创新与技术创新间的关系表现为相互促进、相互提升：首先，变革技术范式能够对商业模式创新造成影响（Øiestad 和 Bugge，2014）；其次，技术创新提供了满足消费群体潜在隐形需求的机会并创造了将技术推入市场的要求；最后，商业模式创新的后续开展与成本结构会受到技术本身特性的影响。同时，新技术商业化过程必须有相应的商业模式与之匹配，否则技术创新将无法为企业创造效益，因此商业模式创新的实施也会推动企业技术创新的进程。基于此，有学者便提出了商业模式创新和技术创新间存在共促共成的共演关系（吴晓波和赵子溢，2017）。

二是市场机会。企业所处市场中的市场机会也对商业模式创新有着重要影响。顾客要素是商业模式中必不可少的一环，在顾客的消费需求和习惯的影响下能够促使企业不断进行商业模式革新；它还推动企业思考自身创造的价值如何在这一过程中传递给顾客并针对顾客如何创造需求。当发达国家企图通过复制商业模式进入发展中国家或新兴市场国家抢占市场时，需考虑发展中国家市场与新兴市场中客户的多层次性、需求的差异性及企业社会目标的实现（Sinkovics 等，2014）。因此，市场需求必然会推动企业商业模式的创新进程。

三是情境因素。除市场机会外，企业的商业模式原型效度还会受到所处市场情境的制约，包括不完备的市场设施、模糊的指导政策、充满不确定性且高度变化的竞争与经济环境，都会对企业原有商业模式产生制约，让企业感到处处掣肘（Ghezzi 等，2015；Zott 和 Amit，2013）。因此，进行商业模式创新成了企业在实现可持续发展、保持活力的同时应对各种情境冲突的不二之选。此外，随着经济全球化进程的进一步拓展，正如上文市场机会中所描述的，发达国家企业逐渐把注意力转移到新兴市场上，并且试图将商业模式复制到新兴市场的发达国家企业逐渐增多，这是因为商业模式创新有助于国际化企业对于新市场的进入，以及在东道国市场取得合法性，进而避开各种不利的环境因素制约和制度限制等冲突。

四是价值网络。与企业同处价值网络中的其他参与者的变化也会对商业模式产生影响（Velu，2015）。首先，企业可以参照互补者与上游供应商的商业模式，从价值网络中得到经验与互补资产等各种资源（Bohnsack 等，2014），同时企业的价值主张与价值创造模式会随着互补资产价值主张的变化而发生改变。其次，当商业模式创新被企业竞争对手成功实施后，企业会学习与模仿其成功经验。所以，企业能够根据其他价值网络中的参与者的商业模式变化或其他变化及时做出调整来适应新的价值创造网络，并改变企业自身的价值传递与价值创造方式，进而实现商业模式创新。

内部影响因素包括资源能力、管理认知、组织活动、盈利模式四个维度。

一是资源能力。从根本上来说，商业模式创新是市场、技术、商业模式等相关知识的有机整合与系统性设计（Mezger，2014），因此资源能力在企业内部对商业模式创新的影响十分重要。企业交易边界与资本需要在新的资产、资源、能力等帮助下实现拓展，从而提升企业商业模式创新的可能性。企业资产与资源的整合能力及灵活性决定了企业能否同步开展商业模式原型的发展与商业模式创新的进行；同时，在动态环境中，特定的动态能力，包括预测能力、识别外界变化的能力、吸收能力、整合能力等，有助于企业进行商业模式创新（Augier 和 Teece，2009）。此外，商业模式创新实现的重要前提是企业保持动态一致性，即企业能够在进行商业模式创新的同时，维持自身的可持续发展的能力（Demil 和 Lecoq，2010）。

二是管理认知。一方面，当外部环境表现为动态性变化时，企业管理者的认知能力，即对外界环境的认知与判断，直接影响到组织对外部存在的威胁的解读，以及应对措施的敏锐度与决策的有效性（Cavalcante 等，2011；Doz 和 Kosonen，2010）。另一方面，当外部环境变化较为明晰或单一时，企业领导者或高层管理者的认知同样起着关键性作用，超前的预判认知能够帮助企业在模糊的变化趋势下判断新的技术范式下的商业模式变化，进而通过创新商业模式赢得发展先机（Mezger，2014）。

三是组织活动。商业模式创新的产生形成受到企业内组织的结构与活动的影响。商业模式创新从战略角度看是企业不断进行决策的过程。从组织层面来看，组织的目标能够决定商业模式创新的驱动方向（Sinkovics 等，2014）；组织的结构调整有助于企业增强战略灵活性与敏感度，还决定着企业应对外部变化的反应速度与效率（Doz 和 Kosonen，2010；Mezger，2014）；组织学习有助于提升企业对外部环境的认知与判断，同时企业还能通过这一过程借鉴成功经验、规避风险、吸收人才、改进企业治理结构等，进而实现商业模式的创新（Itami 和 Noshino，2010）。

四是盈利模式。从商业模式架构来看，企业原有商业模式中的盈利模式变化推动着企业价值创造与获取模式的改变。一旦商业模式原型中的盈利模式不再适应环境变化时，企业会及时对利润模型进行调整更新，从而实现商业模式的创新（Demil 和 Lecoq，2010）。这类商业模式创新大多是为了迎合新的客户群体和市场需求等外部变化而进行的。尽管企业原有商业模式为企业积累资源能力做出了贡献，但过于依赖原有模式会限制商业模式创新的形成。

（三）商业模式创新理论的代表人物

商业模式创新的研究者众多，在一众的研究者中，有多位学者在商业模式及商业模式创新的研究上成果突出，为推动商业模式创新理论的快速发展做出了杰出贡献，大大加快了商业模式创新研究的进度。

1. Raphael Amit 和 Christoph Zott

Raphael Amit 是沃顿商学院的教授，其研究和教学兴趣集中在家族企业管理、治理和金融、家族财富管理、风险投资和私募股权投资、创业、创新商业模式的设计和商业战略等方面。Christoph Zott 是西班牙 IESE 商学院的教授，其研究主要集中在商业模式创新、老牌企业的创业、创新战略和新企业的创建等方面。两位学者在商业模式及商业模式创新领域的系列研究，对该领域的后续研究有着深远的影响。

Amit 和 Zott 早在 2001 年就开始对商业模式进行研究，并提出商业模式描述了交易内容、交易结构和交易治理的设计，目的是通过开发商业机会创造价值。该文被引次数为 8254 次（截至 2021 年 6 月 30 日），成为商业模式研究的经典文献之一。此后两人对商业模式的界定不断进行补充，指出商业模式探讨了组织如何与利益相关者建立联系，以及如何与这些利益相关者进行经济交换，并为这些利益相关者创造价值（Zott 和 Amit，2007）；两人还从活动系统的角度出发，指出商业模式创新是对现有活动体系的修正和重新设计，它必须建立在企业能力和资源整合的基础上，并且要综合考虑要素、外部环境、网络关系等（Zott 和 Amit，2010）。

为了总结与凝练两人 20 多年在商业模式及商业模式创新研究上的成果，两人于 2020 年在 John Wiley & Sons 出版了 *Business Model Innovation Strategy: Transformational Concepts and Tools for Entrepreneurial Leaders* 一书，为读者了解商业模式创新及其前沿知识提供了渠道，也为实践者进行商业模式创新提供了详细的指导。

Raphael Amit 和 Christoph Zott 围绕商业模式创新发表的代表性研究成果如表 4-2 所示。

表 4-2　Raphael Amit 和 Christoph Zott 发表的商业模式创新代表性成果

论文来源	主要观点介绍
Amit R，Zott C. Value Creation in E-business［J］. Strategic Management Journal，2001，22（6-7）：493-520.	开发了价值创造来源的模型，该模型表明，子商务的价值创造潜力取决于四个相互依存的维度，即效率、互补性、锁定和新颖性
Zott C，Amit R. Business Model Design and the Performance of Entrepreneurial Firms［J］. Organization Science，2007，18（2）：181-199.	通过扩展和整合跨边界组织设计研究的理论观点，提出了效率导向型和创新导向型的商业模式设计对创业公司绩效的影响的假设。结果证明创新导向型的商业模式设计对创业公司的业绩很重要
Zott C，Amit R. Business Model Design：An Activity System Perspective［J］. Long Range Planning，2010，43（2-3）：216-226.	将公司的商业模式概念化为一个超越焦点公司并跨越其边界的相互依赖的活动系统。该活动系统使公司能够与其合作伙伴一起创造价值并获得该价值的份额
Amit R，Zott C. Business Model Innovation Strategy：Transformational Concepts and Tools for Entreprencurial Lcadcrs［M］. Hobokcn：John Wiley & Sons，2020.	该书是面向学术界和商业界读者的全球商业模式设计和创新指南，帮助读者了解商业模式创新的基础知识及最新研究发展，为企业确定商业模式创新及从中获利提供指导

资料来源：笔者根据相关资料整理。

2. David Teece

David Teece 是美国加州大学伯克利分校哈斯商学院的教授，其在战略管理、动态能力、商业模式创新等多个研究领域具有突出贡献，他是商业和管理结合领域中研究成果在全球被引用次数最多的学者。截至 2022 年 2 月，其研究成果在谷歌学术上的被引次数已达 17.61 万次。Teece 教授不仅提出了动态能力理论，其在商业模式创新上的研究也具有重要的参考价值。

Teece 教授于 2010 年发表在 *Long Range Planning* 期刊上的

Business Models, Business Strategy and Innovation 一文被引次数为10184次（截至2022年2月），是商业模式研究中被引排名第一且被引频次最高的文献（张志朋，2020）。该文从价值的视角来探讨商业模式及商业模式创新，为后续商业模式的价值性研究奠定了重要基础。尽管商业模式的概念并未统一，但该文定义的商业模式成为后续商业模式概念界定的基础。

此外，Teece教授于2018年在*Long Range Planning*期刊上发表的*Business Models and Dynamic Capabilities*将商业模式与动态能力相结合，短短几年的时间，被引次数达1379次（截至2022年2月）。论文指出，商业模式、动态能力和战略是相互依赖的，强大的动态能力能够创建和实施有效的商业模式，论文还探讨了商业模式与动态能力的相互作用，为更好地理解商业模式创新及其与动态能力之间的关系提供了很好的参考。

David Teece围绕商业模式创新发表的代表性研究成果如表4-3所示。

表4-3 David Teece发表的商业模式创新代表性成果

论文来源	主要观点介绍
Teece D J. Business Models, Business Strategy and Innovation [J]. Long Range Planning, 2010, 43 (2-3): 172-194.	指出企业商业模式的本质在于其明确了客户的需求和支付能力，定义了企业响应客户并向客户提供价值的方式，让客户为价值付费，并通过适当的设计将这些付款转化为利润并用于价值链各个要素的运作；首次探讨了商业模式与商业战略、创新管理和经济理论的联系，提出商业模式创新有助于企业建立可区分的竞争优势
Teece D J. Business Models and dynamic Capabilities [J]. Long Range Planning, 2018, 51 (1): 40-49.	商业模式、动态能力和战略是相互依存的。企业动态能力的优势有助于塑造其在商业模式设计方面的熟练程度。强大的动态能力能够创建和实施有效的商业模式

资料来源：笔者根据相关资料整理。

3. Nicolai J. Foss 和 Tina Saebi

Nicolai J. Foss 是哥本哈根商学院的教授，主要从事战略管理（尤其是战略管理的资源观和微观基础）、组织设计（特别是与知识流程有关的设计，包括开放式创新）、创业（跨国分析、战略创业、创业理论）等方向的研究。Tina Saebi 是挪威经济学院的副教授，研究重点是商业模式创新，特别是关于开放式创新、服务创新商业模式的理论开发。两人围绕商业模式及商业模式创新开展了一系列的研究。

Foss 和 Saebi（2017）在 *Journal of Management* 发表了商业模式创新的综述论文 *Fifteen Years of Research on Business Model Innovation：How Far Have We Come，and Where Should We Go?* 至今被引次数已超过 1121 次，成为商业模式创新研究的重要参考文献。论文首次对商业模式创新文献进行了系统梳理，为商业模式创新的未来研究提供了指导方向。

为了进一步阐明商业模式与商业模式创新的区别，Foss 和 Saebi（2018）在 *Long Range Planning* 期刊发表 *Business Models and Business Model Innovation：Between Wicked and Paradigmatic Problems* 一文，指出两者本质上都是关于公司价值创造、交付和获取机制的架构，但商业模式指的是机制背后互动之间的互补性，而商业模式创新更强调互补关系的新变化。此外，两人还合作完成 *Business Model Innovation：The Organizational Dimension* 一书，特别强调了商业模式创新的组织设计方面，包括奖励制度、权力分配、惯例和标准操作程序、权力分配、组织结构和控制等方面。

Nicolai J. Foss 和 Tina Saebi 围绕商业模式创新发表的代表性研究成果如表 4-4 所示。

表 4-4 Nicolai J. Foss 和 Tina Saebi 发表的商业模式创新代表性成果

论文来源	主要观点介绍
Foss N J，Saebi T. Business Model Innovation：The Organizational dimension［M］. Oxford：Oxford University Press，2015.	收录了权威机构撰写的关于商业模式创新的文章十三篇，借鉴组织理论和实证观察，审视商业模式创新的组织维度，不仅强调了商业模式创新的组织设计方面，还讨论了现有的组织结构、能力、信念、文化等如何影响企业灵活转变为新业务模式的能力
Foss N J，Saebi T. Fifteen Years of Research on Business Model Innovation：How Far Have We Come，and Where Should We Go?［J］. Journal of Management，2017，43（1）：200-227.	论文系统整理了自 1972—2015 年商业模式的研究，指出自 2000 年后，商业模式的研究逐步从商业模式的基础概念研究转变为商业模式创新的研究，并分析了 2000 年至 2015 年发表的 150 篇商业模式创新参考文献，指出在过去的 15 年内，商业模式创新呈现快速增长的趋势
Foss N J，Saebi T. Business Models and Business Model Innovation：Between Wicked and Paradigmatic Problems［J］. Long Range Planning，2018，51（1）：9-21.	论文比较了商业模式和商业模式创新的区别，指出商业模式和商业模式创新的研究长期存在定义不清等问题，两者从根本上讲是关于公司价值创造、交付和获取机制的架构，前者强调机制背后互动之间的互补性，后者强调互补关系的新变化

资料来源：笔者根据相关资料整理。

二、服务创新理论

自服务创新理论提出以来，便受到了广泛的关注与应用。服务创新理论不仅能够为服务业及服务企业的发展提供强大动力，同时还能够为制造业及制造企业的转型增加更多可能。总体而言，服务创新理论仍具有强大的发展势能。

（一）服务创新理论的形成与演化

随着当前世界各国开始纷纷向服务型经济转型，服务创新在实践界与理论界都得到了进一步的丰富与发展。同时，服务创新理论已突破了原有的理论主体边界，开始服务于更多的理论主体及更大的范围。本部分将就其形成与演化进行简要概述。

1. 服务创新理论的形成背景

20 世纪五六十年代，服务创新理论（Service Innovation）便开始逐渐受到学者们的关注。目前，学术界较为公认的是将 Barras（1986）所提出的“逆向产品周期理论”作为服务创新理论形成的标志。

服务创新理论的形成也是根据熊彼特创新的概念发展而来的，但又兼具服务业的独特性。由此，根据 1995 年欧盟 S14S 项目的实证研究，服务创新的形成主要是来自服务业与服务企业提供的全新的产品或服务，或利用新兴技术对原有产品、服务流程进行改良。

2. 服务创新的演化

早期，服务创新的主体主要是服务业与服务企业。随着世界各国，特别是发达国家，逐渐转型为以知识经济、网络经济为主的服务型经济，服务业在各个国家的社会经济发展中所占的比重也逐步提高，并成为经济发展、效率提升和就业缓解的重要源泉（高顺成，2013）。目前，发达国家服务业增加值比重已增长至 70% 左右。同时，随着国际分工的日益细化，服务业的专业化程度不断提升，服务企业的竞争愈演愈烈，这也推动了服务业与服务企业的创新，并实现了企业绩效的提升及可持续竞争优势的形成。由此，服务创新的研究开始呈现蓬勃发展的态势。

随着消费需求的变化和技术变革的推进，服务创新的主体开始拓展到制造业与制造企业，且服务创新已成为制造企业实现从低成本加工制造环节向高价值环节转型的重要战略途径，对制造企业的生存和发展发挥着越来越重要的作用（赵立龙，2012）。制造企业可以通过服务创新向市场提供全新的、高附加值的服务性产品，以参与市场份额的争夺，获取差异性的竞争优势（蔺雷和吴贵生，2003）。

服务创新理论在我国的研究及应用从21世纪初进入递增阶段，且增速较快。在中国知网上以“服务创新”为关键词进行检索，检索时间截至2020年12月31日，对中国知网中核心期刊和CSSCI来源期刊的文章数量进行统计，其发文数量及趋势如图4-2所示。由图4-2可知，服务创新理论的应用总体呈上升趋势，在2018年达到高峰后有所回落。

（二）服务创新理论的主要研究内容

作为近年来企业非技术创新的代表性之一，服务创新在实践中得到广泛应用。基于此，服务创新的理论也实现了极大的丰富与发展，本部分将就其内涵、分类、研究视角、实现过程、评价指标进行简要概述。

1. 服务创新的内涵

服务业涵盖范围广，各行业的服务内容、服务性质和服务功能等各方面都存在不同程度的差异，且学者们也都分别从不同的视角对服务创新的内涵进行阐述。由此，服务创新目前并没有统一的概念界定。总体而言，服务创新的定义存在广义与狭义之分，广义的服务创新强调服务企业与制造企业创新活动之间的差异性，探索服务企业的创新行为，包括组织创新、营销创新等（Gallouj和Weinstein，1997；Miles，2000），以回答“服务业是否存在创新”“服务创新是否具有独特性”“服务创新是否具有自身的范式”三个核心问题（魏江和胡胜蓉，2007）。狭义的服务创新是在服务产品、服务过程等方面只涉及服务本身的创新行为，而不涉及市场、组织和运营过程等方面的创新行为（Gallouj和Weinstein，1997）。

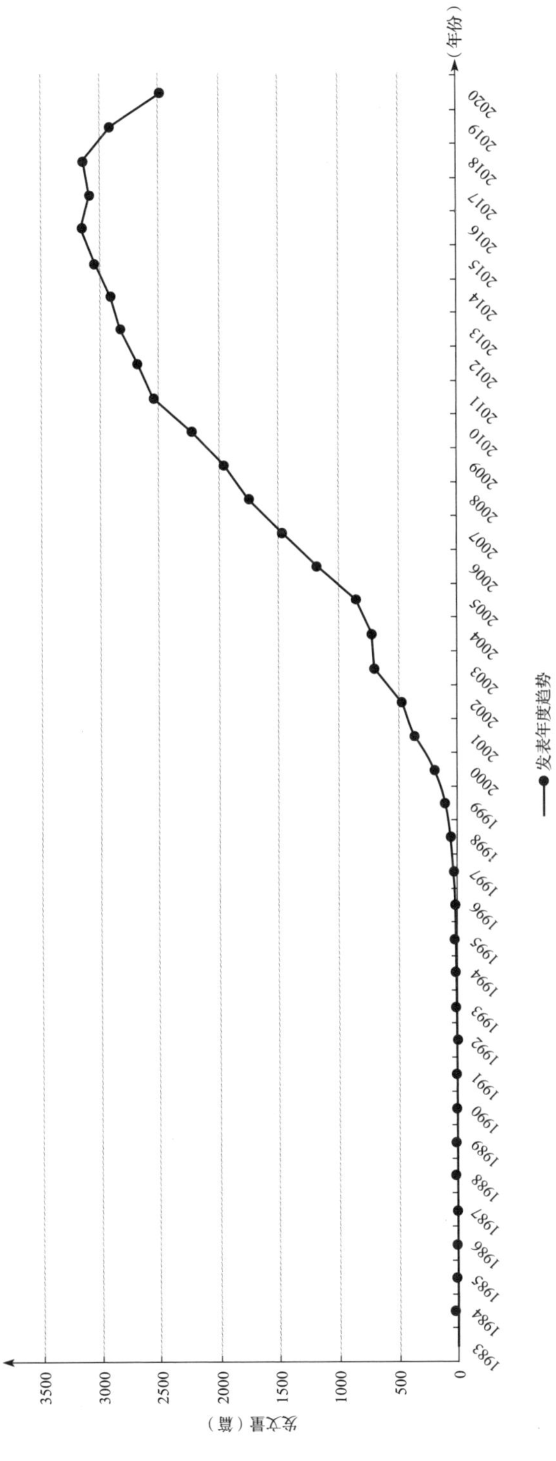

图 4-2　服务创新理论发文数量及趋势

资料来源：中国知网。

随着制造企业与服务企业融合的速度日益加快，制造企业的服务创新活动也日益增多，狭义的服务创新更符合两业融合的现实背景（魏江等，2008）。由此，服务创新更聚焦于服务过程中所运用的新技术、新流程、新服务，以改进和创新已有的服务流程和服务产品，具体包括推出全新服务产品、创造全新服务体验、改造原有服务流程、开发全新服务渠道和实现全新服务价值。其中，推出全新服务产品是指企业创造未曾出现的、全新的服务产品，强调对产品特征和内在价值的显著提升。创造全新服务体验是指不断迭代和更新企业已有的服务流程、服务内容、服务方式和服务手段等，以提升企业的服务质量、降低企业的服务成本，使消费者享受前所未有的服务体验。改造原有服务流程是指在生产流程或服务内容方面对企业原有的服务产品进行升级改造，从而在维持既定成本的基础上提升服务质量和服务效率。开发全新服务渠道是指企业通过学习行业的先进技术、引进行业的先进设施，以提供企业未曾提供过的服务产品或服务媒介。实现全新服务价值是指企业通过上述改进或变革，增强消费者服务体验，以增加服务价值（许庆瑞和吕飞，2003；高顺成，2013）。

自 21 世纪以来，企业借助新技术和新设备，极大地满足了顾客的新兴需求。但随着服务业的竞争不断加剧，导致服务业与服务企业的发展理念产生了重大变革，服务业与服务企业开始关注顾客需求、改善顾客体验、聚焦价值共创，由此，对服务创新的内涵与核心产生了重要影响（湛军，2017）。

基于服务创新的内涵，蔺雷和吴贵生（2006）总结和归纳了服务创新的五个特征。一是创新的无形性，即服务创新是一种非实物性的创新活动。二是创新的新颖度，即服务创新涵盖可复制创新和不可复制创新，也可是两者的结合体。三是创新的多样性，服务创新包含较多的创新形式，如产品创新、过程创新、市场创新、组织创新等。四是创新的顾客导向性，即服务创新强调将顾客视为“合作生产者”，并将客户纳入服务创新的全过程，因此，服务创新属于需求推动的创新行为。五是创新的适用性，服务创新不仅强调服务行业的创新，更强调服务企业的创新。其中“无形性”是核心要点，其他不同要素不断地相互关联和相互作用。

2. 服务创新的分类

根据不同的研究视角，服务创新的分类也有不同的方式。本部分将从服务创新的变化程度和具体内容两个方面对服务创新的分类进行简要概述。

（1）根据服务创新的变化程度。

现有研究将服务创新分为渐进式服务创新与突变式服务创新。其中渐进式服务创新是指企业通过与顾客的互动交流，对原有服务产品进行有限的改进，或推出全新的服务产品，但其不会改变原有服务的本质特点。突变式服务创新是指企业创造全新的服务产品，该服务产品能够提供以往服务产品所无法提供的特点，从而能够极大地推动社会的进步。

（2）根据服务创新的具体内容。

现有研究从不同视角对服务创新进行了分类。根据创新的程度和方式，服务创新主要可以分为突破式服务创新、渐近式服务创新、改进式服务创新、组合式服务创新、专门化服务创新和定制化服务创新（Gallouj 和 Weinstein，1995）。

根据创新的内容，服务创新具有多种分类方式，但现有研究多采用 Sundbo（2007）的分类方式，将其分为产品创新、过程创新、组织创新和市场创新。服务创新的分类如表 4-5 所示。

表 4-5 服务创新的分类

分类	定义
产品创新	提供全新的服务产品或对于原有的服务产品加以改进，其创新的重点是产品的设计和生产能力
过程创新	服务产品生产与交付流程的更新，包括生产过程的创新，即后台创新；交付过程的创新，即前台创新。其创新的重点是服务执行和发送的能力
组织创新	通过组织要素的重组、组织形式或组织结构的变革、先进管理方法的引进等形式实现创新，重点在于企业的信息技术能力、资源协同能力等能力的提升
市场创新	企业进入新市场，或充分利用企业原有的合作伙伴关系、客户关系等外部关系，其创新的重点是商业和市场信息的探索能力

资料来源：根据 Sundbo（2007）相关论述整理。

3. 服务创新的研究视角

现有研究已从管理学和经济学的角度对服务创新进行了深入研究。其中管理学角度的相关研究主要聚焦企业微观层面，强调基于服务业产品及服务企业职能的分析和研究，提出服务企业组织和管理的理论框架。经济学角度主要聚焦产业中观层面，主要的研究方法分为三类，即同化（Assimilation）视角、专用（Demarcation）视角和综合（Synthesis）视角。

同化视角的代表人物是 Barras，其代表成果是“逆向产品周期理论”。其认为服务业创新的本质与制造业创新相同，因此，运用同化视角进行服务创新的研究通常只关注服务业的技术创新，而对由服务本身特性引起的非技术创新关注不足。

基于同化视角的不足，学者们开始用专用视角，即与制造业创新不同的研究视角来进行服务创新的研究，其代表人物是 Sundbo。专用方法是在技术创新维度的研究基础上，更加关注非技术创新的维度。Bilderbeek 和 Hertog（1998）提出的服务创新四维度模型是同化视角的典型代表之一。服务创新的四维度模型如图 4-3 所示。

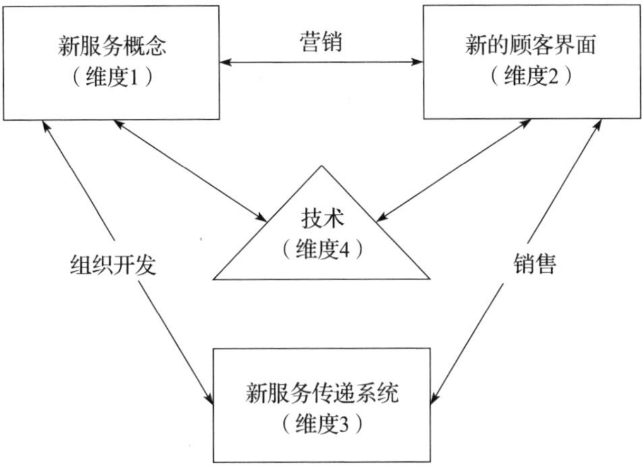

图 4-3　服务创新的四维度模型

资料来源：根据 Bilderbeek 和 Hertog（1998）相关论述整理。

综合视角的代表人物是以 Gallouj 为代表的法国里尔大学的服务创新研究团队，其认为服务创新与制造业创新属于两种完全不同的创新模式，服务创新具有其独特的创新性，即无形性和交互式特征。Kunnsisto 和 Meyer（2002）提出的集成创新模型是综合方法的典型代表之一，其整合了线性模型、交互式模型和服务创新模型等模型，综合了创新特征、服务创新特征、技术创新特征。

4. 服务创新的实现过程

Sundbo（1998）将服务创新分为三个阶段，具体包括构思阶段、发展阶段和保护阶段。服务创新的过程如图 4-4 所示。

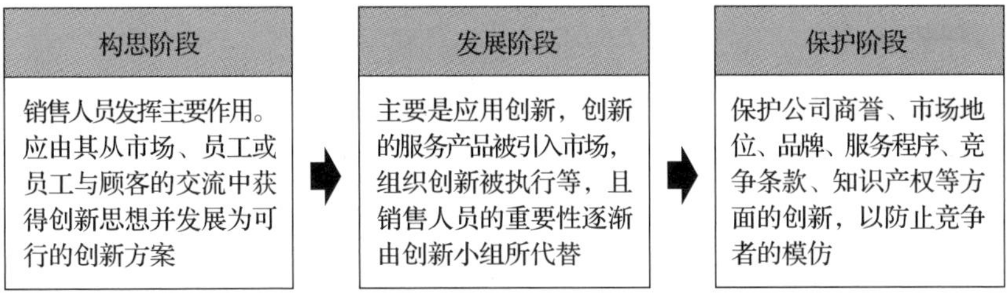

图 4-4　服务创新的过程

资料来源：根据 Sundbo（1998）相关论述整理。

5. 服务创新的评价指标

自 20 世纪 90 年代起，服务创新评价的相关研究开始涌现。现有研究基于服务创新的理论基础和理论模型，构建了服务创新评价指标体系，具体包含评价目标和评价原则的制定、评价指标及其权重的选取、评价数据的搜集、评价方法的选择、评价结果的分析等。

目前，最常用的服务创新的评价指标主要采用 Goran（1998）在创新测评研究中提出的创新投资、创新能力与创新效益三大指标。服务创新的主要评价指标如表 4-6 所示。

表 4-6　服务创新的主要评价指标

创新投资指标	• 内部或外部技术开发部门的经费 • 对新设备的投资 • 技术引入的准备、培训及引入市场的费用
创新能力指标	• 员工受教育程度 • 员工流动性 • 员工培训程度 • 员工激励制度 • 企业分权责任制的实施程度 • 企业组织制度民主程度
创新效益指标	• 生产率是否与市场情况相适应

资料来源：根据 Goran（1998）相关论述整理。

申静和张梦雅（2012）归纳和总结了近年来服务创新评价指标体系构建研究的两大特点。

一是反映服务创新特性的指标逐渐增加。在早期的服务创新评价研究中，学者们主要是依据传统制造业的技术创新指标，提出服务业的服务创新指标。但随着研究的不断深入，服务创新评价指标体系引入了许多不同于制造业技术创新的、具有服务业自身特色的指标，如人力资源指标、创新意向指标、研发投入指标、战略和体制的变革指标、知识来源及扩散指标、商业效益指标、知识产权指标等。

我国服务创新评价的相关研究出现较晚，因此，国内主要是借鉴国外成熟的服务创新评价指标体系，其主要采用综合方法，涵盖技术创新指标及服务创新指标。目前，国内的服务创新评价指标多采用陈劲和陈钰芬（2004）构建的服务创新评价指标体系，其包括服务创新的投资指标、能力资源指标及经济效益指标，共计 3 个一级指标、12 个二级指标。

二是评价指标体系的颗粒度逐渐细化。在早期的研究中，学者们主要聚焦宏观的国家层面的服务创新的评估，而对中观的行业层面和微观的企业层面的关注不足，由此导致早期的评价研究颗粒度较大。同时，由于国家间经济发展程度和统计数据收集情况差异较大，国家间的服务创新评估研究较难实现。近年来，越来越多的学者开始缩小服务创新评价的研究范围，开始围绕某单一区域、行业或企业进行服务创新评价研究。

总体而言，宏观的国家层面的评价指标体系构建已较为成熟，并已进入持续性评价阶段。随着不同国家的经济发展程度和统计数据收集情况趋于规范，学者们也纷纷开始尝试国家间服务创新的比较评估研究。国内学者则更多地在区域层面开展服务创新评价指标体系构建研究。

（三）服务创新理论的代表人物

在服务创新理论的演进过程中，涌现出许多代表性人物，他们极大地推动了理论的形成与发展。本部分选取了两位主要代表人物，就其代表观点及贡献进行简要概述。

1. Faïz Gallouj

Faïz Gallouj 是国外服务创新研究的重要学者之一。Faïz Gallouj 自 1995 年便开始关注服务业创新，他于 1997 年发表的文章 *Innovation in Services* 已成为服务创新研究领域最重要、引用率最高的文献之一。截至 2021 年 6 月，该文章在 Google Scholar 上被引用 795 次。

Faïz Gallouj 基于服务业内部的服务创新，围绕服务创新理论进行了大量的研究，从理论角度构建了服务创新研究的基础。Faïz Gallouj 通过对欧洲金融、医疗及其他公共服务业实地调查，沿着“服务业创新特性—服务创新理论完善—服务型企业创新模式探讨—服务业创新绩效评估”的研究路径不断深入。

2. 以许庆瑞为首的浙江大学管理学院服务创新研究团队

以许庆瑞教授为首的浙江大学服务创新研究团队是国内最早关注企业服务创新的研究团队之一，团队成员主要包括许庆瑞、魏江、王琳、陶颜等学者。从 1994 年到 2011 年，该团队共发表相关文献 188 篇，其研究主要关注制造业及制造企业的技术性服务创新，以及金融保险业、软件业、会计服务业及知识密集型企业等服务业及服务企业的非技术性服务创新，研究内容主要包括服务创新的流程、模式、类型及产业集群创新等。

三、整合式创新理论

在新时代发展环境下，市场竞争逐渐激烈化，竞争形式也日趋复杂多变，原有的传统创新范式和理论已无法满足国家战略和企业发展的要求，需要采取新的创新范式和理论，快速推动关键核心技术的突破，实现技术创新的有效提升。基于此，整合式创新理论从国情出发，嵌入整体视角，鼓励全时空、全要素和全员参与创新，以有效形成技术创新以外的核心要素，摆脱传统技术追赶模式，实现快速突破。

（一）整合式创新理论的形成与演化

整合式创新理论针对宏观创新发展问题，要求对宏观环境、产业走向和技术趋势进行严格研判，并采取具有整体性的创新策略，适应国家重大战略需求。在学术界，整合式创新研究经历了概念提出与概念完善两个阶段，虽仍存在诸多待探究之处，但为实践运用提供了新的理论思考方向。

1. 整合式创新的形成背景

创新是新时代发展的必然潮流，创新驱动是全球化时代的必然趋势。为了顺应经济发展由高速度向高质量转变的需求，我国实施了“创新驱动发展战略”，其目的之一便是推动我国实现从要素驱动转变为创新驱动。创新驱动发展战略是基于我国独特的历史文化、社会制度、现实国情和奋斗目标所提出的，符合国情民情。因此，创新驱动成为我国经济管理领域的一大重要战略问题。然而，美国的颠覆式创新、用户创新、开放式创新等，欧洲的社会创新、公共创新、责任创新等，均不符合我国的实际情况（陈劲等，2017）。现有的创新理论与范式存在三大问题：第一，局限于局部思维，不适应我国的重大战略需求；第二，局限于单一资源、知识或人员等的整合，不适应我国的发展系统性要求；第三，局限于某国或某区域发展需求，不适应我国的特色发展要求（陈劲等，2017）。同时，传统的欧美创新范式与理论更注重创新的具体手段、方法、主体等，从更细微的层面设计创新策略。这些创新范式与理论大多属于线性思维模式，虽能在一定程度上促进了企业能力的提升，但明显的弊端在于无法站在社会性创造过程的全局视角解决创新难题（陈劲等，2019）。

整合式创新（Holistic Innovation）理论正是基于这一背景提出的。整合式创新是具有战略视野的创新模式，是全面创新、开放创新和协同创新的综合体，其核心要素包括战略、全面、自主、开放和协同，五个要素相互支撑，统一于整合式创新的理论范式中（胡琳娜和陈劲，2020）。根据整合式创新理论，创新不再是企业某一个部门的职责，需要将其归入企业全局发展战略中，借助战略创新推动技术与管理层面的创新，进而推动全价值链的创新整合，做到“人人都是研发者、人人都可谈创新”（陈劲等，2019）。在整合式创新过程中，企业需要从全局的角度考虑创新问题，不仅要力求做到全时空、全要素和全员参与创新，更要有效挖掘技术创新以外的核心要素，构建以技术为核心的管理创新能力，摆脱传统“引进—消化吸收—再创新”的追赶模式，适应新时代竞争环境下的创新要求和追赶路径，加快实现颠覆性技术突破（Chen 等，2018；尹西明等，2019）。整合式创新与其他创新范式有着较大的差别，具体体现在整合式创新建立在系统观和整体观的基础上，强调在整体战略驱动下，考量企业技术创新体系的建设和创新过程的管理。国家和企业都可采用整合式创新实现快速发展，需要从国家和企业层面对国内外宏观环境、产业未来走向和领域技术发展趋势做出合理的研判，借助战略创新推动技术要素和非技术要素的创新结合和有效融合。所以，整合式创新较好地满足了我国的战略需求、系统性要求和特色发展要求（陈劲和吴欣桐，2020）。

2. 整合式创新理论的演化

整合式创新理论是在对中国创新环境分析的基础上提出的，具有一定的战略指导价值。该理论提出时间较晚，经历了概念提出和概念完善两个阶段。

（1）概念提出阶段（2017—2019 年）。

2017 年，陈劲教授及其团队在对世界各国创新理论系统分析的基础上，提出了整合式创新的概念，并认为整合式创新是建立在东方智慧基础上的具有战略视野的创新范式，这一创新范式融合了战略创新、协同创新、全面创新和开放创新四个关键要素（陈劲等，2017）。随后，诸多研究重点论述了整合式创新四大关键要素的内涵（Chen 等，2018；陈劲等，2019；尹西明等，2019）。

（2）概念完善阶段（2020 年至今）。

胡琳娜和陈劲（2020）对整合式创新理论进行了再创新，将自主创新加入了整合式创新的关键要素中，由此从四大关键要素演变为五大关键要素。自主创新符合我国现阶段国家和社会的发展需求，有助于打造创新型国家的战略目标（陈劲和吴欣桐，2020）。

（二）整合式创新理论的主要研究内容

整合式创新理论提出时间较晚，现在还处于理论发展初期阶段，现有研究聚焦于整合式创新理论的概念框架、作用和功效两个方面。

1. 整合式创新理论的概念框架

以欧美为主的创新范式不能很好地满足新科技革命的要求，也不能完全适应中国特色社会主义创新实践的新挑战，所以，社会呼吁对创新范式进行变革，以更好地满足实践发展的需求（陈劲等，2017）。因此，基于对中国哲学智慧和中国国情状况的分析，陈劲等形成了第四代管理学范式，尤其关注整合式创新理论范式，期望推动管理学由传统的工具主义理性范式向人本主义价值理论范式转变（胡琳娜和陈劲，2020）。

整合式创新理论的终极目标是，在以开放式创新为主导的时代背景下，基于总体战略的统筹，以二次创新和集成创新为重要方式，推动创新全主体和全时空领域的创新要素配置，实现行动的协同优化、资源的有效配置、知识的高度分享，最终实现较高的创新绩效（陈劲等，2017）。整合式创新理论包含总体战略、自主创新、开放式创新、全面创新和协同创新五个关键要素，五个要素彼此关联，缺一不可（胡琳娜和陈劲，2020）。它由此初步构建了整合式创新理论的框架，如图 4-5 所示。

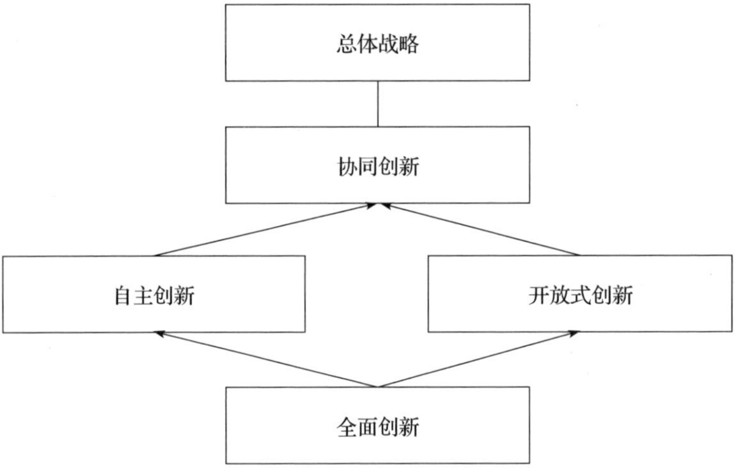

图 4-5　整合式创新理论的框架

资料来源：根据胡琳娜和陈劲（2020）相关论述整理。

第一，整合式创新理论中的总体战略。中国依然处于后发追赶的阶段（陈红花等，2019），在后发追赶的过程中形成了一些新的管理实践，这需要新的战略管理框架指导，需要各界细研中国战略模式、总结中国发展经验、对话中西管理理论，构建新时代下的全新战略管理范式（尹西明和樊旼旼，2019）。陈劲等（2017）积极因应战略管理变革需求，主动结合东方战略思想和西方主导战略管理范式，系统分析中国内部资源和外部环境，主张以“利他精神”和

“整合思维”正确处理“历史、现在和未来”的关系，推动战略管理的可持续发展（Chen 等，2018）。同时，胡琳娜和陈劲（2020）认为，整合式创新理论的总体战略框架对国家、行业和企业给予了新的要求。首先，从国家层面来看，在和平崛起和建设人类命运共同体的道路上，国家需根据全球经济发展趋势，整合各项要素，优化我国创新环境（陈劲和吴欣桐，2020）。其次，从行业层面来看，新旧产业的边界正发生变化与融合，各行各业需结合各自要求，整合创新要素，实现跨界产业深度融合（陈劲等，2017）。最后，从企业层面来看，企业需创新性地整合内外部创新资源，积极培育双元创新能力（胡琳娜和陈劲，2020）。

第二，整合式创新理论中的全面创新。全面创新强调在新形势下全员、全要素协同创新，突破了传统创新范式局部、孤立的理论局限，是整合式创新理论的重要思维基础（许庆瑞等，2006）。全面创新由中国学者许庆瑞教授提出，形成了全要素创新、全时空创新、全员创新和全面协同“三全一协同”的理论框架（许庆瑞等，2003），要求在全时（历史、当下、未来）、全空间（国内国际全地域）及全员创新主体积极参与的框架下，各创新要素（战略、组织、制度、文化、技术、市场、管理等）突破时空限制和组织边界进行全方位协同匹配（胡琳娜和陈劲，2020）。整合式创新理论吸收了全面创新的观点，适应了新时代的创新发展需求。

第三，整合式创新理论中的自主创新。自主创新也是陈劲（1994）基于我国国情提出的重要创新理论，强调以全面创新为导向，以组合创新为载体，基于二次创新获取与吸收先进技术，通过集成创新实现技术范式的突破，进而实现经济效益与社会效益皆提升（陈劲等，2010）。整合式创新理论吸纳了自主创新的宏微观发展视角，认为国家和企业均需进行自主创新（陈劲和尹西明，2019）。国家自主创新是指本国重要产业逐步减少对技术输出国的高度依赖，借助本国力量整合各类创新资源，独立实现技术创新（陈劲等，2017）。企业自主创新则要求企业自身基于核心技术和核心能力的创新生态构建，实现技术的突破（郑刚等，2008）。

第四，整合式创新理论中的开放式创新。创新具有非线性特征，需要突破封闭式的思维局限，构建内外部跨界整合的创新生态系统，同时也要求国家和企业重视开放式创新的战略意义（胡琳娜和陈劲，2020）。开放式创新理论由Chesbrough于2003年首次提出，旨在基于内外部的开放，有效整合各类资源，实现创新能力的提升，更凸显知识资源的获取与传递。整合式创新理论要求国家和企业在进行开放式创新的过程中，进一步加强资源整合的能力，打破传统开放式创新仅局限于获取与传递的思维与行为束缚（陈劲等，2017）。

第五，整合式创新理论中的协同创新。协同创新进一步促进了不同创新主体的协同互动，推动了创新资源的高效流动，在一定程度上解决了创新生态系统中信息不对称、资源不协调的难题，体现了系统最优化原则（陈劲和阳银娟，2012）。在整合式创新框架中，协同创新体现了整合和互动的思维，促进了创新主体间的知识共享、创新资源间的有效互换、创新行为间的高效同步，实现了知识、资源、行为与创新绩效全面的整合与互动（吴欣桐等，2020）。

2. 整合式创新理论的作用和功效

整合式创新理论属于大创新（Big Innovation），适合指导“大战略”目标（陈劲等，2017）。因此，整合式创新对推动一个国家的科技创新范式具有明显的效果（陈劲和吴欣桐，2020）。

第一，整合式创新理论迎合了构建中国特色创新理论的需求。

近年来，中国在高技术领域（如5G、人工智能、云计算、大数据、新能源等）、重大工程行业（如高速铁路、青藏铁路、西气东输、南水北调等）等国家战略新兴领域取得了显著的发展（陈宏权等，2020），但在实践过程中，科技工作者发现以西方经济社会情境、原子式思维导向和私营企业主体体系的创新理念并不能很好地适应中国重大工程建设需求，需要以东方管理智慧为基础的整合式创新引导中国特色创新理论（陈劲和吴欣桐，2020）。

第二，整合式创新理论满足了中国科技创新范式的需求。在贯彻实施创新驱动发展战略、解决“卡脖子”技术难题、和谐处理国际关系、有效应对自然灾害和公共卫生实践等突发性事件背景下，整合式创新理论在中国孕育而生（陈劲和吴欣桐，2020）。整合式创新理论具有明显的战略指向性，不仅推动了商业价值的实现，更对推进民族进步、国家发展、人民福祉等具有明显的作用（胡琳娜和陈劲，2020），这符合中国科技创新范式的需求，即在中国特色社会主义情境下发挥科技创新范式的经济与社会效益（陈劲和吴欣桐，2020）。

（三）整合式创新理论的代表人物

结合对我国国情的考量和对我国各界创新实践的理解，创新理论学者陈劲教授及其研究团队于2017年在《整合式创新：基于东方智慧的新兴创新范式》一文中最先提出了整合式创新理论，是整合式创新理论的主要代表性学者。整合式创新理论的核心在于其具有高度的系统观、整体观和重大创新指导观，属于大创新的创新思维范式（陈劲和吴欣桐，2020）。他们认为整合式创新理论的提出体现了“三个兼具”的研究价值。

第一，兼具理论价值和实践意义。整合式创新理论是在对全球不同创新范式批判性分析的基础上，结合对我国国情和重大战略需求的研判所提出的，融合了东西方管理理论的思维模式与行为架构，是在现有主导创新范式基础上延伸的重大理论。更为重要的是，整合式创新理论给予了面向政策的实践启示，为国家政府部门的顶层战略设计、科技创新政策制定等提供了指导，对我国航空航天、高铁等重要领域的科技突破、战略完善给出了合理的实践建议（吴欣桐等，2020）。

第二，兼具社会科学的发散思维和自然科学的工程思维。以欧美为主的创新范式具有明显的局限性，不适应我国的发展需求和具体国情（陈劲等，2017）。整合式创新理论是在对我国具体国情和发展战略需求充分分析基础上形成的，这一理论运用了社会科学的发散思维和自然科学的工程思维将战略管理、组织设计、文化体系和产业趋势有机结合起来，提供了一种基于系统观和统筹观的研究视角，在一定程度上完善了国家创新战略体系、技术布局系统，为企业在重大技术领域、战略性产业领域赢得全球创新领导优势做出了贡献。

第三，兼具宏观战略视角和微观运用视角。整合式创新理论提供了国家指导和企业运用的综合性视角，因此，具有宏观、微观科技创新体系交互的理论特点（胡琳娜和陈劲，2020）。一方面，整合式创新理论从国家宏观战略视角，为“高质量发展”“生态文明”“和平崛起”等国家发展议题献策，为多部委协作联动、产学研用高效协同、大中小企业和谐共生、国企民企合作共赢等贡献了智慧。另一方面，整合式创新理论从企业微观实践视角，为企业组织文化建设、组织结构管理、项目方案设计与实施等提供了指导。它还打破了宏微观层面的藩篱，实现了宏微观的有机交互。

四、非对称创新理论

非对称创新理论是立足中国情境，基于中国特色的发展实践提出的创新理论。“非对称”概念源于中国政府的有关政策，具有鲜明的中国特色。

（一）非对称创新理论的形成与发展

2013 年 8 月 21 日，习近平总书记在听取科技部汇报时的讲话中，提出要研究“非对称”赶超战略。此后，2013 年 9 月 10 日，中央政治局第九次集体学习时，习近平总书记再次提出采取“非对称”战略，发挥中国的优势实现赶超。2014 年 8 月 18 日在中央财经领导小组第七次会议上、2014 年 9 月 29 日在中央全面深化改革领导小组第五次会议上和 2016 年 4 月 19 日在网络安全和信息化工作座谈会上，习近平总书记都提及“非对称”赶超战略。

中国企业的创新全球化经历了“创新走出去”“创新走进去”“创新走上去”的“三步跨越”。从以出口为通道，学习先进的技术和经验，到依托制造基地，开展技术型收购和整合，中国花费了 20 年。2008 年之后，中国企业步入“创新走上去”的阶段，向高端化、品牌化发展，开展以自身为主导的技术研发和高端市场开拓。虽然 OEM（Oringinal Equipment Manufacturer）、引进外资依然是中国企业在探讨的现实问题。但是，自 2008 年以来，中国企业出海并购案例层出不穷，俨然已经成为全球产品市场、要素市场的“搅局者”。

伴随中国企业海外并购的浪潮，一系列的扩张陷阱导致投资决策失误、并购失败、技术整合失效等发展问题层出不穷。作为全球市场的后发者，中国企业面临着“来源国劣势”和“外来者劣势”

的双重挑战（魏江等，2018）。中国企业在海外扩张时，不仅无法获得政策优惠，甚至可能被变相打压，全球化道路较发达国家的扩张更为困难。然而，在走出国门的企业中，以创新、技术为导向的海外投资（包括并购和绿地投资）企业显得尤为突出。例如，截至2019年，华为在全球共持有有效授权专利8.5万多件，引领全球5G商用，与全球运营商及各行业伙伴开展了超过300个5G垂直领域应用的项目。海尔在全球实现了10+N开放式创新体系布局。吉利通过10年成功收购沃尔沃，并建立了欧洲研发中心。这一批领先企业迈出了中国企业出海的创新步伐，为探索创新全球化提供了技术追赶的鲜活素材和有力证据。

以韩国和新加坡为代表的后发企业创新全球化实践的"后发企业追赶理论"，打破了"后来者诅咒"（应瑛和刘洋，2015），成为理解中国企业创新全球化的借鉴。但是，因中国独特的制度、市场、技术现状，尤其是较为薄弱的产业基础，决定了中国无法照搬韩国、日本的创新路径，这种"不对称"也使得现有技术追赶的理论在解释中国企业的技术追赶上明显乏力（魏江等，2014；刘洋等，2013；江诗松等，2011a，2011b）。为总结中国企业创新全球化的有效经验，魏江等（2018）通过探究中国典型产业成功实现创新能力提升和技术追赶的路径，提出了非对称创新战略的理论架构。

目前，非对称创新理论的研究尚处在起步阶段，以非对称创新理论作为关键词的战略及创新研究尚且较少，学者们尚处于对非对称创新理论内涵丰富和特征界定的阶段，相关的研究主要发表在中文期刊上。为了了解非对称创新理论在国内学术期刊上的发表情况，在中国知网对以"非对称创新"为主题的文献进行搜索，时间限制在2016—2021年。为保证文献的质量，将论文来源类型选择为"CSSCI"，共检索到52篇相关文献，如图4-6所示。

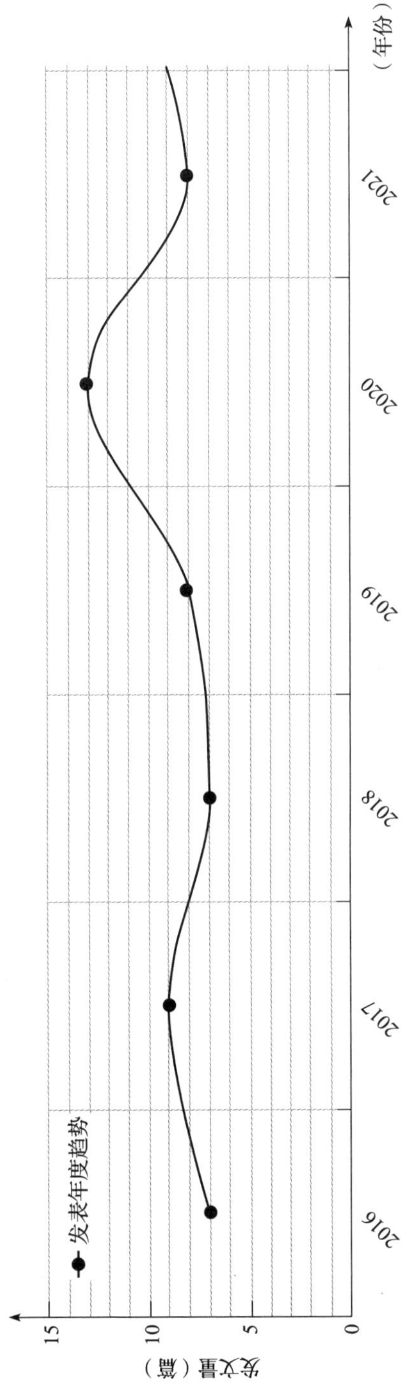

图 4-6　以“非对称创新”为主题的发文数量及趋势

资料来源：中国知网。

（二）非对称创新理论的主要研究内容

1. 定义

非对称创新理论是中国企业通过识别和重新定义非对称资源进而逐步获取竞争优势、实现创新追赶的创新战略，是区别于成熟经济体和其他新兴经济体的中国特有的创新理论（魏江等，2020）。非对称资源是相比于发达国家的领先企业，中国企业所具有的稀缺和差异化资源（Miller，2003）。非对称创新理论的情境特征包括三个方面：市场体制的非对称性、制度体制的非对称性、技术体制的非对称性。基于此，非对称创新理论有三个主要观点：基于技术体制的后发企业技术追赶路径、来源国劣势与后发企业全球创新网络构建、制度独特性与后发企业创新发展模式。

2. 主要观点

非对称创新理论基于中国面临的特殊情境，主要包括三个方面：市场体制（Market Regime）、制度体制（Institutional Regime）、技术体制（Technological Regime）。中国情境 MIT 框架如图 4-7 所示。

第一，市场体制的非对称性。中国拥有近 14 亿人口，拥有巨大的市场潜力和发展空间。然而，在中国企业技术追赶的过程中，中国的庞大市场却带来了三个方面的发展悖论：一是市场换技术悖论。中国各领域依然有较多的中高端市场被跨国公司把控，如何运用中国广阔的市场换取核心技术，依然是中国企业创新追赶的关键所在。二是市场动荡性悖论。作为新兴经济体，中国的市场制度依然处于不断完善阶段，伴随异常激烈的市场竞争，动荡的国内市场既淘汰了部分企业，又让许多本土企业脱颖而出，如何借力动荡的市场环境也可能是中国后发企业崛起的另一关键。三是市场不均衡悖论。中国地域辽阔，但是区域间和区域内市场的成熟度各有差异，尤其是东西部、城乡之间的差异较大。如何抓住暂未成熟的低端市场，或许能成为后发企业实现颠覆和超越的机会（魏江和刘洋，2017；魏江等，2018）。

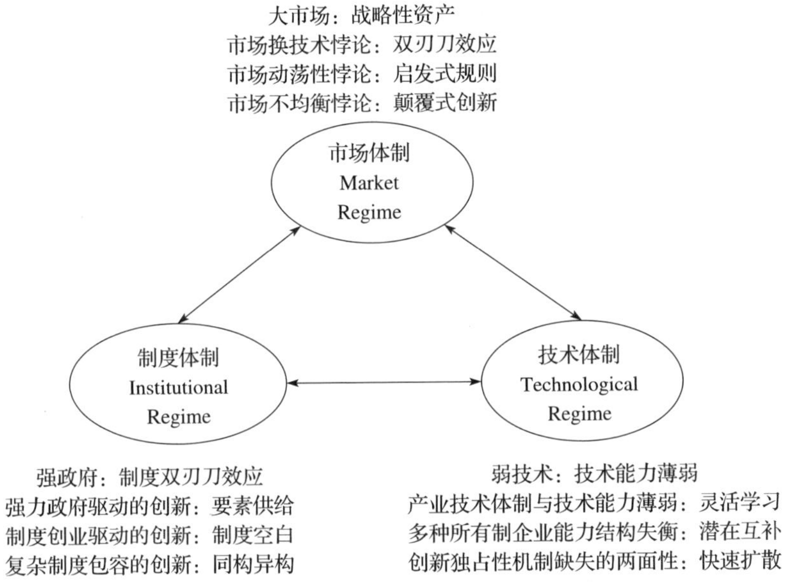

图 4-7　中国情境 MIT 框架

资料来源：根据魏江和刘洋（2017）相关论述整理。

第二，制度体制的非对称性。中国正处于全面深化改革的进程之中，政府在三个方面会影响中国企业的创新：一是政府通过要素供给驱动企业创新；二是制度的空白给予企业制度创业的创新空间；三是复杂的制度环境包容了多种形式的创新。

第三，技术体制的非对称性。中国的工业基础薄弱，由此，中国企业具有很强的学习能力，但中国特殊的制度体制又使中国企业的技术创新路径不同于其他国家。此外，创新独占性制度的缺失起到了双刃刀效应，能助推产业整体发展（魏江和刘洋，2017；魏江等，2018）。

3. 非对称创新理论的概念框架

魏江等（2018）提出了“网络形态—能力结构—组织演化—治理方式”四位一体理论框架，诠释了非对称创新理论。

以解决中国后发企业如何架构全球创新网络，以顺利实施非对称创新战略为目标，构建了基于组织、地理、知识边界拓展的三位一体全球创新网络架构。具体包括三点：一是后发企业在组织边界拓展过程中，应通过制度化和整合化机制来获取资源、知识（刘洋等，2013）；二是后发企业需适时地构建本地、跨区域及全球创新网络（Liu 等，2015）；三是在构建必要知识基和复杂知识基的不同阶段，应尤为重视知识宽度和知识深度的拓张。

以探讨中国后发企业如何采用非对称创新理论提升全球创新能力为目标，提出了三方面观点：一是提出了制度型市场概念，并认为其存在能成为后发企业技术追赶的制度性互补要素（魏江等，2016）；二是整合了可见度逻辑和企业能力逻辑，分析了国有企业和民营企业在制度安排下的技术追赶选择和定位；三是提出了从创新网络边界拓展和无边界创新生态的两个视角（Liu 等，2017），来提出中国创新能力提升的路径。

目前，非对称创新理论的研究还处于探索阶段，其在实践中的发展快于理论研究的速度，有关非对称创新的定性和定量研究都较为缺乏。

（三）非对称创新理论的代表人物

目前，非对称创新理论的研究主要集中在浙江大学魏江团队，前文已较为完整地阐述了魏江团队对非对称创新研究的观点。

非对称创新理论是按照“从差异性事实出发构建管理学的中国理论”的逻辑（蒋东生，2018），突出了情境因素，并结合了普适化的理论。非对称创新理论试图回答：没有核心资源的中国企业，到底凭什么逐步实现创新追赶（魏江等，2020）？非对称创新理论尚处于初步提出的阶段，提出的时间约 5 年，在理论界的直接相关研究还较少，但以魏江为代表的研究者，通过非对称创新理论的逻辑，发表了一系列相关研究，探讨了中国后发企业的创新追赶问题。与此类似，以后发企业追赶为核心的相关理论还包括颠覆式创新。

未来，对非对称创新理论的研究将就四个方面进行深入探讨（魏江等，2018；魏江等，2020）。第一，识别中国情境下的非对称资源。构建中国企业的非对称创新能力需要依托关键的非对称资源，聚焦中国情境，识别中国后发企业的非对称创新资源有待探索。第二，解构中国企业在市场体制、制度体制、技术体制方面的运作机制，以便进一步探索企业非对称能力的构建机制。第三，明确非对称创新能力的内涵及驱动要素。非对称资源不能直接给企业带来竞争优势，只有通过非对称创新能力才能有效将其转化为有价值的资源（Wei 等，2018），因此，进一步明晰非对称创新能力的概念及边界尤为关键。第四，进一步探索“中国式创新”的模式与路径。

小结与评述

非技术创新是指企业通过对非技术要素的利用和协同而实现的创新，具体包括管理创新、服务创新、制度创新、商业模式创新等。其中，管理创新强调对公司的组织流程、组织结构和企业文化的重构，以实现企业绩效的发展。服务创新强调对服务产品、服务过程等方面的迭代和创新。制度创新强调企业为获得额外收益而对企业现有制度的变革。商业模式创新强调将商业模式构成要素以一种新颖的方式组合起来，从而为客户和合作伙伴创造价值。非技术创新不仅对微观层面的企业发展有重要作用，也对中观层面的产业发展、宏观层面的区域发展和国家发展产生重要影响。

在企业创新的研究过程中，不能将技术创新与非技术创新两者割裂开来，应重点关注两者的协同与配合。Daft（1978）提出的双核心理论，认为技术创新与非技术创新共同构成了企业创新研究的核心，两者的协同与配合能够有效地提高企业绩效。非技术创新能够帮助企业快速适应不断变化的市场环境，特别是组织创新、营销创新、模式创新等非技术要素创新，能够帮助企业发现和利用市场机会，以快速获取有价值的商业资源和商业信息，帮助企业实现快速发展，从而为企业的技术创新提供更为完善的发展环境（李勇辉等，2016）。此后，越来越多的研究开始关注技术创新与非技术创新的协同机制。

第五章

社会创新管理学派

▲

CHAPTER 5

社会创新管理立足于解决社会矛盾，嵌入了宏观管理视角，使社会创新管理理论具有一定的社会价值。在发展中国家，社会问题更为明显，需要更合理的理论指导实践，进而形成具有代表性的社会创新管理理论，如朴素式创新、包容性创新与反贫困创新等，这进一步丰富了创新管理理论体系。本章从社会创新管理的思想本质出发，在溯源社会创新管理学派的基础上，梳理主要代表性理论的形成与演化、主要研究内容、代表性人物等。

第一节　社会创新管理学派的形成与发展

近年来，创新发展与科学技术推动了社会的发展，为人类进步做出了杰出的贡献。但在此过程中，环境污染、贫富极端、人口老龄化等社会问题频发，成为威胁社会发展的重要因素，各国政府、社会机构、企业、学者等主体逐渐关注利用社会创新解决上述社会问题。社会创新理论最早由德鲁克提出。德鲁克（1985）将创新分为产品创新、社会创新和管理创新三种类型。此后，社会创新得到不同领域学者的关注，推动了社会创新理论的完善。总体而言，社会创新理论在发展过程中形成了经济学派、社会学派和管理学派三大不同研究流派。

一、社会创新经济学派研究

经济学派认为，创新是一个技术更新的过程，更是一个经济与社会相互作用的过程（Gershuny，1982），因此，创新过程包含了技术创新与社会创新两个因素（Dawson 和 Daniel，2010）。同时，社会创新与技术创新是相辅相成的，即缺乏技术创新，社会将很难获取创新与进步的可能性；缺乏社会创新的支撑，技术创新将很难发挥应有的效果来推动社会发展、改善社会福祉等（Henderson，1993）。经济学派对社会创新的研究经历了两个阶段。

（一）理论论述阶段

此阶段，经济学派重点论述了社会创新与技术创新的关系，并将社会创新定义为：社会创新是以改善社会福祉为目的，以技术创新为手段，通过全员参与、相互协商和共同学习的方式实现的（Kinder，2010）。经济学派进一步指出社会创新包含四个关键要素：一是包含一定的参与主体；二是参与主体面临共同的社会发展难题；三是参与主体通过共同协商的方式寻求有效的解决办法；四是社会创新的目的在于改善社会福祉（Phills 等，2008）。

（二）理论完善阶段

此阶段，经济学派结合案例研究等方法对社会创新理论进行了补充与完善。一是结合世界不同地区的实践，进一步论述了社会创新与技术创新的相互关系，如在加拿大的蒙特利尔，研究者发现科技企业推动了地区经济发展组织的成长与成熟，后者更能促进地区经济发展与社会进步（Robert 等，2016）；在苏格兰，研究者发现一个新的老年人护理模式获得成功的原因离不开新技术和社会因素的共同影响。二是从理论角度提供了完善社会创新的具体措施，如加强协商沟通、促进社会联系与整合、营造协作氛围、依靠技术进步等（Mirvis 等，2016）。

二、社会创新社会学派研究

社会学派认为，社会创新的根本目的在于推动地区发展（Mulgan，2006）。在经济社会发展的背景下，部分地区在发展过程中面临着严重的社会问题，这需要地区政府、高校、企业和社会公民等多元主体的共同努力（Mulgan 等，2007）。社会学派认为，社会创新加强了跨部门间的合作，整合了公共、社会和个人资源，形成了有价值的问题解决办法。在促进不同社会部门合作的过程中，增强了归属感和社会资本的积累。社会学派对社会创新的研究经历了两个阶段。

（一）作用阐述阶段

此阶段，社会学派重点论述了社会创新对地区发展的促进作用。如在英国，社会学派基于田野调查，发现由当地居民联合组建的社区住房协会实现了自我管理，资源利用实现了最大化，成为英国社区建设的榜样（Brown 和 Wyatt，2010）；在荷兰，社会学派力推社会创新通过建立“设计工作室”的方式，加强社区民众的沟通联系，促进社区有效发展等（Cajaiba-Santana，2014）。类似论述有很多，均强调了在社区建设与区域发展过程中，社区公民通过有意识地采用社会创新可以有效地解决地区发展过程中遇到的社会问题（Pol 和 Ville，2009）。

（二）载体论述阶段

此阶段，社会学派基于案例研究等方法详细研究了社会创新的具体载体。在欧美国家，20 世纪前 50 年代，社区民众通过组建慈善机构的方式满足自身的生活需求；20 世纪 50 年代至 70 年代，福利国家在欧美国家盛行，政府在社会创新中发挥了重要作用，而社区自建组织则以政府辅助者的角色完善社会创新；20 世纪 80 年代至 90 年代，社会创新载体发生了新的变化，新公共管理运动在世界范围内爆发，私营部门与政府达成伙伴关系，共同满足社会需求；20 世纪 90 年代至今，社会创新的作用被社会各界重视，成为解决社会问题的关键手段，具有可持续发展的能力（Van 和 Rubalcaba，2016）。

三、社会创新管理学派研究

在经济学派和社会学派基础上，管理学派进一步延伸了社会创新理论。管理学派认为，社会创新也是一种创新，而且是一个完整的过程，它所产生的价值主要是为了整个社会而非单个个体（Mumford，2002）。因此，在管理学领域，效用性是衡量社会创新的一个重要标准。管理学派对社会创新的研究经历了两个阶段。

（一）起步阶段：探索社会创新的阶段过程

管理学派认为社会创新如何形成或如何实施是一个非常重要的话题，需要探索社会创新的阶段过程。现有研究中，社会创新的十二阶段、四阶段和二阶段被广泛传播。首先，有研究发现，社会创新需要经历概念分析、开发探究、采样开发、试验研究、高阶开发、项目实施、项目定型、田野试验、操作系统研发、项目展示、宣传推广和实施运营十二个阶段（Wheatley和 Frieze，2006）。其次，也有研究认为社会创新过程并没有那么复杂，只需通过创意产生、创意试点、创意传播和进一步完善四个阶段便可实施。最后，社会创新的二阶段观点在管理学领域被广泛认可，管理学派认为社会创新必须包含新创意产生与试验、创意传播两个环节，并认为社会创新需要不断实践与迭代更新，才能在社会层面发挥效用（Chalmers，2013）。

（二）发展阶段：探索社会创新的具体内容

在社会创新二阶段基础上，管理学派开始探索社会创新的具体内容。一方面，管理学派发现，社会创新的内容分为项目、组织和原则三类。其中，项目是社会创新传播的具体载体与形式；组织是社会创新的具体渠道；原则是社会创新的关键模式（Voorberg 等，2015）。另一方面，管理学派延伸了社会创新的具体内容，在不同社会情境下产生了社会创新的具体分支，如基于印度社会发展情境的朴素式创新、基于中国社会情境的包容性创新等（Angelidou 和 Psaltoglou，2017）。

第二节　主要代表理论

从一定程度上来说，社会创新与科技创新是同等重要的，是解决地区贫困、贫富分化、环境污染等社会重大问题的关键手段。在学术界，学者们形成了以节俭创新为思想本质的朴素式创新、以包容性增长为根本目标的包容性创新及以反贫困为核心目标的反贫困创新。

一、朴素式创新理论

发达国家“以多博多”发展模式越来越难以适应发展中国家的现实情境。为此，发展中国家，特别是新兴市场国家开始针对其资源短缺的发展现状提出全新的创新范式——朴素式创新，为当地企业提供新的发展模式。

（一）朴素式创新理论的形成与演化

朴素式创新理论脱胎于印度当地的“Jugaad”文化，因其提倡企业提供平价高质产品与服务的理念，得到了众多发展中国家企业的追捧。随着新兴市场的兴起和世界发展的放缓，许多发达国家的跨国企业也开始利用朴素式创新范式抢占市场。本部分将就其形成与演化进行简要概述。

1. 朴素式创新理论的形成背景

朴素式创新理论最早出现在以印度为代表的新兴市场。由于印度长期处于资源短缺、经济落后、人民生活水平较低的状态，所以崇尚利用有限资源，设计高效的解决方案，以突破资源限制的“Jugaad”文化（节俭创新）得以在印度形成并盛行（Radjou 等，2012）。

在“Jugaad”文化的影响下，即便在资源极度有限的情况下，印度工程师也能够迅速地对产品及其开发过程进行重新设计，从而开发出既便宜又有创新的产品，以满足广大 BoP（Bottom of Pyramid，金字塔底层市场）消费群体的需求。基于此，2006 年，汽车业巨头雷诺日产的总裁、CEO 卡洛斯·戈恩（Carlos Ghosn）提出了“朴素式工程”理念，即坚持成本原则和客户利益，通过减少不必要的成本和产品设计，利用更少的资源为更多的人提供更好的产品和服务。

在“朴素式工程”理念的号召之下，印度企业基于当地的用户需求和市场特征，通过减少不必要的功能，仅保留产品的基础功能的方式，重新设计产品。其要求企业不仅需要降低产品的生产成本，也要保持产品的耐用性和易用性。如印度塔塔公司出于满足民众对交通安全需求的社会使命，生产了一款仅需 2200 美元的汽车 Nano。Nano 汽车不仅价格仅需传统汽车价格的一半甚至更低，其质量也符合了国际上对安全和排放的各项标准。这意味着消费者仅需花费原有汽车市场最低价格的一半，便可将 Nano 汽车买回家，这极大地改善了印度摩托车超载行驶的社会现状（Bhatti，2012）。此外，塔塔公司也推出了世界上最便宜的净水器，从而有效地提升了印度的净水器普及率。Vortex 公司生产的太阳能自动存取款机内置指纹识别系统，这大大方便了用户的使用和操作，特别适用于印度文盲率较高的农村和半城市区。这些产品的推出都极大地突破了印度的资源限制，通过物美价廉的产品极大地改善了印度人民的生活水平（Tiwari 和 Herstatt，2012）。

2. 朴素式创新理论的演化

朴素式创新理论在新兴经济体市场中的成功极大地冲击了发达国家的跨国企业在新兴市场的发展，由此，发达国家的跨国企业也纷纷开始采用朴素式创新理论来抢占新兴经济体市场。尼桑推出的 Logan 汽车、西门子推出的 Smart 胎儿心脏监护仪等运用朴素式创新理论而开发出的产品都在新兴经济体市场中获得了成功。

2008 年，国际金融危机对各国经济发展产生了严重的冲击。同时，发达国家的失业率居高不下、老龄人口快速增加、生活成本不断攀升等社会问题层出不穷。发达国家急需全新的创新范式来满足社会经济发展的需求；而发展中国家的中低收入群体也迫切关注传统创新范式的变革所带来的低价格、高品质的产品。由此，朴素式创新被更多的学者接受，其相关实践不仅快速在新兴市场中开展，也在发达国家的发展中实现了新的应用，如联合利华针对希腊市场开发了几款低成本的茶叶和橄榄油并获得了良好的收益（Tiwari 和 Herstatt，2012）。

朴素式创新理论在我国的研究始于 2014 年，在中国知网上以“朴素式创新”为关键词进行检索，检索时间截至 2021 年 12 月 31 日，对 CNKI 中核心期刊和 CSSCI 来源期刊的文章数量进行统计，其发文数量及趋势如图 5-1 所示。

（二）朴素式创新理论的主要研究内容

作为近年来新兴的创新理论范式之一，朴素式创新理论在实践中得到了广泛应用。基于此，朴素式创新理论也实现了极大的丰富与发展，本部分将就其内涵、影响因素、发展模型进行简要概述。

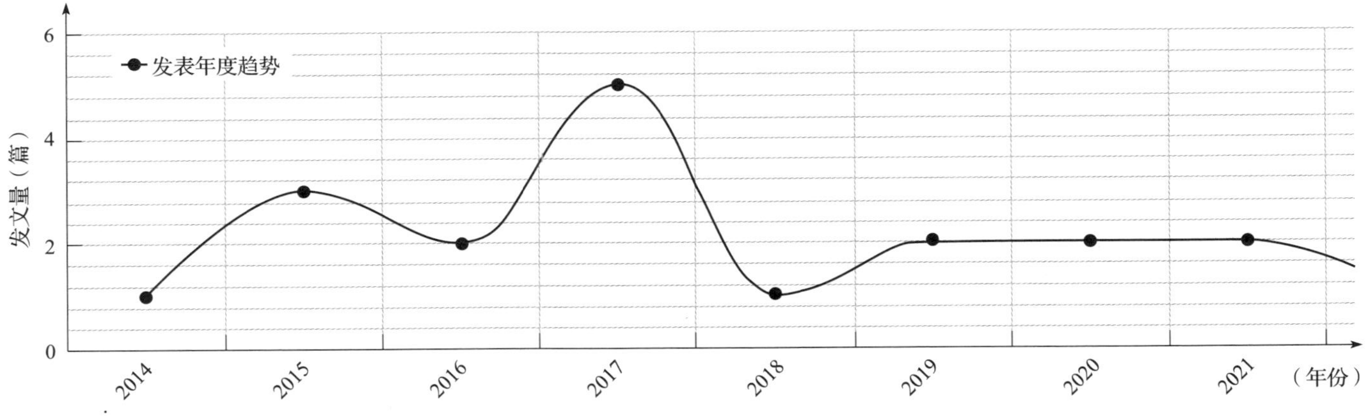

图 5-1　朴素式创新理论的发文数量及趋势

资料来源：中国知网。

1. 朴素式创新理论的内涵

随着朴素式创新理论的不断发展，其概念和内涵也得以不断发展。表 5-1 为朴素式创新理论的核心概念。

表 5-1　朴素式创新理论的核心概念

术语		定义
创新理念	Jugaad（节俭创新）	通过独创和聪明才智，即兴创造解决方法
	Bricolage（拼装创新）	合并现有资源，用于新问题和新机遇的解决与利用
	Gandhian Innovation（甘地式创新）	实现可支付得起和具有可持续性的创新
创新过程	Frugal Engineer（朴素式工程）	用全新的方法，为客户以最小化的成本实现最大化的价值
	Appropriate Technology（适用技术）	创新设计以人为本、小批量生产，属于劳动密集型、节能、环境友好型
创新结果	Bottom of Pyramid Innovation（低收入人群创新）	致力于解决资源与服务匮乏的问题
	Reverse Innovation（逆向创新）	先在新兴市场设计产品，再在发达市场寻找客户

资料来源：根据魏延辉和张慧颖（2015）相关论述整理。

Zeschky 等（2011）认为朴素式创新需满足以下四个特征才能在激烈的市场竞争中获得成功，即低成本制造、简单、低成本材料和设计、注重基本功能。在此基础之上，根据朴素式创新常被人误解的关键点，学者们提出以下四大特征，即低成本与高性能并举、覆盖产品与服务创新、现有产品改造与重新设计、可使用前沿科技（Bound 和 Thorntoni，2012；魏延辉和张慧颖，2015）。

此外，Radjou 等（2012）从社会效应出发，认为朴素式创新理论还应具有包容性和可持续性。包容性是指朴素式创新应包含制度创新和社会创新的内容，重点关注传统经济忽略的底层消费群体，通过重构供应链和产品设计帮助底层消费群体提高其社会和经济资本，以缩小贫富差距效应、提升经济与民主效应。可持续性是指朴素式创新在创造更多商业机会的同时，应注重资源的节约和利用效率，以提升资源节约效应与绿色环保效应，从而促进社会的可持续发展。

2. 朴素式创新理论的影响因素

（1）市场导向。

Jaworski 和 Kohli（1993）及 Boso 等（2013）认为市场导向要求企业从低收入人群的需求出发，通过保持对市场需求和用户需求的关注，进一步明晰朴素式创新的目标与方向，从而帮助企业更高效地将研究成果转化为市场认可的产品，实现产品价值最大化。

（2）组织学习。

应瑛和刘洋（2015）从组织学习的视角，构建了朴素式创新实现过程的分析框架，包括即兴学习、试错学习和外部知识等。也有学者认为，由于朴素式创新常常会面临创新失败的窘境（史竹琴和苏妮娜，2018；查成伟等，2015），因此，朴素式创新应学会失败学习；失败作为一种异质性资源，能够帮助企业从中总结经验、剖析原因、及时修正，从而避免二次创新失败导致的更大程度的亏损。

（3）知识搜索。

李晓翔（2017）认为，知识搜索是帮助企业选择朴素式创新理论的关键因素。其能够推动企业主动监测市场和评估知识，以找到更精确的市场定位，从而提升朴素式创新的实施效果（吴航和陈劲，2015）。

3. 朴素式创新理论的发展模型

基于朴素式创新理论的驱动力、方法和实施过程的相互作用关系，陈劲等（2014）构建了朴素式创新理论的发展模型，如图 5-2 所示。

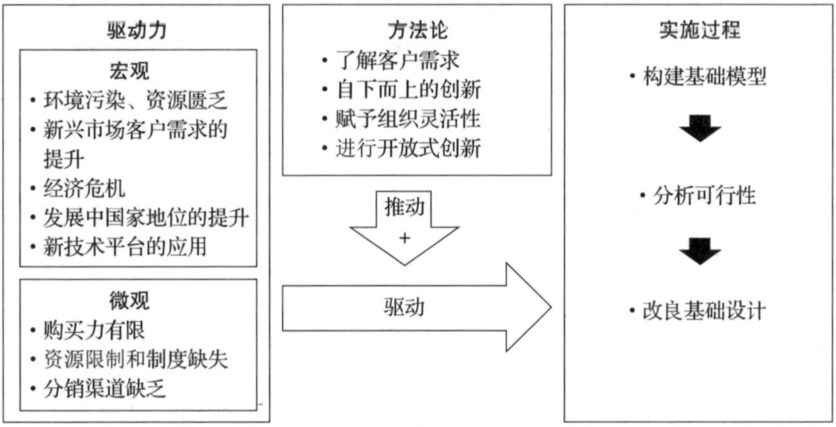

图 5-2　朴素式创新理论的发展模型

资料来源：根据陈劲等（2014）相关论述整理。

朴素式创新驱动力是朴素式创新理论的根本动力源。Rao 等（2013）及 Bound 和 Thorntoni（2012）从宏观角度分析了朴素式创新理论发展的驱动力，发现它主要是受到了环境污染与资源匮乏、新兴市场客户需求的提升、经济危机、发展中国家地位的提升、新技术平台的应用五个因素的影响。Bhatti 和 Ventresca（2013）从微观角度分析了朴素式创新理论产生与发展的驱动力，发现它主要是受到了上游的资源限制和制度缺失、下游的客户购买力有限和分销渠道缺乏三者的影响。

朴素式创新理论的方法论是组织更好地实现朴素式创新成功的保障。陈劲等（2014）根据现有研究，将朴素式创新的方法论归纳为了解客户需求、自上而下的创新、赋予组织灵活性、进行开放式创新四个方面。了解客户需求是指了解客户的愿望、想法、偏好及市场特征，以满足其对产品形象、质量和品牌等的需求。自上而下地进行创新是指朴素式创新强调企业将朴素式创新的思维融入企业的经营之中，这不仅是一种全新的企业战略，更是一种全新的运营思维。企业应将朴素式创新理论的思维贯穿于产品设计与开发的全过程之中。同时，企业应加强组织的敏捷性与灵活性，及时调整组织结构与组织能力，以适应朴素式创新的实施与开展。在朴素式创新的实施过程中，企业应保持开放的心态与思维，以寻找好的朴素式创新创意，与合作伙伴协同实现朴素式创新，共享企业间的知识流动，共担企业产品开发的成本与风险，最终通过物美价廉的产品在残酷的市场环境中获得成功。

朴素式创新理论的实施过程强调企业需要构建起具有普适性的创新流程。新兴市场普遍存在资源、知识、人才和制度等短缺的问题，因此，高效的实施过程对朴素式创新在新兴市场的最终成功至关重要。Rao 等（2013）提出了普适的朴素式创新实施过程。具体包括三个主要步骤。一是构建基础模型，即运用传统产品设计所需的科学技术和工程手段来具体设计产品或服务开发。二是分析可行性，即验证产品功能实现的可行性及产品在不同行业应用的可行性。三是改良基础设计，基于产品性能、产品功能、产品设计、产品质量、产品易用性和鲁棒性的限制下对产品进行低成本优化。因此，在朴素式创新的实施过程中，企业要与目标市场的低收入人群保持紧密联系，深入了解目标人群的生活方式和生活环境，以保障整个过程的顺利实施。

（三）朴素式创新理论的代表人物

在朴素式创新理论的演进过程中，涌现出许多代表性人物，其极大地推动了理论的形成与发展。本部分选取了两位主要代表人物，就其代表观点及贡献进行简要概述。

1. Shah Ashish

2010 年，Shah Ashish 等在《经济学人》(*The Economist*) 上刊载

了一篇名为 *First Break All The Rules* 的文章。该文章以美国通用公司在印度开发的便携式心电图设备 Mac 400 和印度塔塔公司开发的水净化器为例，提出“朴素式创新”的概念，其是指针对购买力不足的消费者的需求，企业通过重新设计生产流程和商业模式，压缩生产成本，从而推出廉价但耐用、质量达标的产品吸引更多的消费者，以微薄的利润率实现高销售量和销售额，提升 BoP 消费群体的生活水平和质量，以解决传统创新范式所面临的困局的创新路径。而实践已经证明，这一路径是成功且有效的。

同时，Shah Ashish 等认为利用朴素式创新能够通过外包服务、创新技术应用和实现大规模生产来降低生产成本。外包服务是指企业仅保留核心或部分业务，将其他成本较高的业务外包给其他公司，从而降低企业的运营或生产成本。创新技术应用是指企业将通过创新技术的利用，使技术能够应用至其他产品或服务的开发之中，实现企业在新领域中的大规模生产。

此外，Shah Ashish 等还深入研究了印度与中国基于朴素式创新所进行的不同实践。Shah Ashish 等认为中国对朴素式创新的独特贡献主要体现在以下两个方面。一是利用灵活的关系网络实现产业的连接，来降低生产成本，从而提高生产的灵活性。香港利丰集团是中国香港历史上最悠久的出口贸易商之一，长期以来，利丰一直是这一领域的先驱。目前，利丰集团与在 40 多个国家 / 地区运营的约 1.2 万家公司实现了密切的合作。其利用庞大的员工网络，实现整合定制的供应链，以密切关注质量和订单履行情况。同样，中国广东省的摩托车制造商大长江，也是利用这一方式与数百家零部件供应商合作。二是利用“山寨”产品快速复制高科技产品，使低消费人群也能够买得起高科技的产品，而这些“山寨”产品也兼具时尚性和功能性，甚至会增加一些适应下沉市场的创新性的功能。

2. 陈劲

2014 年，陈劲等在《技术经济》上发表《朴素式创新：正在崛起的创新范式》一文，正式将朴素式创新引入中国。该文介绍了朴素式创新的概念、特性、发展模型及其对中国企业创新模式的借鉴意义。在陈劲的影响下，中国学者开始了对朴素式创新的探索，如朴素式创新的影响因素（曲小瑜，2021）、实现过程（许晖等，2020）及其带来的影响（魏延辉等，2020）。

二、包容性创新理论

伴随发展中国家经济发展和全球经济的密切融合，新兴经济体的发展问题得到了学者们的关注，以印度为代表的学者首先提出要面向低收入人群提供产品或服务，呼吁跨国企业向 BoP 市场的人群进行投资，以获得新的市场发展动力。由此，包容性创新理论的有关研究得到了关注，并逐渐受到重视。

（一）包容性创新理论的形成与演化

1. 包容性创新理论的起步阶段

伴随发展中国家经济的迅猛发展，尤其是中国经济的突飞猛进，一些问题显露出来。例如，贫富差距逐渐拉大、传统产业受到冲击、低收入人群被排斥等。因此，在保持经济可持续发展和社会稳定健康发展的背景下，追求包容性增长（Inclusive Growth）的新思路逐渐替代单纯追求 GDP 发展的思路。因此，为实现减少低收入群体、消除贫困等目标，包容性创新作为一种解决 BoP 发展困境的理论被提出（赵武等，2014）。

在实践方面，包容性创新（Inclusive Innovation）在实践界的提出源于包容性增长的概念。2007 年，亚洲开发银行提出要倡导机会平等的增长，以让普通民众能最大限度地享受经济发展带来的收益。由此，包容性增长的概念在实践界被广泛运用。2010 年 9 月，胡锦涛在第五届亚太经合组织会议上致辞，发表题为《深化交流合作 实现包容性增长》的讲话。2011 年 4 月，胡锦涛在博鳌亚洲论坛发表《包容性发展：共同议程与全新挑战》的主旨演讲，正式提出包容性发展的概念。2012 年 5 月，亚太地区包容性创新政策论坛在北京举行，包容性创新的概念被来自世界的专家、学者探讨。伴随包容性增长、包容性发展概念在实践中的演进，包容性创新理论的概念逐渐被提出。

其中，包容性发展（Inclusive Develop）的概念源于 Amartya Sen 的福利经济学理论。2000 年以前，包容性发展的相关研究主要针对社会福利、减贫等方面；2000 年之后，包容性发展的相关研究得到了更大发展。Prahalad 和 Hart（2002）提出强调低收入群体价值的观点，并推动了集团公司将资源投入该类发展群体所需的产品中（吴晓波和姜雁斌，2012）。

在理论方面，包容性创新理论源于社会排斥理论和福利经济学理论。社会排斥理论源于 19 世纪 60 年代西方国家对贫困问题和剥夺概念的研究。社会排斥理论总体上认为个人、群体等主体被边缘化或面临失业、住房困难等综合性问题（Unit 和 Britain，2001；石彤，2002）。包容性创新理论被认为是解决社会排斥问题的对策，从而体现了包容性创新研究的必要性（Silver，1994）。福利经济学理论认为社会福利得到大幅改善的前提是资源被公平分配（Sen，1992）。包容性创新是实现公平机会的关键所在（赵武等，2014；吴晓波和姜雁斌，2012）。

综上所述，包容性创新理论从福利经济学理论和社会排斥理论两个方面发展而来，由关注减贫和改善经济福祉，向提高和利用 BoP 市场来实现包容性创新转变。

包容性创新既是一个过程，也是一个绩效结果（George 等，2012）。2002 年，Prahalad 和 Hart 在 *Strategy & Business* 上　以 *The Fortune at the Bottom of the Pyramid* 为题撰写的文章提出了金字塔底层理论，强调了 BoP 市场同样具有巨大的市场潜力，能够为企业带来财富。他们呼吁跨国企业向 BoP 市场的人群进行投资，以获得新的市场发展动力。例如，跨国公司针对 BoP 市场特点开发手机（如传音手机）、家用电器等产品，满足贫困人群的多种需求。由此，开启了研究者对包容性创新的研究探讨。

这一时期，研究者将较多的笔墨放在研究 BoP 市场人群的特征和探讨其对组织而言的重要性等方面。

2. 包容性创新理论的发展阶段

2010 年，Journal of Business Research 出版了主题为 *Subsistence Marketplaces：Sustainable Consumption and Commerce For a Better World* 的专刊，用以探讨企业如何在 BoP 市场中实施创新性战略来发展，自此，包容性创新成为独立的研究领域（范铁琳等，2021）。之后，国内学者邢小强等（2010）也对面向低收入人群的创新研究开始了探索。2012 年，George 等在 *Journal of Management Studies* 上发表了题为 *Innovation for Inclusive Growth: Towards a Theoretical Framework and a Research Agenda* 的文章。该文将包容性创新定义为使被剥夺权利的人受益的创新。这篇文章的发表为包容性创新在创业、战略、营销等领域的发展发挥了铺垫作用。

在研究的早期，研究者依托早期的研究仅将 BoP 市场作为消费者，随着研究的逐步深入，研究者发现在企业实践中不能仅将 BoP 群体作为消费者，这种不可持续的战略无法带来持久利益，而将其作为生产者甚至价值共创者的研究逐渐兴起，由此才能获得经济和社会的双重价值（Dey 等，2016）。

因此，自 2010 年以来，有关企业如何通过包容性创新与 BoP 市场持续性发展的主题越来越受到关注。伴随研究的深入，包容性创新的概念和内涵进一步丰富，学者们从认识包容性创新的概念逐渐转入研究如何进行包容性创新。例如，对包容性创新模式的研究，包括创新平台模式、草根创新模式、集群创新模式、节俭式创新模式、“用户—生产者”互动模式等（范铁琳等，2021）。对包容性创新实现路径的研究，Hall 等（2014）提出了五种方案，总结了已有的研究结论。包容性创新的影响因素包括制度、能力、资源等关键因素，也包括基础设施、交易成本、社会网络、组织因素等因素（Foster 和 Heeks，2013；范铁琳等，2021）。

目前，研究者已对包容性创新理论的内涵、特征、影响因素、发展模式和路径等进行了较为丰富的研究，未来研究者可以从更静态的研究主题向动态的研究主题发展。例如，探讨包容性创新的演化。同时，包容性创新的研究重点依靠对 BoP 市场的分析，基于中国特殊情境的包容性创新理论研究尤为重要。例如，陈劲等（2020）认为，未来可针对中国情境下的反贫困创新、乡村振兴等主题进行研究。

近年来，包容性创新理论中文发文数量及趋势如图 5-3 所示。检索方式为以“包容性创新”为主题词，将时间限定在 2000—2021 年，限定为检索“CSSCI”，共检索到 154 条结果。由图 5-3 可知，包容性创新理论的研究呈现逐年递增的趋势，已经越来越受到关注。但是，单从数量来看，我国在包容性创新理论方面的研究进程落后于国外的研究进程。同时，2015 年之后，包容性创新理论的中文发文量达到了每年 10 余篇的数量，包容性创新理论的研究越来越受到重视。

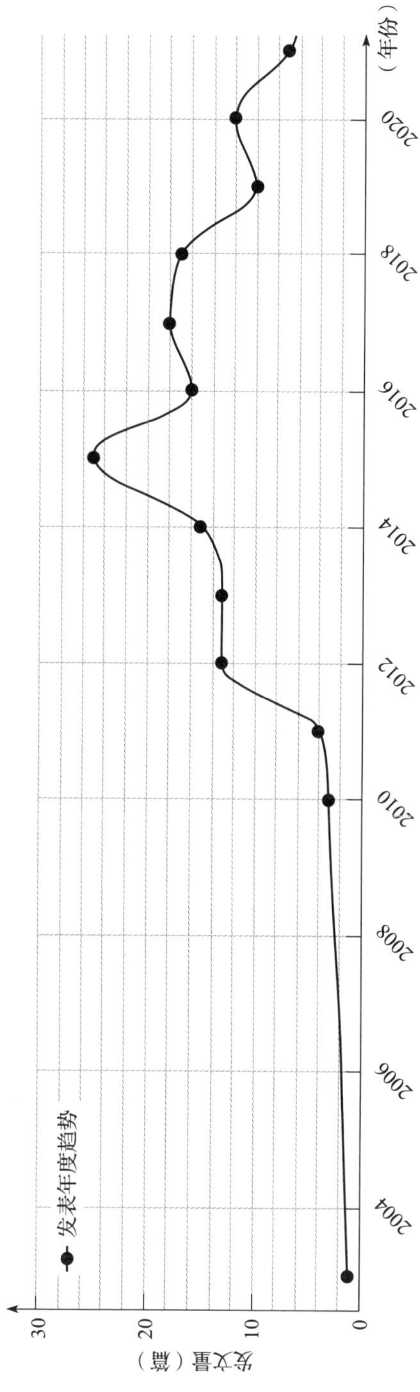

图 5-3　包容性创新理论中文发文数量及趋势

资料来源：中国知网。

（二）包容性创新理论的主要研究内容

包容性创新理论主要关注的是在经济发展的前提下，以解决社会不平衡问题为首要基础，以开发贫困群体的购买力或能力为目的的问题。由于不同国家的创新实践存在差异，不同学者对包容性创新理论的研究也有所不同。

1. 包容性创新理论的内涵

包容性创新理论具有代表性的定义如表 5-2 所示。

表 5-2 包容性创新理论具有代表性的定义

观点视角	代表学者	核心内容
关注低收入人群与弱势群体	Prahalad 和 Hart（2002） 吴晓波和姜雁斌（2012）	通过创新解决社会发展中弱势群体的贫困和所面临的社会排斥，即通过创新实现包容性的发展问题
关注平等参与的机会	George 等（2012）	强调人们能够以平等机会参与创新并能平等地共享创新成果
关注制度创新	常修泽（2012）	包容性创新的关键是制度创新
关注开放性	邢小强等（2010）	强调参与主体交流反馈的开放性

资料来源：根据赵武等（2014）相关论述整理。

吴晓波和姜雁斌（2012）认为，包容性创新理论与以往创新的最大区别在于目的不同。传统创新主要以推动 GDP 增长为目的，聚焦能够带来利润且具有一定购买力的消费者；包容性创新则是在经济发展的前提下，以解决社会不平衡问题为首要目标，以开发贫困群体的购买力或能力为最终目的创新活动。包容性创新理论与传统创新理论的关系如图 5-4 所示。

2. 包容性创新理论的主要研究观点

（1）国内代表性学者的研究。

根据邢小强等（2015a，2015b）的综述研究显示，包容性创新是企业为在金字塔底层市场获得经济回报并促进包容性增长，从而采用

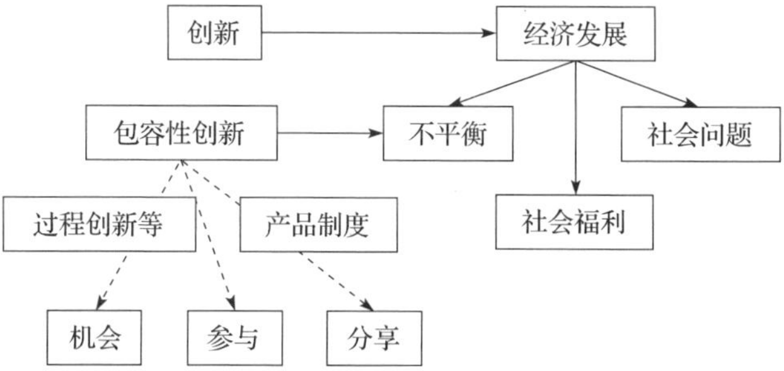

资料来源：根据吴晓波和姜雁斌（2012）相关论述整理。

图 5-4　包容性创新理论与传统创新理论的关系

全新的思维、模式与方法取得成功的正确选择。在 BoP 市场内创造经济和社会价值的创新被称为包容性创新。其概括了包容性创新的四种研究视角，即战略视角、制度视角（内部）、营销视角和组织视角（外部）。作者认为，战略视角旨在探讨如何利用或构建 BoP 市场的资源和能力。制度视角旨在分析如何克服 BoP 市场的环境约束。营销视角旨在探讨如何向贫困人群提供或传递产品或服务。组织视角旨在探讨如何突破企业内部的组织障碍，促进包容性创新的开展，具体如表 5-3 所示。

表 5-3　包容性创新理论的研究视角

理论视角	代表性研究	主要研究方法	核心内容
战略视角	Pitta 等（2008） Hart 和 London（2005） Tashman 和 Marano（2010） Schrader 等（2012） 邢小强等（2011）	案例研究、大样本统计	将贫困群体和 BoP 市场作为价值创造的新来源，重点分析企业如何获取、利用、整合与构建新的资源基础与能力
制度视角	Prahalad（2005） Reficco 和 Márquez（2012） 张利平等（2011）	案例研究	重点分析企业如何利用创新性的活动和手段促进市场体系的构建与有效运行，从而帮助贫困人群通过生产与交易活动参与价值的创造与分享

续表

理论视角	代表性研究	主要研究方法	核心内容
组织视角	Olsen 等（2009） Hens（2012） Hart 和 Milstein（2003） 邢小强等（2010）	案例研究	聚焦于企业内部来分析与包容性创新相关的决策流程、管理行为与组织架构调整等问题
营销视角	Prahalad 和 Hammond（2002） Anderson 和 Markides（2007） Prahalad（2012） 张利平等（2012）	案例研究、大样本统计	关注 BoP 市场和贫困人群的独特性，为企业进行营销管理提出新思路

资料来源：根据邢小强等（2015b）相关论述整理。

作者认为探讨这些问题的创新主体主要包括三类，即跨国公司、本土企业与个体创新者。制度视角旨在探讨如何利用创新活动构建市场体系，同时提出包容性创新理论的研究框架，如图 5-5 所示。

目前，根据陈元志和吉超（2019）的统计分析显示，包容性创新的理论研究已从 2003 年的起步阶段发展到了 2015 年之后的提速阶段，英文年发文量已达 50 篇以上，尤其是 2011 年以来的文献发表数量有提速增长的态势。但是，英文年发文量依然不超过百篇，尚处于小众研究的领域。英文文献发表的期刊集中在发展规划、经济管理等领域。中文领域的研究较英文领域更为滞后，年发文量多不足 20 篇，发文学者也较为集中。

吴晓波和姜雁斌（2012）是国内包容性创新理论较早的研究者，他们提出了包容性创新理论的研究框架。首先，作者从个体和企业两个层面，解析了排斥理论对应的表现、成因及其解决方法，由此，归纳了通过创新来提出主体包容性的基本手段。对应不同的排斥原因，分别有降低进入壁垒、制度创新和提升进入能力三种通过创新提升包容性的理论方法。由此，作者提出了包容性创新的两个路径。一是从静态角度，以社会整体福利增长为前提，通过资源再分配以

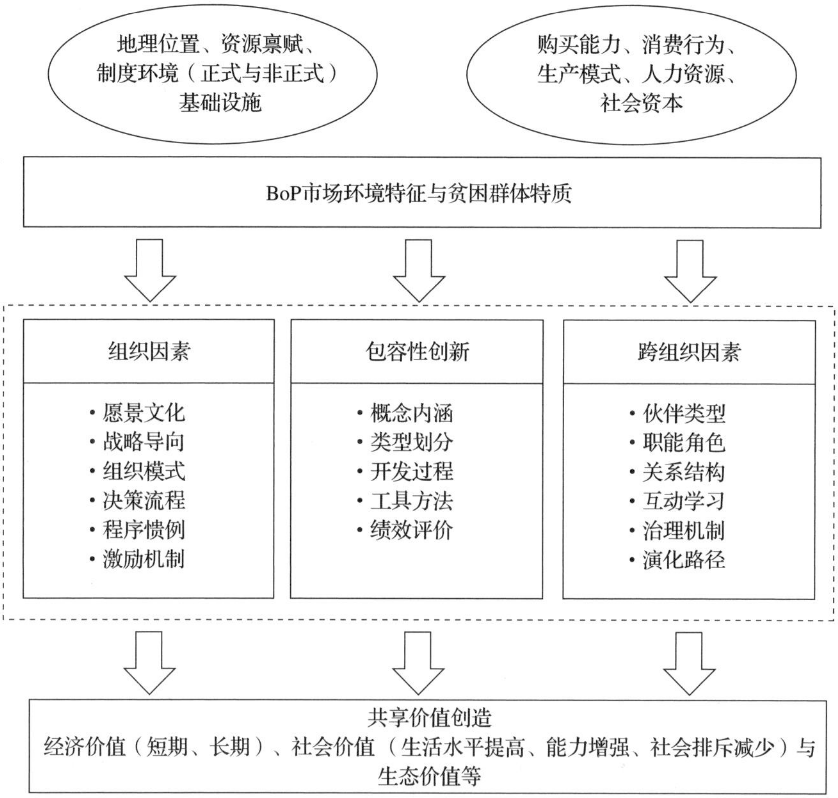

图 5-5　包容性创新理论的研究框架

资料来源：根据邢小强等（2015a，2015b）相关论述整理。

帮助弱势群体分享社会福利。二是从动态角度，让缺乏能力、资源并受体制限制的个体合法地参与社会生产，同时，推进弱势群体的能力提高及获得分配的机会。

（2）国外代表性学者的研究。

George 等（2012）全面概述了包容性创新的理论框架。作者将包容性创新视为有利于弱势群体的创新，认为它既是过程，也是绩效结果。文章还强调，伴随包容性创新的发展，也可能带来不平等，并呼吁创业、战略和营销领域的学者采用包容性创新理论展开研究，认为未来研究可以关注价值创造和分配的主题。Heeks 等（2014）作为被引综述研究较高的作者，提出了对包容性创新内涵的疑虑，认为现有理论过度关注了包容性创新的模式。Ansari 等（2012）提出了包容性创新的实现路径，并主张以社区为基础，对金字塔底层人群进行包容性创新。文章认为，不仅要评估创新活动在弱势群体中的留存能力，还要评估弱势群体是否能够保存现有的社会资本。Swaans 等（2014）关注了包容性创新中的关键成功要素。文章认为创新平台应关注包容性创新的研究主题。Gupta 等（2015）则从重大战略研究的角度，关注了包容性创新在实现政策目标方面的问题。文章认为，要从整个创新链的角度审视包容性创新的意义。

（三）包容性创新理论的代表人物

为进一步帮助读者迅速了解包容性创新理论的内容，这里梳理了代表性人物及主要观点。

1. 普拉哈拉德

普拉哈拉德（Coimbatore Krishnarao Prahalad）是美国密歇根商学院企业管理系的教授。普拉哈拉德是引出包容性创新概念的首位学者，作为一名印度学者，其在哈佛商业评论上的研究中指出，随着发展中国家的崛起，贫困的减少为世界经济的发展做出了贡献，孕育了一大批跨国企业。普拉哈拉德呼吁跨国公司可以从自身利益的角度出发，进入发展中市场，刺激金字塔底层的商业发展，从而可以从根本上改变全球经济，为世界的稳定和和平带来希望。他提出的这一理念是前所未有的，转变了通常的发展思路，开启了包容性创新理论的研究。但是，他的研究重点强调 BoP 市场是消费者市场，但未能充分定义包容性创新的概念。普拉哈拉德的主要观点如表 5-4 所示。

表 5-4　普拉哈拉德的主要观点

序号	论文来源	主要观点
1	Prahalad C K，Hart S L. The Fortune at the Bottom of the Pyramid［J］. Strategy & Business，2002（26）：54-67.	这篇文章讨论了在一个有利可图的市场中改变金字塔底部市场的可能性和机会，提出金字塔底部的消费市场的存在为企业进一步寻求利润与发展并为群众创造福祉提供了巨大的机会
2	Prahalad C K，Hammond A. Serving the World's Poor，Profitably［J］. Harvard Business Review，2002，80（9）：48-59.	大型企业与跨国公司需要关注底部市场以实现真正的增长。选择参与大型的未开发市场的商业策略，可以为企业提供开发新客户、节约成本和企业创新的机会
3	Prahalad C K. The Fortune at the Bottom of the Pyramid，Philadelphia［M］. Philadelphia：Wharton School Pubilshing，2005.	贫困人群是产品和服务的潜在消费者，让私营企业活跃地参与到 BoP 市场中是创造包容性的关键，因为企业对于市场竞争的重视会使它们更多地关注到贫困的消费者，从而使 BoP 市场得以开拓。企业推出适配贫困人群的产品和服务，在贫困人群的生活条件得以改善的同时也可为企业带来利润与新的增长
4	Prahalad C K. Bottom of the Pyramid as a Source of Breakthrough Innovations［J］. Journal of Product Innovation Management，2012，29（1）：6-12.	金字塔底部市场是激进创新的新来源。通过将管理者的注意力集中在创造意识、获取、可承受性和可用性（4A）上，管理者可以创造一个令人兴奋的创新环境。可以利用外部环境的限制与约束来构建一个激发新产品和新的商业模式涌现的创新环境，并以印度农村贫困人口生物质炉灶的开发为例，证明了这一创新的过程和方法的有效性。全球企业也越来越认识到 BoP 市场创新对发达市场的影响

资料来源：笔者根据相关文献整理。

2. 格里·乔治

格里·乔治（Gerard George）是新加坡管理大学李光前商学院创新创业客座教授。George 等（2012）对包容性创新的概念做了准确定义，并且总结前十年的研究，提出了包容性创新的理论框架，为未来研究提供了卓有成效的研究基础。George 等（2012）提出了包容性创新研究的七个理论视角，分别为资源组装（Resource Assembly）、部署和开发（Deployment and Development）、社会和组织网络（Social and Organizational Networks）、治理和代理理论、交易成本和组织经济学、竞争战略、利益相关者的参与和产权、采纳创新。此外，该文章还简述了包容性创新的研究方法和研究面临的挑战。

3. 沙赫扎德·安萨里

沙赫扎德·安萨里（Shahzad Ansari）是英国剑桥大学法商学院战略与创新教授，也是荷兰伊拉斯姆斯大学鹿特丹管理学院的访问教授，任 *ASQ*、*AMJ*、*AMR* 等刊物的编辑委员。安萨里的研究领域包括制度过程、社会运动、社会和环境问题、商业生态系统等。

安萨里等（2012）的主要贡献在于进一步分析了 BoP 市场的特征，他们认为仅将 BoP 视为消费者是一种理想主义且有限的发展方式。此外，他们也强调，如果仅将 BoP 市场作为目标市场，很容易造成剥削，这种缺乏“共同承诺”的发展方式是不可持续的。他们提出了将社会资本作为能力扩张和社会稳定的手段，企业应当通过将贫困人群视为价值的生产者和参与者，参与到创新的商业模式中，获得能力和发展。

4. 理查德·希克斯

理查德·希克斯（Richard Heeks）等（2014）的主要贡献在于修改完善了包容性创新理论的研究框架，对创新的性质、所涉及的参与者及其相互关系，以及他们的学习类型和运作的制度环境进行了补充研究。理查德·希克斯的主要观点如表 5-5 所示。

表 5-5　理查德·希克斯的主要观点

序号	论文来源	主要观点
1	Heeks R，Foster C，Nugroho Y. New Models of Inclusive Innovation for Development［J］. Innovation and Development，2014，2（4）.	具体分析了正在出现的包容性创新的形式，讨论了现有研究提出的相关模型，对相关文献进行概述，针对性地分析并提出对包容性创新的理解。然后，总结一些经验教训及创新政策和实践，并讨论了未来的研究重点
2	Heeks R，Amalia M，Kintu R，et al. Inclusive Innovation：Definition，Conceptualisation and future Research Priorities［J］. Development Informatics Working Paper，2013（53）.	基于对现有包容性创新文献的回顾，调研了关于包容性创新研究重点的研究结果。确定了 11 个优先研究主题，分为利益相关者、系统或流程导向。这些优先事项为包容性创新的未来研究提供了基于证据的指导
3	Foster C，Heeks R. Conceptualising Inclusive Innovation：Modifying Systems of Innovation Frameworks to Understand Diffusion of New Technology to Low-income Consumers［J］. The European Journal of Development Research，2013，25（3）：333-355.	创新系统是包容性创新概念化的合适框架。然而，必须修改该创新系统框架内的部分内容，以契合包容性创新的特定特征，包括参与主体及其相互关系、主体所从事的工作及他们运作的体制环境。包容性创新的成功取决于以下四个要素是否有效：产品与服务、零售与渠道、提供这些需求侧服务的微型企业及它们所处的环境
4	Foster C，Heeks R. Innovation and Scaling of ICT for the Bottom-of-the-pyramid［J］. Journal of Information Technology，2013，28（4）：296-315.	包容性创新更多是社会性的，而不是技术性的，并且来自越来越多的参与者和地点，比企业更接近贫困消费者。希望为 BoP 市场扩大商品和服务规模的 ICT 公司必须认识到创新的多地点、持续性和突发性，并制定流程来监控和应对这些创新

资料来源：笔者根据相关文献整理。

5. 邢小强

邢小强是对外经济贸易大学技术经济及管理学系教授，是中国国内包容性创新研究的代表学者之一，研究方向为创新管理、创业管理。

邢小强等中国学者将包容性创新理论的研究引入中国，并且对包容性创新的研究进行了系统性回归，提出了具有中国特色的概念。邢小强等学者的研究对包容性创新理论的内涵、特征、研究视角及研究的理论框架进行了系统性总结，为后续研究提供了较好的基础。邢小强的主要观点如表 5-6 所示。

表 5-6　邢小强的主要观点

序号	论文来源	主要观点
1	邢小强，周江华，仝允桓. 包容性创新：概念、特征与关键成功因素［J］. 科学学研究，2013，31（6）：923-931.	包容性创新具有创新思维的系统性、创新形式的多样性、创新过程的开放性、创新机制的独特性、创新结果的可持续性五大特征，包容性创新的关键成功因素在于理解 BoP 市场、应用先进技术、整合本地资源和克服组织障碍
2	邢小强，周江华，仝允桓. 包容性创新：研究综述及政策建议［J］. 科研管理，2015，36（9）：11-18.	尽管不同视角研究的包容性创新其所关注的维度不同，研究对象各有侧重，但现有研究基本上是从贫困群体自身与 BoP 市场环境的特征出发来构建理论的，研究趋势逐渐从外部环境深入组织内部。未来研究应从更系统的视角来探究包容性创新创造价值的路径
3	邢小强，周平录，张竹，等. 数字技术、BOP 商业模式创新与包容性市场构建［J］. 管理世界，2019，35（12）：116-136.	通过平台公司提供的数字技术，BoP 人群实现了内容生产和内容生产者赋能，其市场价值被广泛激活，市场化能力得到了极大提高，当地资源信息流通广泛传播，促进了新市场的构建

资料来源：笔者根据相关文献整理。

6. 赵武

赵武，西安电子科技大学副教授，研究方向为创新创业与战略管理、技术创新与风险投资管理、组织行为与科技人力资源管理等。赵武等（2015）学者将视角着眼在中国全面脱贫的事业上，对包容性创新的机制进行了较深入的研究，助推了包容性创新研究在中国本土的发展。赵武的主要观点如表 5-7 所示。

表 5-7　赵武的主要文献及观点

序号	论文来源	主要观点
1	赵武，王姣玥. 新常态下“精准扶贫”的包容性创新机制研究［J］. 中国人口·资源与环境，2015，25（S2）：170-173.	包容性创新理论发挥社会底层人群的主体作用，将他们纳入创新系统，通过制度上的创新减少歧视和排除，发掘和发挥社会底层人群自身的主动性与创造性，实现经济社会发展成果能够由贫困者参与与共享。新常态下包容性创新机制运用于精准扶贫工作之中，有利于使公平与效率相统一
2	赵武，孙永康，朱明宣，等. 包容性创新：演进、机理及路径选择［J］. 科技进步与对策，2014，31（6）：6-10.	包容性创新具有公平性、异质性、低成本性、开放性和草根性的创新特征，受到创新体制、政策不完善、创新技能不足、信息基础设施落后、创新服务融资欠佳及市场信息匮乏的限制

资料来源：笔者根据相关文献整理。

伴随中国减贫事业取得世界瞩目的伟大成效，包容性创新的实践已经层出不穷。未来，包容性创新的理论研究也需要跟随实践发展的步伐，归纳出更多具有中国特色的理论解释，丰富理论的发展。

近年来，有关包容性创新理论与中国淘宝村、少数民族发展的研究也层出不穷。例如，郭咏琳和周延风（2021）分析了中国 W 电商企业少数民族非遗手工艺合作项目包容性创新的实现过程。邢小强等（2019）探讨了互联网平台公司通过提升 BoP 人群在信息生产与消费中的角色与地位，从而促进包容性市场构建的特征与机制。范轶琳等（2018）以淘宝村为研究对象，探讨了其包容性创新的模式与机理。这从另一个侧面说明了基于中国特色实践的包容性创新研究具有巨大潜力和空间。李红玲等（2020）通过利用政策文本分析方法分析中国政府对淘宝村发展的政策作用，总结了政策实施的要点。

三、反贫困创新理论

随着全球可持续发展重要性的凸显，解决贫困问题成为首要目标。反贫困创新理论的诞生源于前期对贫困和反贫困的基础研究，包括内涵界定、概念测度、方案提出等。整体来看，反贫困创新理论的研究仍处于探索期，有待深入挖掘。

（一）反贫困创新理论的形成与演化

1. 反贫困创新理论的形成背景

天下民生疾苦无外乎贫困，脱贫是中国和世界始终追求的发展目标。然而，反贫困仍是当今人类发展面临的最大挑战，联合国2030年全球可持续发展议程所提的首要目标依然是终结贫困。出现这一现象的主要原因有二：一是由于全球经济放缓造成的贫困状况治理力度整体放缓；二是剩余贫困的深度与广度的不断增加。

从理论发展角度，反贫困创新（Anti-Poverty Innovation，API）源于对贫困及反贫困的相关研究，欲深入理解反贫困创新的内涵与提出背景，需先明确贫困与反贫困的基本研究现状。

贫困既是一个复杂的、动态的、多面的客观现象，也是人们的主观建构（左停，2014）。随着国内外相关研究的开展，人们对贫困的认知（包括概念、表征、成因、测量等）也日益丰富，整体经历了从受限于认知的经济贫困发展为以人为本的全面发展贫困的演变过程。其中，单维贫困、客观贫困、收入贫困属于经济贫困论，多维贫困、主观贫困、能力贫困、权利贫困则属于全面发展贫困论。目前，诺贝尔经济学奖获得者 Amartya Sen（1981）提出的贫困概念为学术界认可，即贫困不仅是经济上收入低下的表现，更是一种权利缺乏或者其他条件不足的表征，体现了社会参与能力、收入创造能力与机会获取能力的缺失，进一步佐证了贫困的复杂性与多变性。同年，世界银行将贫困状态定义为“某些人、某些家庭或某些群体缺乏足够资源去获取一般人能享受的饮食、生活条件、舒适和参加某些活动的机会”。之后，1997 年，联合国开发计划署提出“人类贫困”的概念，认为贫困应该包括收入贫困、权利贫困、人力贫困及知识贫困四个部分。陈劲等（2018）将贫困划分为因生存型资本不足导致的福利贫困和因发展型资本不足导致的能力 / 权利贫困。

与此同时，国内外学者和机构陆续提出了多维贫困模型或指标，以探索衡量贫困的科学方式。1990 年，联合国开发计划署用识字率、营养状况、预期寿命、贫困母亲健康及可预防疾病这些基本能力的维度来度量贫困。2005 年，李小云等开发参与式贫困指数。Alkire 和 Santos（2014）则明确了多维贫困指数的内涵和影响程度。上述研究也为后续反贫困与反贫困创新的研究奠定了基础。

瑞典经济学家冈纳·缪尔达尔（Gunnar Myrdal）于 1991 年首次将“反贫困”作为学术概念提出，核心含义为消除或减弱贫困，与脱贫、减贫同义。贫困的成因复杂，涉及多个学科和层次，因而反贫困的模式与路径也各异，从而形成了以经济学为核心，社会学、政治学、人类学等多头并进、相辅相成的理论格局，主要研究内容为贫困的性质、成因与针对性的反贫困治理（林雪霏，2014）。

现有的反贫困创新理论研究文献较丰富，但仍存在研究空白，尤其对创新在反贫困中的角色和重要性关注不足，较少涉及创新驱动战略。实际上，创新理论为理解反贫困作为一个动态的综合的过程提供了整体分析框架和系统视角，创新研究中的知识管理、能力培育等主题对丰富反贫困的微观理解具有重要意义。同时，Matin（2016）明确提出如何推动创新从“经济目标”到“社会经济目标”、从“赢者通吃”到“普惠创新”是创新研究面临的核心挑战之一。反贫困作为社会发展的重要目标、普惠的关键实现路径，将创新理论与反贫困理论相结合，顺应了创新研究的趋势，将有效创造创新在反贫困实践中的价值。

结合全球发展大势与中国“精准扶贫”工程创新实践，反贫困创新实践理论化的必要性日益凸显。在此背景下，2017年，左停在研究中开始提及反贫困创新的概念，但并未就其定义与内涵做充分阐释。陈劲等于2018年发表的《反贫困创新：源起、概念与框架》一文，正式提出反贫困创新理论，明确了其研究背景与初步定义。反贫困创新理论的研究基础如表5-8所示。

表 5-8 反贫困创新理论的研究基础

提出者	主要观点	研究内容
世界银行（1981）	缺乏获取一般人可享受的饮食、生活条件、参与活动等的机会	明确贫困内涵
国家统计局（1990）	个人或家庭的生活水平达不到社会可接受的最低标准，缺乏必要的生活资料和服务	
Amartya Sen（1981）	贫困不仅是经济上收入低下的表现，更是一种权利缺乏或者其他条件不足的表征，具有复杂性和多变性	明确贫困性质
联合国开发计划署（1997）	贫困分类：收入贫困、权利贫困、人力贫困及知识贫困	梳理贫困分类
陈劲等（2018）	贫困分类：福利贫困和能力 / 权利贫困	

续表

提出者	主要观点	研究内容
联合国开发计划署（1990）	基本能力维度的指标：识字率、营养状况、预期寿命、贫困母亲健康及可预防疾病	探索贫困测量方法
李小云等（2005）	参与式贫困指数：人均年粮食产量、人均年现金收入、不安全住房、农户的比重、人畜饮水条件、通电率、自然村通路率、女性长期患病率、中小学女生辍学率	
Alkire 和 Santos（2014）	多维贫困指数的三个维度和十个指标：健康（营养状况和儿童死亡率）、教育（儿童入学率和受教育程度）和生活水平（饮用水、电、日常生活用燃料、室内地面材质、环境卫生和耐用消费品）	
缪尔达尔（1991）	定义学术概念“反贫困”，意为消除或减弱贫困，与脱贫、减贫同义	提出“反贫困”的学术概念
林雪霏（2014）	反贫困的模式多样性、多学科相关性	梳理反贫困内涵及其性质、成因与有针对性的反贫困治理
Matin（2016）	发挥创新的反贫困作用	将创新与反贫困结合起来
左停（2017）	社会保护网视角下中国反贫困创新	提及反贫困创新概念，但未阐述定义及内涵

资料来源：笔者根据相关文献整理。

2. 反贫困创新理论的演化

以陈劲为代表的学者在反贫困创新理论的形成与发展过程中起到了关键作用，参照个人前期研究基础，陈劲等（2018）在《反贫困创新的理论基础、路径模型与中国经验》中对理论内涵、理论应用做了进一步阐述，具体表现为以反贫困创新的六个构成维度为基础提出构成模型，并对相关维度进行了明确和细分。

反贫困创新理论的后续发展体现在创新理论的实践应用探索以及创新主体的聚焦与延伸之上。关于创新理论的实践应用，主要指对应用质性分析方法进行研究，打开反贫困创新的机制黑箱，相关研究紧密围绕反贫困创新理论的核心基石——扶贫减贫脱贫，因此其与精准扶贫、乡村振兴等国家政策的推行密切相关。关于创新主体的延伸，相关研究开始明确反贫困创新的相关作用关系，主要从定量研究方法入手，在科学衡量反贫困创新绩效的基础上探究其与关联因素的关系，创新主体还开始聚焦到女性创业者。

反贫困创新理论在中国的研究正式开始于 2018 年，在中国知网上以“反贫困创新”为筛选条件（由于直接相关文献过少，以关键词或篇名或摘要精确出现“反贫困创新”为条件）进行检索，检索时间截至 2021 年 12 月 31 日，对 CNKI 中 CSSCI 来源期刊的文章数量进行统计，其发文数量及趋势如图 5-6 所示。

由图 5-6 可得，反贫困创新理论的相关研究仍处于孕育阶段，与反贫困创新直接相关的文献共计 6 篇，其中最早的 1 篇为概念提及（左停，2017），2018 年陈劲团队发表的 2 篇文章为概念界定与框架阐释，后续研究则均基于陈劲团队的研究进行深化，表明反贫困创新理论尚未受到学术界广泛的关注。值得注意的是，图 5-6 显示的 2021 年数据仅为预测趋势，事实上当年度并未发表与“反贫困创新”直接相关的期刊论文。这与“精准扶贫”和“乡村振兴”的时代背景相悖，值得学术界进一步探索，做好理论与实践的对接。

为深入了解理论趋势，回溯理论基础，本书进一步对“反贫困”主题文献的发表情况做统计，在中国知网上以主题含“反贫困”为筛选条件，检索时间同上，检索共得 CSSCI 期刊文章 1740 篇，全面覆盖了前文所提的反贫困创新理论研究的相关文献。反贫困主题的发文数量及趋势如图 5-7 所示。

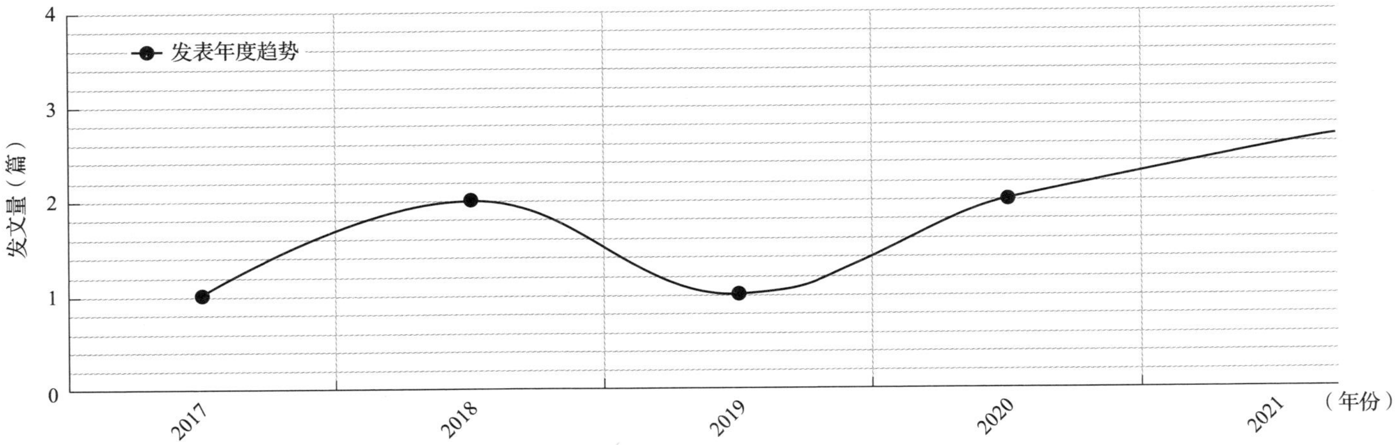

图 5-6　反贫困创新理论研究的发文数量及趋势

资料来源：中国知网。

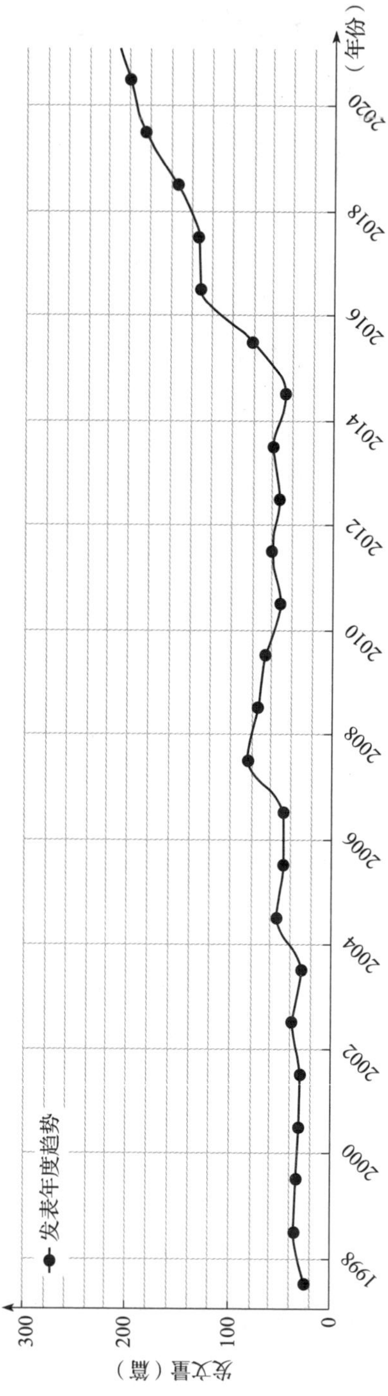

图 5-7　反贫困主题的发文数量及趋势

资料来源：笔者根据相关文献整理。

由图 5-7 可得，反贫困主题的发文数量呈显著上升趋势，表明反贫困理论与实践发展向好。因此，本书认为反贫困创新理论的发展缓慢可能与理论体系尚不成熟、研究团队过于单一有关，有实现理论突破的可能性。

（二）反贫困创新理论的主要研究内容

本节将以陈劲团队（2018）的核心思想为基础，围绕概念与框架两个角度，从定义、内涵和构成维度等方面阐述其对反贫困创新理论内涵的认识。

1. 反贫困创新理论的定义与内涵

（1）反贫困创新理论的定义。

反贫困创新是以反贫困为核心目标而开展的一系列创新活动和制度安排，包括科技创新、教育革新、普惠金融、制度创新、社会创业和跨边界协同六个主要构成维度，涉及技术创新和过程创新，也包括相应的政策、制度和文化等因素。其创新应用既关注欠发达地区短期内贫困人口收入和福利的增加，也致力于促进贫困人口和社群的能力建设与全面可持续发展。

（2）反贫困创新理论的内涵。

反贫困创新理论的内涵包括反贫困创新的核心目的、面向对象、参与主体、参与层次和绩效衡量五个方面。反贫困创新理论的内涵解析如表 5-9 所示。

表 5-9　反贫困创新理论的内涵解析

序号	内涵	内涵解析
1	核心目的	以人为本，促进人的能力提升与价值实现，消除贫困，推动乡村振兴，促进人类和平与全球可持续发展
2	面向对象	欠发达地区尤其是极度贫困地区、国家的乡村与城镇在经济、能力等方面存在贫困的人口和社群

续表

序号	内涵	内涵解析
3	参与主体	政府、企业家、非政府组织、国际组织、中介机构、教育机构、农民、小微创业者等反贫困创新理论的要素提供者、扩散者、冲突解决者和成果惠及者
4	参与层次	个体层、企业与组织层、社群层、决策层
5	绩效衡量	贫困个体和社群的福利增长与能力提升

资料来源：笔者根据相关文献整理。

2. 反贫困创新理论的构成维度

反贫困创新理论是一个包含多个要素和复杂机制、多维绩效的动态体系，因此，反贫困创新理论的系统框架内涵相对丰富，也有进一步完善的空间。陈劲等（2018）提出反贫困创新理论的构成模型，包含六个主要构成维度。反贫困创新理论的主要构成维度如图 5-8 所示。

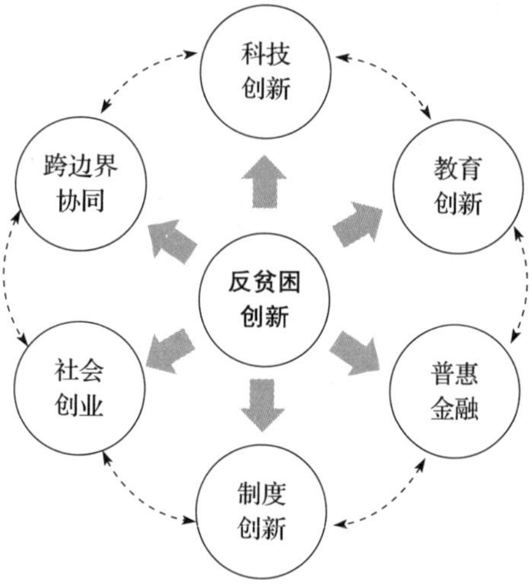

图 5-8　反贫困创新理论的主要构成维度

资料来源：根据陈劲等（2018）相关论述整理。

陈劲等（2018）对反贫困创新理论的构成维度表述进行微调，并进一步明确相互关系，构建了反贫困创新的“要素—过程—绩效”动态整合模型。其中，要素创新包括科技创新、教育创新、普惠金融三个维度，过程创新包括制度创新、社会创业和跨边界协同三个维度。反贫困创新力求从技术、教育、金融等要素的单维创新入手，促进不同资本在BoP群体中的自由流动，以此放大技术、教育、金融等投入要素的生态价值，实现基于大数据等新兴技术的精准扶贫（黄承伟和刘欣，2016），进而实现贫困人口福利增长、能力提升等多维绩效，推动动态减贫和社群可持续发展。反贫困创新的“要素—过程—绩效”动态整合模型如图5-9所示。

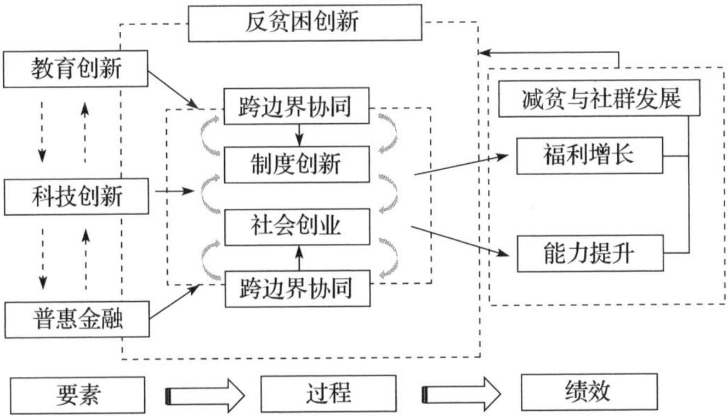

图5-9　反贫困创新的“要素—过程—绩效”动态整合模型

资料来源：根据黄承伟和刘欣（2016）相关论述整理。

（三）反贫困创新理论的代表性研究

由于反贫困创新理论发展时间较短，相关成果有限，目前陈劲是该理论的核心，也是唯一的代表人物。因此，本节主要介绍反贫困创新理论的代表性研究。

反贫困创新理论的核心基石决定其与精准扶贫、乡村振兴等国家政策的推行紧密相关。目前，国内主要有两项围绕该主题的代表性研究。

第一项研究是张敏敏和傅新红（2019）发表的论文《精准扶贫与乡村振兴的联动机制建构》。该文根据反贫困创新的内涵解析框架，以“目标—过程—结果”联动为逻辑构建了精准扶贫与乡村振兴联动机制，将两大战略的协同作为乡村反贫困创新落实的关键路径。精准扶贫与乡村振兴的联动机制如图 5-10 所示。

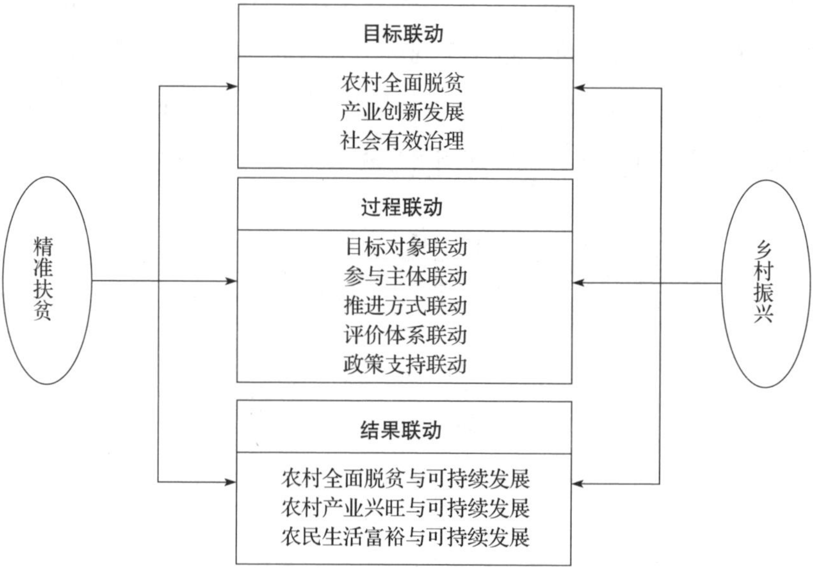

图 5-10 精准扶贫与乡村振兴的联动机制

资料来源：根据张敏敏和傅新红（2019）相关论述整理。

研究表明，精准扶贫与乡村振兴的联动机制包括目标联动、过程联动和结果联动三个维度。其中，目标联动是两大战略协同推进和联动发展的重要内容，过程联动是两大战略在具体实施中的关键环节，结果联动则是两大战略协同的方向指引。以上述联动机制为基础，精准扶贫和乡村振兴能够有效融合，推进乡村的反贫困创新实践。该项研究的基础在于反贫困创新是一个系统工程，消除贫困和谋求发展也是彼此关联、相互衔接且又复杂多变的社会性问题。因此，大力推进精准扶贫和乡村振兴的战略联动极具现实必要性。

第二项研究是陈红花等（2020）发表的《脱贫长效机制建设的路径模型及优化——基于井冈山市的案例研究》。该研究属于理论代表人物的衍生成果，深入挖掘井冈山的反贫困创新经验与模式，对理论的阐释较为科学，也为其他贫困县的反贫困创新实践提供了一般性启发。

最后，根据研究结论，本研究进一步提出实施和完善乡村反贫困创新的政策建议：夯实党建工作、健全土地流转制度、重视基础教育、重视反贫困创新以及制定和完善返贫预防机制，保持两大战略的持续性与长效性，真正实现脱贫攻坚、乡村振兴和创新驱动发展的深度融合和良性互动。

同时，为有效实现反贫困创新，需要明确反贫困创新的相关作用关系，探究反贫困创新绩效影响因素（尤其是积极影响因素）的研究也随之涌现。

随着“贫困女性化”的社会趋势显著，女性事实上成为全球反贫困的主要对象和反贫困的主要力量。女性创业作为反贫困创新的形式之一，近期也得到了学者的关注。汪忠等（2020）在《女性社会企业家创业动机、社会拼凑与反贫困创新绩效关系研究》一文中，以“创业动机—社会拼凑—反贫困创新”为核心逻辑构建了一套概念模型，如图 5-11 所示。

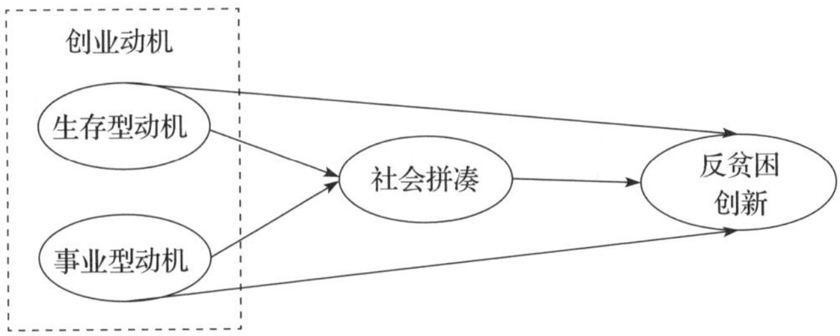

图 5-11　概念模型

资料来源：根据汪忠等（2020）相关论述整理。

研究聚焦女性社会企业家群体，在区分主体创业动机类型的基础上，借鉴陈劲等（2018）的反贫困创新绩效衡量的个体层面（存量资本、增量资本），以及 Liu 等（2015）提出的社会企业绩效衡量的社会层面、经济层面来综合评定反贫困创新绩效，研究对象为206位女性社会企业家，研究结论为社会拼凑与女性社会企业家的反贫困创新绩效正相关，社会拼凑在生存型动机和事业型动机对反贫困创新绩效的影响中均起到中介作用。该研究首次将社会拼凑理论引入国内，引入反贫困创新的研究领域，探讨了社会拼凑在女性社会企业家创业动机与反贫困创新绩效之间的中介作用。另外，该研究顺应了国外对反贫困行为的研究趋势——女性、农民等群体的反贫困创新绩效包括创业行为主体的个人绩效（Stilgoe 等，2013），将反贫困创新绩效的衡量范围从组织绩效延伸至个人绩效，即将女性社会企业家的个人绩效也纳入了绩效评定的范畴（汪忠等，2020）。

由于学者发表的反贫困创新论文过少，表 5-10 直接呈现相关论文来源及其主要观点。

表 5-10 学者发表的反贫困创新主题论文

论文来源	主要观点介绍
左停. 贫困的多维性质与社会安全网视角下的反贫困创新［J］. 社会保障评论，2017，1（2）：71-87.	以生产发展为主的开发式扶贫已经不能有效地解决我国反贫困中的“难题”，反贫困的方法需要社会保护视角的创新。构建社会安全网是应对贫困的重要措施，关键在于发挥好社会保障的扶贫兜底作用和收入再分配功能、创新积极的社会救助和社会保障政策、加强围绕贫困人口的社会性基础设施建设
陈劲，尹西明，赵闯. 反贫困创新的理论基础、路径模型与中国经验［J］. 天津社会科学，2018（4）：106-113.	反贫困创新是多元主体围绕反贫困这一核心目标，利用各类创新要素和创新模式协同参与反贫困的复杂和动态的过程，包括科技创新、教育创新、普惠金融、制度创新、社会创业与跨边界协同六个维度。反贫困创新打破了技术、教育、金融等要素的简单投入和单维创新，通过制度创新、社会创业及跨边界协同等过程创新，促进技术资本、人力资本、金融资本在“金字塔”底层群体中自由流动，进而实现贫困人口福利增长、能力提升等多维绩效

续表

论文来源	主要观点介绍
陈劲，尹西明，赵闯，等. 反贫困创新：源起、概念与框架［J］. 吉林大学社会科学学报，2018，58（5）：33-44+204.	反贫困创新关注的重点不是技术、教育、金融等要素的简单投入，而是将技术、教育、金融等投入要素与制度创新、社会创业及跨边界协同的过程手段相结合，促进技术资本、人力资本、金融资本在“金字塔”底层群体中自由流动的有机过程。只有这样，才能彻底从传统的“大水漫灌”式和“输血”式扶贫，向精准有效的“造血”式和“赋能”式扶贫转型，加速贫困人口能力增长和社群生态提升
张敏敏，傅新红. 精准扶贫与乡村振兴的联动机制建构［J］. 农村经济，2019（12）：33-39.	精准扶贫与乡村振兴均是新时期和新常态下国家为促进农村经济发展、农民生活富裕和乡村全面振兴做出的重大战略安排。借助“反贫困创新”理论框架，将精准扶贫同实施乡村振兴战略有机结合起来，以产业带动为基础，可以在农村真正建立起彻底摆脱贫困的长效机制，实现中国农村的长远可持续发展
陈红花，尹西明，陈劲. 脱贫长效机制建设的路径模型及优化——基于井冈山市的案例研究［J］. 中国软科学，2020（2）：26-39.	井冈山市成功脱贫得益于贫困户精准管理、挂点帮扶队伍管理和帮扶资金项目管理三大长效机制的成功实施，以及生活性扶贫、生产性脱贫和自我发展性帮扶三大路径的融合推进。在“井冈山经验”基础上，提炼贫困地区长效脱贫管理机制：脱困户返贫预警机制、脱困户返贫评价机制、脱困户返贫帮扶责任机制等。脱贫路径：创新帮扶和文化帮扶
汪忠，雷冬娣，唐苗. 女性社会企业家创业动机、社会拼凑与反贫困创新绩效关系研究［J］. 财经理论与实践，2020，41（6）：94-102.	女性社会企业家生存型动机与社会拼凑负相关，事业型动机与社会拼凑正相关；社会拼凑与女性社会企业家的反贫困创新绩效正相关；社会拼凑在女性社会企业家创业动机与反贫困创新绩效之间具有中介作用

资料来源：笔者根据相关文献整理。

小结与评述

在创新驱动发展背景下，我国科技创新路径不断清晰，成果转化质量不断提升，但在科技创新推动经济发展水平的同时，贫困、贫富分化和环境污染等社会问题也不断凸显。

为解决科技创新带来的社会问题，一些学者提出了朴素式创新、包容性创新和反贫困创新等社会创新理论，尝试借助科技创新成果实现社会目标、改善社会环境。这些创新理论均产生于新兴经济市场情境，适合于发展中国家的特殊情境，为新兴经济市场的创新发展贡献了一定的力量。

第一，基于印度的“Jugaad”文化，朴素式创新得以在印度这一特殊国家情境下形成与发展。朴素式创新的发展范式颠覆了传统的创新范式，强调在资源、知识、人才和制度短缺的条件下对产品的重新设计，以保证在降低生产成本的同时维持产品的性能与功效。其并不关注对产品、技术或市场的重大变革，而是聚焦对BoP群体生活福祉的提升。随着朴素式创新理论研究和企业实践不断发展，其内涵已从微观企业层面，拓展到宏观国家层面，强调在创新过程中对可续持发展、包容性发展的关注。由此，朴素式创新的创新模式具有重大的推广和应用价值，其体现的包容性与可持续性不仅能够帮助企业在印度、中国等新兴市场国家获得成功，也有助于企业在发达国家的发展。但现有研究主要聚焦朴素式创新产生的外部驱动因素的识别与效应分析，但对其内在机理研究不足，研究实现机理的理论框架有待进一步完善。

第二，伴随中国减贫事业取得世界瞩目的伟大成效，包容性创新的实践已经层出不穷。未来，包容性创新的理论研究也需要跟随实践发展的步伐，归纳出更多具有中国特色的理论解释，丰富理论的发展。近年来，有关包容性创新与中国淘宝村、少数民族地区经济发展的研究越来越多。例如，郭咏琳和周延风（2021）分析了中国 W 电商企业少数民族非遗手工艺合作项目包容性创新的实现过程；邢小强等（2019）探讨了互联网平台公司通过提升 BoP 人群在信息生产与消费中的角色与地位，从而促进包容性市场构建的特征与机制；范轶琳等（2018）以淘宝村为研究对象，探讨了其包容性创新的模式与机理。这些研究从另一个侧面说明了基于中国特色实践的包容性创新研究具有巨大的潜力和空间。

第三，陈劲等（2018）将贫困划分为因生存型资本不足导致的福利贫困和因发展型资本不足导致的能力 / 权利贫困，这也为后续反贫困与反贫困创新的研究奠定了基础。反贫困最早由瑞典经济学家冈纳 · 缪尔达尔于 1991 年首次作为学术概念提出，核心含义为消除或减弱贫困，与脱贫、减贫同义，是社会发展的重要目标和普惠实现的关键路径。随着反贫困研究逐渐成熟，学者们逐渐关注创新在反贫困中的角色和重要性，并意识到在创新管理中实现反贫困的目标意义重大。因此，顺应反贫困研究和创新研究的趋势，陈劲等于 2018 年发表的《反贫困创新：源起、概念与框架》一文，率先将反贫困理论与创新理论相结合，正式提出反贫困创新理论，定义反贫困创新为以反贫困为核心目标而开展的一系列创新活动和制度安排，包括科技创新、教育创新、普惠金融、制度创新、社会创业和跨边界协同六个主要构成维度，并从核心目的、面向对象、参与主体、参与层次和绩效衡量五个方面衡量反贫困创新的内涵。在后续研究中，陈劲等（2018）也对理论内涵、理论应用做了进一步阐述，提出反贫困创新的“要素—过程—绩效”动态整合模型。由于理论提出时间较短，相关成果有限。目前，反贫困创新理论的发展体现在创新理论的实践应用探索以及创新主体的聚焦与延伸方面，研究重点为，在打开反贫困创新的机制黑箱和在科学衡量反贫困创新绩效的基础上，探究其与关联因素的关系。由于反贫困创新理论核心与精准扶贫、乡村振兴等国家政策的推行紧密相关，所以针对该主题的两项研究具有一定代表性。关于这两项研究的具体内容，在“反贫困创新”章节中有详细阐述。综合来看，反贫困创新在理论上推动了创新研究与反贫困研究的对话，在实践上有助于落实新发展理念，促进创新驱动发展战略、乡村振兴战略、区域协调发展战略的有效实施。

第六章

前沿命题与未来发展

▲

CHAPTER 6

在人类历史发展的长河中，一批批创新管理思想学者站在时代前沿，提出了符合时代发展的创新管理思想前沿命题，极大地推动了创新管理的理论与实践发展。本章围绕创新管理思想的前沿命题与未来发展两个方面展开论述，对创新管理思想的未来研究进行展望。

第一节　创新管理思想的前沿命题

2015年，联合国可持续发展峰会提出了17个可持续发展目标，消除贫困、消除饥饿、清洁能源、气候行动、工业创新等被纳入其中。创新管理思想具有鲜明的时代特征，在可持续发展的背景下，创新管理与社会重大实践问题紧密相关，创新管理与减贫、创新管理与数字化、创新管理与绿色发展等话题成为新时代创新管理思想的前沿命题，为推动人类社会可持续发展贡献理论。

一、创新管理与减贫

人类减贫事业是一项浩大的工程，需要全社会共同努力。在管理研究的早期阶段，企业作为社会的一员基本不承担相应的社会责任。伴随制度的发展和完善，企业组织的社会责任成为其必不可少的内容。当前，随着竞争的日益激烈和可持续发展意识愈加深入人心，不仅中国企业在面向低收入市场及下沉市场发力，全球范围的跨国公司也早已投入BoP市场的开拓，甚至已经不仅仅将贫困群体作为消费者，而逐渐将他们视为价值共创者。

（一）创新管理与减贫的研究内容

由企业组织参与减贫发展而来的创新理论主要包括三种，即朴素式创新、包容性创新及反贫困创新。

朴素式创新最早出现在以印度为代表的新兴市场。由于印度长期处于资源短缺、经济落后、人民生活水平较低的状态，崇尚利用有限资源，设计高效解决方案，以突破资源限制的“Jugaad”文化（节俭创新）得以在印度形成并盛行（Radjou 等，2012）。企业通过在资源极度有限的情况下对产品及其开发过程进行重新设计，从而开发出了便宜又创新的产品，以满足广大 BoP 消费群体的需求。印度在“朴素式工程”的号召下推出了一系列诸如 Nano 汽车、塔塔化工净水器等贴近 BoP 人群的产品，突破了当地资源限制，通过物美价廉的产品极大地提高了底层人民的生活水平。朴素式创新在新兴经济体市场中的成功极大地冲击了发达国家的跨国企业在新兴市场的发展，由此，发达国家的跨国企业也纷纷开始采用朴素式创新策略来抢占新兴经济体市场。之后，朴素式创新的研究不断深化，概念和内涵也得以不断发展。

包容性创新是通过创新解决社会发展中弱势群体的贫困和其所面临的社会排斥问题，即通过创新实现包容性的发展或增长（Prahalad 和 Hart，2002）。有研究指出，创造新市场与新顾客是全球企业以最好方式来生存、增长、拓展其核心利益的动机（Kelly 等，2009）。由于 BoP 市场存在大量未被开发利用的资源，也因此拥有数量惊人却无法创造价值的死资本。所以包容性创新对企业而言不仅仅是出于社会责任与慈善动机的措施，更是为企业构筑长远竞争优势的战略工具和行为。目前在世界范围内已经有一些成功的案例可供参考，一些起源于发展中国家企业的与产品或商业模式相关的包容性创新已经被引入其他发展中国家甚至是发达国家。例如，售价仅 35 美元的 Sakshat 网络电脑、Hrudayalaya 心脏医院等面向 BoP 人群的高性价比产品，以及在为农村完善基础设施建设与生活保障活动中产生新的商业模式，都带动了 BoP 人群以消费者、劳动者、所有者、供应商等新身份参与到企业商业模式之中，释放了 BoP 人群未被开发出的巨大价值，为企业实现跨越式发展提供了可能（Simanis 和 Hart，2008）。

反贫困创新由中国学者提出，它的核心是以人为本，通过自上而下的政策激励和自下而上的广泛参与，聚焦中国情境，对精准扶贫、乡村振兴、全面建成小康社会、构建人类命运共同体。它的提出具有重要的理论与实践价值（陈劲等，2018）。反贫困创新理论的后续发展体现在创新理论的实践应用探索及创新主体的聚焦与延伸之上。创新理论的实践应用，主要指应用质性分析方法进行研究，打开反贫困创新的机制黑箱。相关研究紧密围绕反贫困创新理论的核心基石——扶贫减贫脱贫，因此其与精准扶贫、乡村振兴等国家政策的推行密切相关。

（二）创新管理与减贫的研究前景

上述三种创新理论的核心都聚焦在 BoP 市场，基本遵循了从“开源”或“节流”的角度来促进发展的思路。但是，以上三种创新理论的研究都处于发展阶段，理论的内涵界定存在分歧，而且对创新的模式及实现机制的探讨还未完全跟上当前数字经济的发展步伐。所以，在新的情境下，不同创新理论又该如何演化还待深入研究。同时，相关的创新绩效的研究也有待进一步深入。

1. 研究趋势

近年来，随着精准扶贫的中国实践不断深入、脱贫案例不断涌现，关于减贫的创新研究也在不断深化，并且在对理论概念与特征等进行补充解释，减贫创新理论研究进入了高速发展阶段。在研究方法上，案例研究方法在减贫创新理论的研究中的重要地位不断凸显。近几年，有关减贫的创新理论研究开始结合中国伟大脱贫攻坚事业中涌现出的脱贫故事、采取的扶贫措施而向实践延伸（赵武，2015），还通过结合具体案例，对包容性创新的实践指导作用进行探究，这一研究主题使案例研究方法更为适用。在研究对象上，从一般创新理论研究向特定对象研究转变，针对诸如环境恶劣的区域及特定人群展开研究。

2. 未来研究话题

天下民生疾苦无外乎贫困，脱贫是中国和全世界都始终追求的发展目标。然而，反贫困仍是当今人类发展面临的最大挑战，联合国2030年全球可持续发展议程所提的首要目标依然是终结贫困。

（1）创新管理与减贫的行为模式研究。

以包容性创新研究为例，虽然包容性创新领域已有了一定的研究成果，但是仍然存在不少问题制约着政府、企业、BoP群体对减贫创新理论体系的认识，而且我国减贫创新理论的发展起步较晚，并未成熟（陈元志和吉超，2019）。目前包容性创新等领域仍然处于理论建构初期，在创新模式、演化机制与实现路径等多个方面有待更深入地探索与挖掘（邢小强等，2013）。同时，国内许多研究是从宏观层面出发，探究如何构建扶贫、脱贫的政策体系框架的，缺乏对微观层面企业包容性创新模式构建的研究（汤鹏主，2015）。因此，结合案例分析等方法，将对具体案例企业的包容性创新模式进行探究，以期得出一般性结论以指导企业实践。

我国企业在开拓农村市场方面已经积累了丰富的经验。通过对更多中国本土企业实施包容性创新的典型案例进行分析，必然能够贡献新的理论内容并更好地指导实践。

（2）创新管理与减贫的实现路径研究。

以包容性创新研究为例，现有研究尽管从多视角、多层次、多方法及研究对象各有侧重来探究包容性创新理论的关键成功因素与实现路径，但基本上是从贫困人群自身与BoP市场环境的特质出发来进行理论建构与推进，且研究进展逐渐从外部环境深入组织内部进行分析（邢小强等，2015），缺乏从企业视角通过包容性创新实现多元价值创造的路径选择与绩效的研究。同时，部分企业的实践表明，并非所有包容性创新的尝试都能够成功，一些项目大受褒扬，也有很多项目无果而终。因此，有必要对企业包容性创新的实现路径开展研究，以指导企业实践，避免企业做无用功，助力企业实现包容性增长。包容性创新将缓解贫困内置在经济价值创造过程中，其不仅是一种技术和商业行为，更含有如何以公平的方式为贫困人群提供价值来促进包容性增长的社会含义，所以将极大地改善BoP人群的处境。

（3）创新管理与减贫的演化机制研究。

以包容性创新为例，包容性创新所带来的企业业绩增长与盈利能力需要进行很好的权衡。对许多企业而言，要达到新的经营模式所要求的影响力及能力水平绝非易事。而处于BoP市场中的成员，如管理员、雇员、顾客及供应商之间的利益冲突也十分常见（邢小强等，2015），同时BoP市场网络中成员的合作状态很大程度上会对经营绩效造成影响，需要企业对BoP市场网络中成员的关系进行调整，而在非完全市场环境中解决这些冲突的演化机制通常都是模糊不清的（汤鹏主，2015）。因此，需要对企业包容性创新的演化机制进行进一步的细化研究，以保证企业实现更有效的价值创造与分享。

（4）创新管理与减贫的科学评价体系研究。

以包容性创新为例，随着国外研究的深入，包容性创新的前沿问题逐渐开始聚焦到“朴素式创新”和“包容性人类发展”两个方向上（陈元志和吉超，2019）。基于全球创新历史轨迹的视角，研究者开始重新审视包容性创新的定位，反思因包容性创新活动所产生的负面影响（邢小强等，2015），并试图建立包容性创新的科学评价体系。与此同时，国内研究忽视对企业包容性创新负面效应的关注，而聚焦于包容性创新带来的效益研究，因此有必要结合评价指标体系构建方法和文献分析方法等，对企业包容性创新构建具体的评价指标体系，以指导企业实践。

二、创新管理与数字化

随着数字技术蓬勃发展，诸如大数据、物联网、人工智能、云计算等技术正在逐渐渗入日常生活的方方面面，衣食住行也逐渐进入智能化时代，数字经济时代已经到来（Yoo 等，2010）。与此同时，产品的商业模式和组织形态也在不断地变化，许多创新理论的基本假设发生了颠覆，给创新资源整合、创新行为、创新过程、商业模式等方面的研究带来了巨大挑战，这也对数字化背景下的创新组织和管理提出了更高层次的要求（Nambisan 等，2017）。

（一）创新管理与数字化的研究内容

基于数字创新带来的巨大挑战，以 Youngjin Yoo 为代表的信息系统流派和以 Satish Nambisan 为代表的创新管理流派等领域的学者纷纷开展对数字创新的研究（杨仲基和綦良群，2021）。例如，Yoo 等（2012）就曾组织了以“数字经济时代的组织过程”为主题的特刊；Nambisan 等（2017）强调要关注“数字创新管理：在数字经济时代重塑创新管理研究”这一主题。通过文献整理，发现以往关于数字创新的国际研究多聚焦于概念探讨和探索性分析两个方面（王海花和杜梅，2021）。

1. 数字创新的概念界定

Yoo 等在 2010 年首次对数字创新进行界定，认为其是将数字与物理组件进行重新组合从而产生新的产品、服务及商业模式的创新过程。在此过程中包含两种创新逻辑：一是数字技术本身的创新；二是设备的数字化。此后，创新管理理论强调以数字技术为组成或支撑在数字创新过程中来改善企业创新绩效，如 Nambisan 等（2017）认为数字创新就是指在创新过程中使用了数字技术实现企业新的发展，从而改变企业固有组成。

国内数字创新研究起步较晚，直到余江等（2017）首次对数字创新的内涵与特征进行了阐述后，数字技术、数字化转型等与数字创新相关的概念不断涌现，并对理论概念与特征等进行补充解释，从不同视角解析了数字创新的理论概念（见表 6-1），通过归纳整理发现相关研究主要可分为以下类别。

表 6-1　数字创新的理论概念

定义类别	主要观点介绍	代表学者	主要观点介绍
过程论	强调以数字技术为组成或支撑在数字创新过程中来改善企业创新绩效	Nambisan 等（2017）	数字创新是指在创新过程中使用了数字技术实现企业新的发展，从而改变企业固有组成
结果论	强调数字创新导向主要是提供新服务和产生新产品	Yoo 等（2012）	数字创新是利用数字技术提供新的产品、商业流程及商业模式
整体论	强调数字创新内涵应包含数字技术、创新过程和创新产出	刘洋等（2020）	数字创新是指运用数字技术开展创新活动的过程及可用于说明创新的成果或是创新的全部

资料来源：笔者根据相关资料整理。

2. 数字创新的驱动因素

数字创新是如何形成的？驱动数字创新的影响因素有很多，本书基于内外逻辑将其分为外部驱动因素和内部驱动因素，进一步划分维度。不同维度的数字创新驱动因素如表 6-2 所示。

表 6-2 不同维度的数字创新驱动因素

驱动因素	维度	代表学者
外部驱动因素	数字基础设施治理	Augustsson 等（2019）
	数字平台及生态系统的构建、演化、治理	Gawer 和 Cusumano（2014）
	架构数字资源	Nylén 和 Holmström（2019）；Lokuge 等（2019）
内部驱动因素	组织变革	Kohli 和 Melville（2019）
	数字创新能力	Kohli 和 Melville（2019）；Svahn 等（2017）
	数字创新导向文化	Vial（2019）；Lokuge 等（2019）
	数字战略制定	Bharadwaj 等（2013）

资料来源：笔者根据相关资料整理。

具体来说，内外逻辑下驱动数字创新的关键因素有以下几点。

一是创新支撑，包括数字基础设施的治理及在此技术基础上催生衍化出的数字平台及生态系统的构建、演化治理。在数字技术设施上能够实现产品快速迭代扩展，促进数字产品创新的实现，同时加快创新的流动。数字化赋能可促进商业生态系统演化，进而影响共创的价值由交换价值向平台价值、社会价值演变（胡海波和卢海涛，2018）。二是组织准备，包括组织战略、资源准备、组织能力、组织文化等。在启动数字创新过程中，数字战略的制定将组织进行数字创新的愿景、计划纲领及相关信息提供给各成员，使组织内部形成共同理解。战略制定后需要架构数字资源，包括前文提到的外部技术设施，但更为关键的是灵活的人力配备。同时，组织文化对于创新支撑的构建存在激励作用，通过推动组织转型，促进数字化生态系统的构建（Hu 等，2016）。

3. 数字创新的维度划分

随着数字创新内涵的不断丰富完善，其神秘的面纱似乎被揭开了一角，这也激起了广大学者的研究热情，众多学者对数字创新维度进行了划分。本书将数字创新分为数字产品创新、数字过程创新、数字组织创新、数字商业模式创新四类。

（1）数字产品创新。数字产品创新是指利用数字技术或加入数字技术要素塑造出对特定市场而言较新的产品或包含新科技感的服务。数字技术在产品塑造过程中主要表现为两种方式。一是通过数字连接。企业能够通过操纵数字化资源实现资源整合协作能力，提高运转效率，从而推动产品塑造进展（Sambamurthy 和 Zmud，2000）。二是采取数字融合。企业可以利用数据同质化特性，将不同的信息转化为统一格式进行链接、融合，以增加知识信息的异构组合，从而实现新产品塑造。

（2）数字过程创新。数字过程创新是指原有创新流程的结构框架随着数字技术的广泛应用得以完善甚至发生重构。在此过程中，数字技术对创新的各阶段诸如产品构思、产品研发、产品推广等一系列环节都会产生影响甚至发生颠覆（Franke 等，2003；Austin 等，2012；Huang 等，2017；Nylén 等，2019）。在这诸多阶段的管理过程中，可以利用数字信息系统进行信息的获取、共享和整合，从而促进新产品开发与其他阶段功能间的集成（Nambisan，2003）。

（3）数字组织创新。数字组织创新是指数字技术重新塑造或改变组织的形式与结构。事实上，数字技术不仅能给诸如办公工作、交易处理、决策决定等带来一定影响，而且能对商业模式、客户关系、价值链、企业文化产生影响甚至改变企业形态。除此之外，数字创新中还有许多流派从其他视角出发探讨数字技术对组织的影响，如数字化转型流派认为，数字技术对组织的流程、文化、变革等均产生显著影响（Franke 和 Hippel，2003；Kane 等，2015）。

（4）数字商业模式创新。数字商业模式创新是指数字技术与商业模式的嵌入组合使商业模式得以完善或发生重塑（Ciriello 等，2018）。数字技术通过与商业模式结合后能够改变企业的价值创造及价值获取功能，从而导致价值主张发生巨大变化，进而使企业商业模式发生变化（Yoo 等，2010；Yoo 等，2012）。在这一价值变化过程中，价值路径的重要组成部分是数字资源。

4. 数字创新的结果评价

通常，评估企业数字化发展的两大要素为运营效率和组织绩效。体现在运营效率提升上，一是将数字技术运用在产品、组织与商业模式中均利于运营效率提升；二是组织形式和创新流程借助数字技术得到优化改进，从而提升创新效率。体现在组织绩效增长上，一是数字产品创新不仅能创造新价值提供给客户，而且还能给企业带来高利润；二是企业过去价值获取方式随数字商业模式创新发生改变。

（二）创新管理与数字化的研究前景

数字创新作为实现新发展的新引擎，需要在深化对数字创新内涵、维度认识的基础上，进一步探究数字创新的有关过程、运行机制等微观机理方面。此外，由于数字创新的相关研究在国内起步较晚，无法有效指导我国蓬勃发展的数字经济实践，如何与我国高速发展的数字经济实践相结合，探索与提出具有中国特色、适合中国情境的数字创新理论，进而更好地推动数字创新进程，指导数字创新实践，是今后值得重点关注的问题。

1. 研究趋势

近年来，随着对数字创新的研究不断深化，数字技术、数字化转型等与数字创新相关的概念不断涌现，并对理论概念与特征等进行补充解释，数字创新研究进入了多元化发展阶段，主要体现在以下方面。

（1）研究内容方面。进一步深入数字产品创新、数字过程创新、数字组织创新、数字商业模式创新等领域。

① 数字产品创新。

数字产品创新主要塑造两类新产品，包括纯数字产品（如 App 等）和产品某一物理部件发生数字化嵌入，从而改变其架构体系，生产出的新产品（如智能汽车、智能家电等）（Boudreau，2012；Nylén 等，2015）。这两类产品的相同之处在于，都对数字基础设施具有极大的依赖性以及都需要不同知识主体人员的共参协作，此外，还都强调现有组织战略和数字战略保持协同（Dremel 等，2017；Forman 等，2018；Yeow 等，2018）。

② 数字过程创新。

数字技术对创新的各阶段，诸如产品构思、产品研发、产品推广等一系列环节都会产生影响甚至发生颠覆。产品构思与研发阶段，在数字孪生与数字仿真技术的支撑下能够大大降低研发成本（Lyytinen 等，2016）；产品推广阶段，物联网技术使得企业生产诸多环节透明化，并且客户能够通过虚拟现实技术参与到价值创造过程中，提升用户的新鲜感、体验感（Nambisan 等，2017）。

③ 数字组织创新。

数字组织创新的影响是多方面的，不仅体现在企业的办公工作、交易处理、决策决定等环节，而且对商业模式、客户关系、价值链、企业文化都有一定影响。例如，在 2015 年阿里启动了中台战略以适应数字经济发展，运行机制和组织模式得以重塑（钟华，2017）。而数字化转型流派也开始对数字组织创新的影响展开研究，如 Hinings

等（2018）基于制度视角，提出数字化转型是指数字技术对组织结构、组织参与者、组织文化以及组织实践等一系列变革的综合过程。

④ 数字商业模式创新。

Henfridsson 等（2018）提出了价值空间框架模型，认为价值空间是不断发展的数字资源网络，企业在这一价值空间创造并获取价值以期寻求到其价值主张。数字资源在这一过程中充当数字创新的组成模块，通过组合的方式构成参与价值路径的组成。因此，数字技术能够赋能于多种路径参与价值创造进而创新商业模式。Teece（2018）认为数字技术在商业模式创新过程中起重要作用，或为关键驱动因素，因此他提出了数字技术补充、增强甚至取代现有商业模式的三条路径——自动化、拓展以及转换。

（2）研究视角方面。理论界逐渐开始关注数字技术在数字创新管理中发挥的重要作用，并基于数字技术的特征对数字创新的特征展开研究。

由于处理数据和信息数字化是数字技术本质中主要的两个部分，对应之下，数字技术也就具有可重新编程性和数据同质化这两个本质特征（Ciriello 等，2018）。数据同质化是指在操作过程实现对二进制数据的同质化处理；可重新编程性是指处理数据的程序在数字技术背景下同样能够像数据一般进行存储及处理。而在这两种本质特征的综合作用下使得数字技术具有了可供性，也就是不同的个体与组织可以通过相同的数字技术来达成各自不同的目的。例如，企业使用大数据技术分析用户在手机端使用社交媒体的情况可以达到降低投入成本或提供个性化内容等不同的目的（Newell 和 Marabelli，2015）。

基于数字技术的特性以研究数字创新的特征，一是由其数据同质化可推出数字创新具有收敛性：在数字创新过程中，产业、组织、部门甚至产品的边界不再明确且重要程度降低（Nambisan 等，

2017）。例如，由传统实体产品与数字技术相结合后产生的智能产品的适用范围远大于原有产品，新的产品边界变得模糊（Porter 和 Heppelmann，2014）。二是由其可重新编程性指出数字创新具有自生长性：因为数字技术是可编辑的、可自我参照的、可延展的，是处于动态变化发展之中，所以数字创新能够持续不断地进行改进升级（Yoo 等，2012；Ciriello 等，2018）。最常见的例子就是，诸如 App 等数字应用产品可以根据运行过程中出现的问题及用户的反馈进行及时调整，实现实时迭代创新。

（3）在研究对象上，研究者从一般数字创新理论研究向特定对象转变，如针对区域、制造业、企业进行数字创新研究。

Hinings 等（2018）、Gurbaxaniv（2019）、Francesco 等（2021）等学者已经关注到数字化转型与创新管理之间存在的复杂关系，并提出了不同的多维分析框架。尽管学者们对数字化转型的理解各有侧重，但是数字创新驱动数字化转型过程的观点得到了认同，并在建筑行业、汽车行业等领域的数字化转型实践中得到了验证（杨仲基和綦良群，2021）。同时，近年来关于制造业数字化转型的相关实践与研究迅速升温：澳大利亚电信运营商对 100 家制造企业的调查显示，89% 的企业采用数字优先战略，欧美制造企业的数字化转型重点已经涵盖了产品开发、制造、供应链、顾客服务等全产业链（柳卸林等，2020）；从国内来看，制造业数字化转型已经被列入国家战略，国家发改委、工信部等部门出台了大量支持制造业数字化转型的政策文件。相关研究的文章也在逐年增多，如胡海波等（2022），认为数字化转型能够充分提升企业的经济、社会与环境效益，是数字经济时代制造企业高质量发展的重要路径。

2. 未来研究话题

数字创新作为实现新发展的新引擎，学者在深化对数字创新内涵、维度认识的基础上认为，一方面，未来需要加强对数字技术对数字创新管理影响的关注；另一方面，还需进一步探究数字创新管理的有关过程、运行机制等微观机理方面。

（1）基于数字技术视角的数字创新管理研究。

① 数字技术应用安全与伦理。

中国与西方国家关于数字技术安全的研究的理念已经开始分化，尽管应用大数据的优势显而易见：大数据分析可以预测用户需求，甚至预判未来的需求，降低创新的不确定性。但是大数据的应用也有其弊端，例如隐私泄露等问题。因此，欧盟国家高度强调对于数据隐私的保护。管理学问题也应运而生：用户数据的产权如何界定？用户数据的产权属于用户还是企业？欧盟颁布的《通用数据保护条例》在2018年生效，规定用户访问的数据要清零，企业不可以再次利用用户数据。此外，美国许多城市立法限制使用人脸识别技术。而中国大多数人工智能企业的核心业务是图像识别技术的应用。目前，中国政府还没有颁布限制性的相关法律，制度的差异创造出了一个非对称竞争的市场。因此，开展数字技术应用安全的管理研究具有重要意义。

② 数字技术的合法性。

新技术的出现往往挑战现有的制度和管理模式（Meyer等，1977）。例如，某企业通过互联网平台技术将出行服务结合移动互联网，实现了手机客户端可以线上打车的商业模式。一方面挑战了传统出租行业管理模式，另一方面挑战了现有的交通管制模式。但是中国政府如果力图用出租车的制度逻辑和管理模式管理出行平台企业，会限制这一新兴产业的发展。新兴产业发展需要有包容的制度（柳卸林等，2019），不同的制度逻辑下会对新兴产业的发展产生不同的影响。因此，一方面创新需要突破现有的制度，呼唤新的制度；另一方面也需要具有稳定的制度来保障社会的稳定性。未来的课题应关注如何平衡创新和制度的关系，从而保证创新和制度的相互依存。

（2）数字创新过程与运行机制。

数字创新作为一种非破坏性涌现形式，对商业模式和企业系统软件产业均产生了一定的影响，但数字创新对商业模式转变的作用机制到底如何，尚缺乏系统探究，未来可从不同视角切入（如组织复杂性理论、治理理论和生态系统理论等），权变性考察数字创新影响效果（王海花和杜梅，2021）。

目前关于数字创新的机理、过程以及机制等微观机理方面的成果不够丰富，且实证分析和定量成果不多，阻碍了对创新机理机制等进行准确阐述以及对数字创新实践的指导。因此，运用定量分析及案例研究等方法从微观视角进行深入、系统的研究是十分必要的。

（3）数字创新的组织管理和决策。

由于在数字创新管理过程中表现出的数字产品服务新、创新过程新、创新行为新、创新管理形式新等一系列“新”特点，也就使得数字创新管理变得尤为复杂，数字创新的组织与管理、决策等环节面临的挑战更为严峻。数字创新既非单一的个体或组织决策，亦非完全集中式的共同决策，这无疑给传统企业的决策与管理方式带来了前所未有的挑战。身处数字创新过程中的诸多创新主体，由于各怀目标与利益，就不可避免地会产生矛盾与冲突，甚至发生激化升级，从而使数字创新的组织管理与决策过程的进行变得更为困难与复杂。因此，如何减少矛盾冲突的产生、防止矛盾冲突激化，充分在数字创新过程中发挥民主化特征，如何建立良好的组织管理与决策机制，就有待进一步的深化研究。

（4）拓展数字创新的研究对象。

现有的关于数字创新的研究目标主要聚焦于一些数字创新平台

上与互联网企业中，研究的行业则集中在高新技术和高科技产业之中，缺乏对传统产业的关注。随着诸如人工智能、大数据、云计算等数字技术的高速发展与渗透到生活的各个方面，许多传统企业、中小企业可以抓住此发展时机，积极融入数字创新进程中。此外，随着服务化的需求增长，各行业加速了数字创新活动的开展。因此，在今后数字创新研究中，要不断地拓展和调整研究对象，提高对中小微企业与传统产业的关注度。

三、创新管理与绿色发展

近年来，全球气温的不断升高、濒危物种的相继灭绝等难题依然萦绕在人类的头顶挥之不去。联合国在制定可持续发展目标时，呼吁所有国家在促进经济繁荣的同时保护地球，实现社会、经济与生态、环境的目标协同发展。在创新管理领域，学者们将创新管理与绿色发展进行结合，提出了“绿色创新”的理论，切实践行可持续发展的目标。

（一）创新管理与绿色发展的研究内容

绿色创新是在绿色产品或绿色生产过程中表现出的，包含防治污染、设计绿色产品、循环利用废弃物和改进环境管理技术等内容。作为可持续发展的关键之一，绿色创新的研究呈现出快速发展的趋势，成为当下创新管理思想重要且紧急的理论之一。现有研究对绿色创新的维度、驱动因素等展开了充分讨论。

1. 绿色创新的维度划分

绿色创新一般被定义为是一种显著降低环境影响并带来商业价值的创新（Fussler 和 James，1996）。在企业的整个生命周期中，绿色创新能显著减少污染、环境风险和其他对资源使用的负面影响。绿色创新（Green Innovation）通常与环保创新（Environmental Innovation）、生态创新（Eco-innovation）、可持续创新（Sustainable Innovation）等概念相混淆，但学者们普遍认为，尽管这些概念在描述上有细微差别，但还是可以互换使用（Schiederig 等，2012；Hojnik 和 Ruzzier，2016）。

随着理论发展，学者们对绿色创新的维度也进行了研究。不同学者对绿色创新维度的理解与表述不同，具体如表 6-3 所示。

表 6-3　绿色创新的维度

绿色创新的维度	相关文献
产品创新、流程创新和管理（或组织）创新	Chen 等（2006）；Chiou 等，（2011）；Horbach 等（2012）
产品创新和流程创新（或工艺创新）	Li 等（2017）；毛蕴诗和王婧（2019）
流程创新和管理创新	Burki 和 Dahlstrom（2017）
产品创新、流程创新、组织创新和营销创新	Marcon 等（2017）
新创新、新的流程和业务组织方式、新市场、新的供应来源	Przychodzen（2015）
组织创新、产品创新、流程创新、末端创新	Dong 等（2014）
管理创新、流程创新、生产创新和技术创新	Tseng 等（2012）
渐进式创新与突破式创新	Roscoe 等（2016）

资料来源：笔者根据相关资料整理。

2. 绿色创新的驱动因素

企业为什么要进行绿色创新？绿色创新的驱动因素从不同逻辑出发的分类不同，现有研究主要分为两种逻辑：层次逻辑（Díaz-García 等，2015）和内外逻辑（Horbach 等，2012）。其中，层次逻辑主要将驱动因素分为微观因素（结构因素、战略与商业逻辑等）、中观因素（市场动态、金融网络等）、宏观因素（政策工具、产业、区域因素等）；内外逻辑则将驱动因素分为内部驱动因素与外部驱动因素，具体如表 6-4 所示。

表 6-4　基于内外逻辑的绿色创新驱动因素

驱动因素	维度	文献
外部驱动因素	监管要求与政府规制	Antonioli 等（2013）
	市场需求与客户压力	Chen 等（2017）
	技术推进与外部合作	Horbach（2008）；Triguero 等（2013）
内部驱动因素	内部环境管理体系	Huang 等（2016）
	组织能力	Kesidou 和 Demirel（2012）
	管理者的作用	Huang 等（2016）；Hojnik 和 Ruzzier（2016）
	组织基本特征	Hojnik 和 Ruzzier（2016）

资料来源：笔者根据相关资料整理。

内外逻辑下驱动绿色创新的关键动因主要有以下四点：一是政府监管，政府的监管和政策的严格性是绿色创新的一个日益重要的驱动力，企业需要遵守并执行政府颁布的环境法规和政策，因此面对非常严格的环境法规的企业更有可能进行绿色创新；二是市场拉动，客户需求、市场份额等都会对绿色创新产生影响，当产品为客户带来附加价值时，客户利益在绿色创新中发挥关键作用；三是技术推动，环保技术的发展和企业技术研发能力的提高对触发绿色创新有着正向的影响作用；四是企业自身的特定因素，如企业家的环保意识、战略思维以及企业知识转移机制和网络参与度也会影响企业的绿色创新决策。

3. 绿色创新的结果

企业实施绿色创新的结果可用企业可持续发展绩效评估，可持续发展绩效分为环境社会责任绩效与财务绩效（解学梅和朱琪玮，2021）：环境社会责任绩效要求企业具有产生环境效益的技术和提供产品或服务的能力；财务绩效要求企业创造最佳财务收益，以确保其在市场上的长期生存能力。

（二）创新管理与绿色发展的研究前景

绿色创新的研究正进入快速发展的阶段，并且逐渐和其他的理论进行了结合。未来，绿色创新也将在研究内容、研究对象、研究方法等诸多方面进行下一步的拓展，为我国环境可持续发展提供理论指导。

1. 研究趋势

自2006年以来，绿色创新研究进入多元化发展阶段，主要表现在三个方面：研究内容上，进一步深入绿色产品创新、绿色工艺创新、绿色管理创新等领域；研究对象上，从一般绿色创新理论研究向特定对象转变，如针对区域、制造业、企业进行绿色创新研究；研究方法上，绿色创新的理论研究和定性研究仍然被广泛应用，但基于案例的定性研究越来越受到重视（杨朝均等，2016）。

绿色创新作为组织实现可持续发展的重要路径，学者们在继续探索绿色创新内涵、维度的同时，未来还需要在绿色创新的模式、绿色创新能力的构建、绿色创新绩效的评估等方面开展研究。

2. 未来研究话题

（1）绿色创新战略的影响因素及实施过程。

绿色创新战略是指企业以可持续发展为目标，设计和开发环保工艺、产品，或改善企业的管理方法，从而使所生产的产品和服务能够满足人类需求并改善人们的生活质量，同时减少对环境的负面影响，维持企业的持续经营（黄晓杏等，2015）的规划。绿色创新战略强调在经营活动中主动减少对环境的消极影响，并将环保责任纳入战略规划（Eiadat 等，2018）。

随着企业对绿色发展的重视，绿色创新作为企业战略得到了学术与实践界的关注，认为绿色创新战略能够提高企业资源利用效率，进而提升企业绩效（陈泽文和曹洪军，2019）。未来围绕绿色创新战略研究，一方面，可以多关注企业如何实施绿色创新战略，打开企业实施绿色创新战略过程的“黑箱”；另一方面，可以多维度探讨企业实施绿色创新战略的影响因素，充分关注到多个维度对绿色创新战略的整体影响。

（2）绿色创新与绿色动态能力的关系。

在组织绿色创新战略的实施过程中，绿色动态能力的构建是实现长久的持续发展的动力。绿色动态能力构建的分析是建立在动态能力构建理论基础上的（曹翠珍和赵国浩，2017）。Chen（2013）将绿色动态能力视为公司利用现有资源更新及发展绿色组织能力以应对动态市场变化的独特能力，但并没有对其确定具体划分维度。李先江（2014）在中国的创业情境下，将绿色元素融入动态能力的概念中，正式提出了绿色动态能力的概念与内涵，并将其定义为，绿色创业企业为了应对组织环境变化，通过组织学习而对包括绿色资源在内的组织内外部资源进行重新组合，突破原有路径依赖形成新的组织惯例及战略惯例，以实现创业与生态环境和谐统一的能力。

学者们在分析绿色创业导向与绿色动态能力的关系时，将绿色创新作为绿色创业导向的关键组成部分，间接揭示绿色动态能力对进行绿色创新并最终实现企业成长具有积极作用。基于此，黄晓杏等（2015）开始直接探讨绿色创新与绿色动态能力的关系。随后，绿色创新与绿色动态能力的交互研究开始兴起，人们从直接探讨相互影响效应及其作用（曹翠珍和赵国浩，2017），再到引入网络关系强度（邢丽云和俞会新，2018）、环境规制、高管环保认知（邢丽云和俞会新，2020）等相关影响因素，探究两者相互影响的细化机制。综合现有研究，目前在探讨绿色创新与绿色动态能力的关系时主要存在两类意见：一是认为绿色创新是绿色动态能力构建的基础（黄晓杏等，2015）；二是认为绿色动态能力推动了绿色创新的实现（邢丽云和俞会新，2018）。

在未来对绿色创新与绿色动态能力关系的研究中，一方面，可以深入探讨企业绿色创新如何对应影响绿色动态能力构建；另一方面，可以跳出现有动态能力的研究框架，从研究绿色创新与绿色动态能力的单向流动关系，转向讨论绿色创新与绿色动态能力的双向关系。

第二节　创新管理思想的未来发展

一、研究方法的规范化

尽管创新管理理论多样，但在创新管理领域的方法多为案例研究、定量研究或概念性论文，在研究方法的规范性上还有很大的进步空间，未来创新管理的研究一定是多元方法的使用。“创新管理”的国际权威期刊 *R & D Management* 于 2020 年 6 月也推出了“创新管理研究方法”的特刊，强调说尽管创新管理已经得到了很好的发展，但目前没有普遍地对创新管理方法论的讨论（Ritala 等，2020）。本部分将结合此特刊内容对创新管理领域的案例研究、文本挖掘、定量研究、行动研究、设计研究进行简介，以响应创新管理领域对研究方法严谨性与多元性统一的呼吁。

（一）案例研究

创新管理领域的案例研究方法长期存在使用范式不一致、缺乏透明度和过度依赖特定方法等问题，并在一些基础问题的认知上没有达成统一，如对研究方法选择及案例选择没有充足的理由或没有解释；理论抽样、数据收集及分析的透明度低；理论产生的成熟过程不清晰等（Elsahn 等，2020）。

Elsahn 等（2020）发表 *Are Rigor and Transparency Enough? Review and Future Directions for Case Studies in Technology and Innovation Management*（《是否足够严谨和透明？技术和创新管理案例研究的回顾和未来方向》）一文，对 2013—2018 年发表在 31 本期刊技术和创新管理领域的 311 篇案例论文进行分析，提出了三种案例研究方法范式：方差定性案例研究、弱过程定性案例研究、强过程定性案例研究。在方差定性案例研究中，技术和创新管理现象被概念化为实体或事物，一是在先验理论提出或归纳推导的构造之间建立差异或关系；二是充实某些属性、特征及其关系现象，然后以类型学的形式呈现。在弱过程定性案例研究中，将技术和创新管理现象概念化为实体或事物，目的是通过识别不同的事件、循环或阶段来解释现象的变化。在强过程定性案例研究中，将技术和创新管理现象概念化为不断变化的，并试图理解过程的展开。

此外，为了解决创新管理领域案例研究论文长期存在的透明度等问题，Goffin 等（2019）基于通过回顾 20 年（1997—2016 年）在五个创新管理顶级期刊上发表的 818 篇案例研究论文，开发出用于评估案例研究论文质量的 CASET（Case Study Evaluation Template）模板，从研究设计、数据收集、数据分析、事后四个方面的 10 个指标进行评价，为解决案例研究论文常见的不透明等问题提供了可衡量的依据，具体如表 6-5 所示。

表 6-5　用于评分案例研究文章的 CASET 评估模板（0 ～ 10 等级的评级质量）

	评估标准	措施说明	评定语句	分数（0/1）
研究设计	理论基础	是否明确解释为什么案例方法是最合适的？	0=“否”：没有明确说明为什么在研究中采用案例方法。 1=“是”：有一个明确的论据，说明为什么在研究中采用案例方法	

续表

	评估标准	措施说明	评定语句	分数（0/1）
研究设计	试验研究	主要研究是否进行了试点研究？	0=“否”：没有试点研究。 1=“是”：在主要研究之前进行了一项试点研究	
	理论抽样	是否解释了选择的那些案例？为什么？	0=“否”：没有给出关于如何选择案例的明确论据。 1=“是”：案例选择用于理论目的，例子范围从讨论为什么选择案例到讨论极端的选择，其中案例对构造物表现出极高或极低的价值出于兴趣	
数据收集	三角	该研究是基于多种数据来源吗？	0=“否”：研究仅基于一个数据来源。 1=“是”：该研究基于多个数据来源	
	审查和验证证据	证据是否经过外部各方审查和验证？	0=“否”：证据未经审核和验证。该文章没有明确说明是否对证据进行了审查和验证。 1=“是”：证据由受访者和/或公司审查和验证（例如通过数据反馈会议）；或者不是主要数据收集的其他研究人员	
	数据收集的透明度	是否明确了数据收集过程是如何进行的？	0=“否”：数据收集过程不清晰透明，因为没有足够的信息来说明收集数据（在领域、主题或结构方面）的来源和内容，数据收集过程无法复制。 1=“是”：数据收集过程清晰透明，因为报告了访谈主题，问题或研究工具，例如指定数据收集情况的研究协议，数据收集过程可以被复制	
数据分析	编码协议	这些数据是由多名调查员编码的吗？	0=“否”：数据未由多名独立工作的调查员编码，或者没有关于如何实现编码间协议的信息。 1=“是”：数据由多名独立工作的调查员编码，并解释了如何实现可接受的编码间协议	

续表

	评估标准	措施说明	评定语句	分数（0/1）
数据分析	案例介绍	研究结果和经验证据是否以明确作者如何得出结论的方式呈现?	0=“否”：作者根据案例数据得出结论的方式既不明确也没有记录。他们的重点是“讲述故事”而不是“显示证据”，并且没有选择任何引用来支持作者的结论。 1=“是”：文章明确而清晰地展示了如何使用经验数据得出结论，提供明确的“证据线索”(通过使用表格、数据显示、编码方案和其他视觉辅助工具)	
	案例解释	案例分析是否超出了描述和概念排序	0=“否”：案例分析的结果主要是描述性地和/或简单地包括将数据压缩成模式和概念。 1=“是”：解释超越了描述和概念排序，产生了意义的产生和案例事实的概念意义。这是通过，例如，从案例中开发概念框架或模型，制定要通过未来研究测试的命题，和/或系统地讨论与现有文献相关的结果来实现的	
事后	反思有效性和可靠性	是否有关于研究质量的讨论	0=“否”：没有关于研究质量的明确讨论。 1=“是”：有一个明确的讨论反映了研究的质量（在研究设计阶段或考虑限制的部分），其中涵盖了有效性和可靠性的一个或多个维度，表明作者意识到需要确保严谨	
			总体质量得分（满分 10 分）	

资料来源：根据 Goffin 等（2019）相关论述整理。

（二）定量方法

定量方法被长期用于创新管理的研究中，但目前创新管理的定量研究（调查、二手数据和实验）大部分是演绎研究，即学者要依靠现有的理论来制定关于不同概念之间特定关系的假设，并通过定量数据用于检验这些假设。Faems（2020）讨论了学者如何将定量数据用于归纳创新管理研究，提供了关于定量数据如何丰富归纳研究以及补充创新管理中现有演绎研究的新视角。

Faems（2020）呼吁创新管理的研究需要由演绎研究向归纳研究转变。一是定量数据补充定性归纳研究，通过定量数据去增强案例研究的内部效度与外部效度，推动定性和定量方法的整合，提升新兴理论得出的有效性；二是将定量数据作为归纳研究的核心数据，通过替代方法（如聚类分析、模糊集定性比较分析、机器学习等）将定量数据用于归纳研究，帮助在相对未探索的现象上产生新的类型；三是缩小执行和呈现定量研究之间的差距，现有定量研究的报告存在限制透明度和降低有趣性两方面的问题，以更归纳的方式报告定量研究，可以更好地理解一些意外或反直觉的发现，以缩小定量研究人员所做的工作与已发表文章中的表述方式之间的差距。

（三）文本挖掘

文本挖掘是创新管理理论领域最新的方法之一，是一个集计算机和信息科学、数学（计算）和语言学的交叉领域，可以通过分析大型文本语料库进行透明度和可重复性的管理学研究，其为创新管理的研究带来了新的机会。但是，目前发表的文本挖掘论文还存在一些问题，如没有报告使用的数据集的大小、没有说明数据来源、没有指明使用的软件，这导致了研究的可重复性受限。

Antons 等（2020）通过对采用文本挖掘技术的 124 篇创新管理领域期刊文章进行系统梳理，指出在创新管理领域使用文本挖掘至少需要披露六个方面：所使用的文本类型、这些数据的来源、分析的数据量、用于运行预处理的软件、用于预处理数据的技术（包括对这如何影响文本基础的详细描述）及用于分析文本的算法类型（包括所做的选择通过设置方法参数来微调算法）。

（四）行动研究

行动研究方法因其对实践问题的指导性而越来越受到创新管理学者的重视，但目前行动研究方法存在研究步骤不清、与创新管理领域结合不密切、创新管理理论与实践结合不紧密等问题，已有创新管理学者呼吁应该鼓励和支持创新管理中的行动研究，需要与更有效的举措将行动研究应用于创新管理领域（Guertler 等，2020）。

Guertler 等（2020）从创新管理的角度评估现有跨学科行动研究方法的优势和局限性，提出了一个新的行动创新管理研究（AIM-R）框架，用于解决创新管理领域理论和实践连接的问题。此框架具体包括五个步骤：分析和框架、项目规划、行动执行、反思和学习，以及沟通和调整。分析和框架指定行动研究项目的特定目标、框架和背景，同时确定关键利益相关者及其利益，目的是明确项目范围、学术和实践目标以及包括他们利益在内的关键利益相关者的意图；项目规划包括 AIM-R 目标、项目活动、时间表、所需资源和成功衡量，目的是提出研究问题或假设，以及制订包括所有项目活动、方法、项目管理措施和利益相关者参与的项目计划和时间表；行动执行是实施阶段，遵循已制订的项目计划，但也包括必要时的灵活项目调整，目的是针对特定的创新管理实践问题开发解决方案，以及获取项目计划中的研究数据；反思和学习阶段需要分析项目成果和研究数据，通过研究人员和从业人员的个人经验为学术界和实践界提供经验，目的是从学术与实践贡献角度对研究成果开展系统分析和讨论；沟通和调整将项目发现传达给不同的创新管理利益相关者社区，并为未来的 AIM-R 项目得出研究方向。

Ollila 和 Yström（2020）则讨论了创新管理与行动研究结合的三大优势、三个挑战、三个空间。创新管理研究与行动研究方法的结合为创新管理领域的发展提供了丰富的洞察力与严谨的理论，但同时也面临着三个挑战：研究过程反思性和渐进性的挑战，研究人员既是局外人又是局内人的挑战，以及研究结果既是一般性又是特殊性的挑战。面向未来，在创新管理领域的行动研究方法需要做好学术—实践者—行动研究方法三者的统一，共同推动行动研究在创新管理领域的运用。

（五）设计研究

创新管理中的设计研究是一种基于设计的务实且以人为本的研究方法，旨在创造和提供实用知识。

Auernhammer（2020）提供了通过设计研究分析创新管理的指南，包括六个环节：一是协同设计研究的组织意图，每个合作研究项目都以某种未解决的问题或战略意图开始；二是组织需求，通过经验观察识别已培养或系统化的重复出现的问题情况，以及直接或间接涉及问题情况的利益相关者的需求；三是组织原型，对快速可视化和原型设计实践的改编；四是创新管理设计研究实践知识的构建与利用，构建实践知识是基于对意图、问题背景和解决方案影响之间关系中固有的经验观察；五是代表创新能力的设计模式语言，将设计模式组合成一个综合的模式语言，可以代表公司的创新能力；六是通过发布实践知识为创新管理研究做出贡献，创新管理中开发和发布的模式语言和设计模式为促进创新提供了可操作的指南。该指南能够指引创新管理从业者在理论解释之外的高度不确定性和复杂性中采取行动。

此外，通过设计研究进行创新管理设计时需要考虑五个因素：研究人员的主动和被动角色、人类价值观和动机、原型组织、复制和规模，以及构建创新管理实践知识的有效性。

二、研究情境的本土化

随着经济的快速发展，我国在数字经济、电商平台、乡村振兴、大国重器等诸多方面具有世界领先的经验。实践中的经验不仅为理论的构建提供了良好的基础，也极大地推动了我国原创性创新管理的发展。

（一）中国本土创新管理理论的有益尝试

1. 中国情境中的二次创新

中国企业在全球竞争中面临处于相对技术劣势的追赶问题，浙江大学吴晓波教授在对创新空间上的扩展过程、技术创新发展规律进行充分研究的基础上，结合中国后发企业追赶过程中“技术机制”日益多元化、“所有制制度”处于转型时期、“全球网络”正在兴起、“市场空间”趋于多层次的“四位一体”的信息化时代情境，提出了二次创新理论，为中国企业从后发追赶到追赶提供了理论指导。

2. 中国情境中的非对称创新

中国企业的创新全球化经历了创新走出去、创新走进去、创新走上去的“三步跨越”。面对中国企业在追赶过程中的外来者劣势、来源国劣势等挑战，浙江大学魏江教授指出，由于中国市场的制度要素、技术体制和市场要素的不对称，从而导致中国企业创新全球化追赶路径和发展道路的不对称，进而提出了具有中国特色的“非对称创新战略”，总结中国企业在创新全球化追赶过程中的解决方案，构建起中国后发企业创新发展模式理论。

3. 整合式创新与中国情境

创新管理理论多来自西方，与中国情境中的全局观、天人合一、和合不同等哲学思想存在差异。针对创新管理理论与中国情境未结合的问题，清华大学陈劲教授提出整合式创新理论，将战略创新、协同创新、全面创新和开放式创新相统一，强调在战略引领的整体哲学视野下，有机整合自然科学的趋同思维和社会科学的发散思维，将中国文化、中国情境与创新范式进行结合，对我国重大科技创新领域的实践提供指导。

（二）中国本土创新管理理论的未来研究机会

中国经济进入了快速发展的阶段，各种新模式、新业态层出不穷，为中国本土创新管理理论的构建提供了新的机遇。未来，中国本土的创新管理理论要紧密结合中国实践，提炼出符合中国情境的创新管理原创理论。

1. 数字中国与创新管理

中国的数字经济正处于一个蓬勃发展的时期，各种数字创新的模式屡见不鲜，并且在多个数字创新领域处于全球领先地位。《中共中央关于制定国民经济和社会发展第十四个五年规划和二〇三五年远景目标的建议》（以下简称《建议》），明确提出要“加快数字化发展”，加快建设数字经济、数字社会、数字政府，以数字化转型整体驱动生产方式、生活方式和治理方式变革。

第一，制造企业数字化转型中的创新管理。制造业是国民经济的主体，是立国之本、强国之基，是国家经济命脉所系。《建议》明确提出，要坚持把发展经济着力点放在实体经济上，坚定不移建设制造强国、数字中国等，推动制造业高质量发展。作为制造强国与数字中国建设任务的核心交会，制造企业数字化转型是顺应时代浪潮的必然选择。我国已形成了独立完整的现代工业体系，是名副其实的制造大国，但“大而不强”的问题仍然存在。未来，随着数字技术的快速发展与经济转型的发展趋势，推动制造企业由传统制造向智能制造转型，实现由中国制造向中国“智造”的飞跃，将给创新管理理论发展带来新的研究议题。

第二，政策对企业数字化转型的影响研究。一方面，可以通过识别环境对数字化转型过程的影响机制进而对数字商业战略的研究有所贡献，更能对制度视角下的战略研究有一般性贡献。另一方面，可以探讨独特的中国市场、技术、制度、组织情境是如何驱动数字创新，以及如何影响企业从数字创新中获益的。未来可以进一步以中国企业的数字创新实践为基础，深化和拓展这一方向上的研究。

第三，数字基础设施的构建与治理。探究具有中国特色的技术、市场、制度体制下数字基础设施的构建与治理问题，不仅能在相关理论方面有所贡献，更能为中国情境下的管理实践发展提供指导。

第四，数字平台及生态系统的构建、演化、治理问题。一方面，由于中国的市场环境、制度环境极具复杂性与特殊性；另一方面，中国的数字平台及数字平台构建的生态系统发展迅速，能够在短时间内快速迭代，平台模式多样。通过探究对中国情境下数字平台及生态系统的构建和演化治理，不仅能在相关理论方面有所贡献，更能为中国情境下的管理实践发展提供指导。

2. 共同富裕与创新管理

共同富裕是指全体人民通过辛勤劳动和相互帮助最终达到丰衣足食的生活水平，也就是消除两极分化和贫穷基础上的普遍富裕。在从脱贫攻坚到乡村振兴的有效衔接过程中，各类利益相关者通过实施各种创新举措齐力推动共同富裕的实现。

第一，农村电商中的创新发展。中国的脱贫攻坚战已取得全面胜利，中华民族在几千年发展历史中首次整体消除了绝对贫困。在中国减贫、脱贫以及乡村振兴的过程中，农村电商平台、淘宝电商、短视频、电商直播等多种电商创新方式发挥了关键作用。农民不再是消费者，而开始成为合作伙伴甚至创业者。未来对于乡村振兴中的创新管理研究，可关注社会创新和数字创新的交叉研究，从创新管理的角度探讨如何通过电商实现富裕的发展路径。

第二，产业发展中的创新发展。产业振兴是乡村振兴的关键，是乡村经济社会发展的根基。但大部分农村地区发展受限，存在资源多却无法发挥其作用、无资源无法开发产业等矛盾。未来，我们将基于中国农村地区的产业振兴实践问题，在包容性创新、反贫困创新、朴素式创新等理论的基础上，探讨中国农村在资源受限与资源饱和等多种情境下实现共同富裕的关键与路径，构建符合中国乡村产业振兴的创新管理之路。

小结与评述

当下，全球新一轮科技革命正向纵深推进，大批企业和产业发展所面临的关键核心技术“卡脖子”难题亟待解决，以华为公司为代表的中国领军企业技术创新正步入“无人区”，急需理论创新加以引领和指导，以助力国家和企业顺应全球创新格局演变趋势，针对面向未来的科技创新重点领域、重大技术和重要环节开展超前布局。

习近平总书记在党的十九大报告中指出：“实践没有止境，理论创新也没有止境。世界每时每刻都在发生变化，中国也每时每刻都在发生变化，我们必须在理论上跟上时代，不断认识规律，不断推进理论创新、实践创新、制度创新、文化创新以及其他各方面创新。”这不但强调了理论创新的重要性，也为进一步立足中国、面向全球，推进中国特色创新理论体系优化、完善新时代中国特色社会主义创新思想指明了方向。

展望未来，全球经济政治和创新格局进入快速演进阶段，也是中国比较优势转换期，更是中国崛起的关键期。扎根中国创新实践、面向全球科技前沿、面向经济社会发展主战场、面向科技创新强国战略目标，通过理论创新加快完善中国特色创新理论体系，是未来中国超越追赶、实现创新引领发展的重要战略支撑。

中国创新理论和创新研究学者需要以新时代科技创新思想为指导，在深入研究创新一般规律的基础上，以面向“技术预见

2035”和“中国2049战略”为着眼点，以推动中国和全球可持续发展为使命，加快推动中国创新理论崛起和创新理论体系建设。在这一过程中，中国创新研究学者既要扎根中国本土企业的创新实践，也要积极吸收和借鉴国外学者对中国创新的研究和批判性思考。这不但能够推动东西方创新理论对话和整合突破，也将加快推动创新型国家建设从创新驱动迈向创新引领，加速培育世界一流企业，建设面向未来的科技创新强国，并最终为推动全球可持续发展和建设人类命运共同体贡献更多中国智慧、中国方案和中国力量。

参考文献

［1］安同良，王文翌，王磊. 中国自主创新研究文献综述［J］. 学海，2012（2）：43-49.

［2］曹聪，李宁，孙玉涛. 中国中长期科技规划与自主创新战略（2006—2012）［J］. 科学学研究，2018，36（12）：2122-2124+2128.

［3］曹翠珍，赵国浩. 资源型企业绿色创新、绿色动态能力与竞争优势的实证检验［J］. 统计与决策，2017，474（6）：177-181.

［4］曾宪奎. 自立自强：我国技术创新战略思路的转变［J］. 广西社会科学，2021（8）：18-24.

［5］查成伟，陈万明，唐朝永，等. 智力资本、失败学习与低成本创新间关系的实证研究［J］. 技术经济，2015，34（2）：35-43.

［6］常修泽. 包容性体制创新论——关于中国改革、两岸整合和新普世文明的理论探讨［J］. 上海大学学报（社会科学版），2012，29（5）：1-15.

［7］陈红花，尹西明，陈劲，等. 基于整合式创新理论的科技创新生态位研究［J］. 科学学与科学技术管理，2019，40（5）：3-16.

［8］陈红花，尹西明，陈劲. 脱贫长效机制建设的路径模型及优化——基于井冈山市的案例研究［J］. 中国软科学，2020（2）：26-39.

［9］陈宏权，曾赛星，苏权科. 重大工程全景式创新管理——以港珠澳大桥工程为例［J］. 管理世界，2020，36（12）：212-227.

［10］陈劲，陈钰芬. 开放创新体系与企业技术创新资源配置［J］. 科研管理，2006（3）：1-8.

［11］陈劲，吕文晶. 中国企业的创新之路［J］. 科学与管理，2017，37（1）：1-5.

［12］陈劲，邱嘉铭，沈海华. 技术学习对企业创新绩效的影响因素分析［J］. 科学学研究，2007（6）：1223-1232.

［13］ 陈劲，曲冠楠，王璐瑶. 有意义的创新：源起、内涵辨析与启示［J］. 科学学研究，2019，37（11）：2054-2063.

［14］ 陈劲，王方瑞. 我国自主创新与知识产权管理系统［J］. 公共管理学报，2006（4）：52-57+109-110.

［15］ 陈劲，尹西明，梅亮. 整合式创新：基于东方智慧的新兴创新范式［J］. 技术经济，2017，36（12）：1-10+29.

［16］ 陈劲，尹西明，赵闯. 反贫困创新的理论基础、路径模型与中国经验［J］. 天津社会科学，2018（4）：106-113.

［17］ 陈劲，俞湘珍，王姝. 有中国特色的自主创新之路与政策［J］. 管理工程学报，2010，24（S1）：12-20.

［18］ 陈劲，陈红花，尹西明，等. 中国创新范式演进与发展——新中国成立以来创新理论研究回顾与思考［J］. 陕西师范大学学报（哲学社会科学版），2020，49（1）：14-28.

［19］ 陈劲，陈钰芬. 赢在服务创新［M］. 北京：机械工业出版社，2004.

［20］ 陈劲，王锟，Hang Chang Chieh. 朴素式创新：正在崛起的创新范式［J］. 技术经济，2014，33（1）：1-6+117.

［21］ 陈劲，吴欣桐. 面向 2035 年的中国科技创新范式探索：整合式创新［J］. 中国科技论坛，2020（10）：1-3.

［22］ 陈劲，阳银娟. 协同创新的理论基础与内涵［J］. 科学学研究，2012，30（2）：161-164.

［23］ 陈劲，尹西明，蒋石梅. 跨国并购视角下，吉利整合式创新"逆袭"之路［J］. 清华管理评论，2019（3）：102-110.

［24］ 陈劲，尹西明，梅亮. 整合式创新：基于东方智慧的新兴创新范式［J］. 技术经济，2017，36（12）：1-10+29.

［25］ 陈劲，尹西明. 从自主创新走向整合创新［J］. 企业管理，2019（1）：16-18.

［26］ 陈劲，俞湘珍，王姝. 有中国特色的自主创新之路与政策［J］. 管理工程学报，2010，24（S1）：12-20.

［27］ 陈劲. 创新全球化——企业技术创新国际化范式［M］. 北京：经济科学出版社，2003.

［28］ 陈劲. 从技术引进到自主创新的学习模式［J］. 科研管理，1994（2）：32-34+31.

［29］ 陈凌云，李夏莲，高照军. 开放式创新视角下二次创新与创新绩效的关系

研究［J］. 软科学，2016，30（7）：6-10+14.
［30］陈钰芬，陈劲. 开放式创新促进创新绩效的机理研究［J］. 科研管理，2009，30（4）：1-9+28.
［31］陈元志，吉超. 包容性创新的研究现状、热点和趋势——基于文献计量学的视角［J］. 中国科技论坛，2019（6）：40-47.
［32］陈云，杜鹏程，王雪. 持续创新研究主题及其动态演变——基于 CITE-SAPCE 的知识图谱分析［J］. 科技进步与对策，2018，35（17）：151-160.
［33］陈泽文，曹洪军. 绿色创新战略如何提升企业绩效——绿色形象和核心能力的中介作用［J］. 华东经济管理，2019，33（2）：34-43.
［34］褚杉尔，高长春，高晗. 企业家社会资本、融资约束与文化创意企业创新绩效［J］. 财经论丛，2019（10）：53-63.
［35］崔淼，苏敬勤. 技术引进与自主创新的协同：理论和案例［J］. 管理科学，2013，26（2）：1-12.
［36］丁宇. 创新型企业文化对企业成长的影响——基于 3 家创新领先企业案例的研究［J］. 科技导报，2020，38（15）：138-148.
［37］樊增强. 中国科技创新短板的表现、原因及其弥补［J］. 福建论坛（人文社会科学版），2019（4）：21-27.
［38］范轶琳，姚明明，吴卫芬. 中国淘宝村包容性创新的模式与机理研究［J］. 农业经济问题，2018（12）：118-127.
［39］冯立杰，杜靖宇，王金凤，等. 颠覆式创新视角下后发企业价值网络演变路径［J］. 科学学研究，2019，37（1）：175-183.
［40］冯立杰，周荣荣，王金凤. 颠覆式创新视阈下在位企业价值网络的演变路径［J］. 南开管理评论，2022（1）：1-16.
［41］付亚玲. 技术知识定位矩阵在技术创新路径组合中的应用［J］. 科研管理，2005（6）：63-69.
［42］傅家骥. 国企如何构建开发与激励的机制［J］. 中外管理，1998（7）：10-13.
［43］高传贵，张莹. 企业自主创新路径、模式与实现机制研究［J］. 山东社会科学，2018（4）：143-147+142.
［44］高良谋，马文甲. 开放式创新：内涵、框架与中国情境［J］. 管理世界，2014（6）：157-169.
［45］高顺成. 企业服务创新源泉及其发展演进研究［D］. 上海：东华大学，2013.

［46］ 高旭东. 技术创新能力培养：特定的培养顺序还是有效的 R&D［J］. 科学学与科学技术管理，2005（6）：64-68.

［47］ 高照军，张宏如，蒋耘莛. 制度合法性距离、二次创新与开放式创新绩效的关系研究［J］. 管理评论，2018，30（3）：47-59.

［48］ 高照军，张宏如. 开放式创新视角下的内向型与外向型模式选择过程机理研究［J］. 科学学与科学技术管理，2017，38（10）：92-106.

［49］ 郭爱芳，杨艺璇，王正龙，等. 企业技术搜寻行为与自主创新能力共演机制仿真分析［J］. 科技管理研究，2021，41（24）：9-17.

［50］ 郭斌，孙爱英. 企业资源与组合创新的关系研究［J］. 科学学与科学技术管理，2009，30（3）：69-72.

［51］ 郭咏琳，周延风. 从外部帮扶到内生驱动：少数民族 BoP 实现包容性创新的案例研究［J］. 管理世界，2021，37（4）：159-180.

［52］ 洪闯，李贺，祝琳琳，等. 国内开放式创新研究述评与趋势展望［J］. 现代情报，2018，38（6）：165-171+177.

［53］ 洪勇，苏敬勤. 我国复杂产品系统自主创新研究［J］. 公共管理学报，2008（1）：76-83+124-125.

［54］ 胡海波，涂舟扬，胡大立. 动态演化视角下企业自主创新动力机制——正邦科技的案例研究［J］. 江西财经大学学报，2016（4）：40-51.

［55］ 胡海波，管永红，费梅菊，等. 企业创新网络演化机制双案例研究：企业家精神与关系嵌入驱动［J］. 科技进步与对策，2020，37（4）：89-98.

［56］ 胡海波，管永红，胡京波，等. 动态能力视角下共享经济的商业生态模式演化研究——设客网研发设计众包案例［J］. 中国科技论坛，2017（8）：159-167.

［57］ 胡海波，黄涛. 全球化视角下我国汽车制造企业创新网络演化路径：“江铃”与“奇瑞”双案例研究［J］. 科技进步与对策，2016，33（22）：69-77.

［58］ 胡海波，卢海涛，毛纯兵. 开放式创新视角下众创空间创意获取及转化：心客案例［J］. 科技进步与对策，2019，36（2）：10-19.

［59］ 胡海波，卢海涛. 企业商业生态系统演化中价值共创研究——数字化赋能视角［J］. 经济管理，2018，40（8）：55-71.

［60］ 胡海波，毛纯兵，卢海涛，等. 后发企业如何实现颠覆——基于创新价值链的双案例研究［J］. 创新与创业管理，2021（25）：113-132.

［61］ 胡海波，周洁，卢海涛. 数字化转型推动制造企业高质量发展：基础、挑

战与对策［J］. 企业经济，2022，41（1）：17-23.
［62］胡海波. 产业自主创新能力评价指标体系构建及实证检验［J］. 财经问题研究，2010（9）：28-32.
［63］胡海波. 基于技术创新和制度创新互动的自主创新能力分析［J］. 湖南社会科学，2012（4）：133-136.
［64］胡琳娜，陈劲. 整合式创新的框架及机理分析［J］. 科学管理研究，2020，38（4）：2-9.
［65］黄鲁成. 关于我国技术创新研究的思考［J］. 中国软科学，2000（3）：50-53.
［66］黄晓杏，胡振鹏，傅春，等. 绿色创新战略对企业绩效的影响机理——基于绿色动态能力的中介效应［J］. 科技进步与对策，2015，32（17）：104-109.
［67］James M Utterback. 把握创新［M］. 高建，李明，译. 北京：清华大学出版社，1999.
［68］贾根良. 理解演化经济学［J］. 中国社会科学，2004（2）：33-41.
［69］江凌. 中国文化企业自主创新的现状与提升路径［J］. 云南社会科学，2013（1）：98-102.
［70］江诗松，龚丽敏，魏江. 转型经济背景下后发企业的能力追赶：一个共演模型——以吉利集团为例［J］. 管理世界，2011（4）：122-137.
［71］江诗松，龚丽敏，魏江. 转型经济中后发企业的创新能力追赶路径：国有企业和民营企业的双城故事［J］. 管理世界，2011（12）：96-115+188.
［72］姜华. 融合创新、不断超越的企业自适应能力——福建实达电脑集团核心竞争力剖析［J］. 福建行政学院福建经济管理干部学院学报，2000（1）：13-15.
［73］蒋东生. 从差异性事实出发建构管理学的中国理论［J］. 管理学季刊，2018，3（2）：19-23+145.
［74］解学梅，朱琪玮. 企业绿色创新实践如何破解“和谐共生”难题？［J］. 管理世界，2021，37（1）：128-149+9.
［75］康胜. 从系统稳定性看经济全球化演进中的经济一体化［J］. 系统辩证学学报，2003，11（3）：46-51.
［76］李贵春，李从东，李龙洙. 基于 CAS 的供应链网络结构动态分析［J］. 工业工程，2005（3）：23-26.
［77］李红玲，何馨，张晓晓. 中国淘宝村发展中的政府行为研究：包容性创新

理论和政策文本分析视角［J］. 科研管理，2020，41（4）：75-84.
［78］ 李具恒. 自主创新新解："概念硬核"视角的集成［J］. 科学学与科学技术管理，2007（7）：43-49.
［79］ 李倩，于娱，施琴芬. 基于知识图谱的国内外颠覆式创新研究对比分析［J］. 科技管理研究，2020，40（15）：9-19.
［80］ 李随成，姜银浩. 供应商参与 NPD 与企业自主创新能力的关系机理研究［J］. 科研管理，2011，32（2）：20-27.
［81］ 李随成，姜银浩. 供应商参与新产品开发对企业自主创新能力的影响研究［J］. 南开管理评论，2009，12（6）：11-18.
［82］ 李随成，姜银浩. 装备制造企业自主创新能力探索性因素分析及其实证研究［J］. 科学学研究，2009，27（8）：1255-1262.
［83］ 李随成，黄聿舟，裴旭东. 供应商参与新产品开发的治理机制前置因素研究［J］. 管理评论，2014，26（4）：166-176.
［84］ 李先江. 新服务企业绿色创业导向、绿色动态能力与企业成长的关系［J］. 财经论丛，2014，178（2）：79-84.
［85］ 李晓翔，马竹君，谢阳群. 拼凑与朴素：资源匮乏情境下中小企业知识管理策略［J］. 情报理论与实践，2017，40（12）：81-87.
［86］ 李勇辉，袁旭宏，潘爱民. 企业非技术创新理论研究动态［J］. 经济学动态，2016（5）：121-129.
［87］ 李垣，魏泽龙. 中国企业创新 40 年［J］. 科研管理，2019（6）：152-159.
［88］ 林春培，余传鹏，吴东儒. 探索式学习与利用式学习对企业破坏性创新的影响研究［J］. 研究与发展管理，2015，27（6）：19-28.
［89］ 林海芬，苏敬勤. 中国企业管理创新理论研究视角与方法综述［J］. 研究与发展管理，2014（2）：110-119.
［90］ 林筠，刘伟，李随成. 企业社会资本对技术创新能力影响的实证研究［J］. 科研管理，2011，32（1）：35-44.
［91］ 林祥. 何为中国特色自主创新道路之"特色"［J］. 科学学研究，2015（6）：801-809.
［92］ 蔺雷，吴贵生. 服务创新调查数据库的构建及其应用——国内外研究的综述与展望［J］. 科学学研究，2006（S2）：661-667.
［93］ 刘汉民，解晓晴，齐宇. 工业革命、组织变革与企业理论创新［J］. 经济与管理研究，2020，41（8）：3-13.
［94］ 刘劲杨. 知识创新、技术创新与制度创新概念的再界定［J］. 科学学与科

学技术管理，2002，23（5）：4.

［95］ 刘文勇. 颠覆式创新的内涵特征与实现路径解析［J］. 商业研究，2019（2）：18-24.

［96］ 刘希宋，赵克非，尚青岩. 二次创新：迈向自主创新的有效途径——以哈尔滨动力设备股份有限公司为例［J］. 经济管理，2005（17）：93-96.

［97］ 刘希宋，曹霞，李大震. 风险投资及投资风险评价［J］. 中国软科学，2000（3）：42-46.

［98］ 刘洋，魏江，江诗松. 后发企业如何进行创新追赶？——研发网络边界拓展的视角［J］. 管理世界，2013（3）：96-110+188.

［99］ 刘洋，应震洲，应瑛. 数字创新能力：内涵结构与理论框架［J］. 科学学研究，2021，39（6）：981-984+988.

［100］ 刘洋，董久钰，魏江. 数字创新管理：理论框架与未来研究［J］. 管理世界，2020，36（7）：198-217+219.

［101］ 柳卸林，高雨辰，丁雪辰. 寻找创新驱动发展的新理论思维——基于新熊彼特增长理论的思考［J］. 管理世界，2017（12）：8-19.

［102］ 柳卸林，何郁冰. 基础研究是中国产业核心技术创新的源泉［J］. 中国软科学，2011（4）：104-117.

［103］ 柳卸林，王倩. 创新管理研究的新范式：创新生态系统管理［J］. 科学学与科学技术管理，2021，42（10）：20-33.

［104］ 柳卸林，董彩婷，丁雪辰. 数字创新时代：中国的机遇与挑战［J］. 科学学与科学技术管理，2020，41（6）：3-15.

［105］ 柳卸林，葛爽，丁雪辰. 工业革命的兴替与国家创新体系的演化——从制度基因与组织基因的角度［J］. 科学学与科学技术管理，2019，40（7）：3-14.

［106］ 柳卸林. 二代创新与自主创新——建设创新型国家，我们需要改变什么［J］. 工业技术经济，2012（9）：6-8.

［107］ 柳卸林. 技术轨道和自主创新［J］. 中国科技论坛，1997（2）：32-35.

［108］ 路风，慕玲. 本土创新、能力发展和竞争优势——中国激光视盘播放机工业的发展及其对政府作用的政策含义［J］. 管理世界，2003（12）：57-82+155-156.

［109］ 路风. 论产品开发平台［J］. 管理世界，2018（8）：106-129.

［110］ 吕一博，韩少杰，苏敬勤. 翻越由技术引进到自主创新的樊篱——基于中车集团大机车的案例研究［J］. 中国工业经济，2017（8）：174-192.

［111］ 毛蕴诗，王婧．企业社会责任融合、利害相关者管理与绿色产品创新——基于老板电器的案例研究［J］．管理评论，2019，31（7）：149-161.
［112］ 梅亮．开放式创新：昨天、今天、明天——专访全球“开放式创新之父”亨利·切萨布鲁夫教授［J］．清华管理评论，2017（6）：8-14.
［113］ 欧阳桃花，丁玲，黄江明．汽车模具制造能力演化路径与能力构筑竞争：北京比亚迪模具案例［J］．管理学报，2012，9（2）：157-164.
［114］ 彭靖里，邓艺，李建平．国内外技术创新理论研究的进展及其发展趋势［J］．科技与经济，2006（4）：13-16.
［115］ 彭新敏，吴晓波，吴东．基于二次创新动态过程的企业网络与组织学习平衡模式演化——海天 1971 ～ 2010 年纵向案例研究［J］．管理世界，2011（4）：138-149+166+188.
［116］ 切萨布鲁夫，范哈弗贝克，韦斯特．开放式创新：创新方法论之新语境［M］．扈喜林，译．上海：复旦大学出版社，2016.
［117］ 乔晗，贾舒喆，张思，等．商业模式二次创新和制度环境共演的过程与机制：基于支付宝发展历程的纵向案例研究［J］．管理评论，2020，32（8）：63-75.
［118］ 曲小瑜．市场导向、知识搜索与失败学习匹配对朴素式创新的影响［J］．科技进步与对策，2021，38（13）：29-36.
［119］ 申静，张梦雅．服务创新评价研究的现状、特点与未来［J］．情报科学，2012，30（2）：315-320.
［120］ 石金叶，范旭．西方发达国家基础研究在创新型国家建设中的作用及其启示［J］．自然辩证法研究，2019，35（6）：33-38.
［121］ 石彤．性别排挤研究的理论意义［J］．妇女研究论丛，2002（4）：17-25.
［122］ 史竹琴，苏妮娜．创新网络、失败学习与低成本创新关系研究——理论模型与实证［J］．经济问题，2018（4）：97-103.
［123］ 宋铁波，沈征宇．破坏性创新与在位企业战略反应——基于合法性视角的解释模型［J］．科学学与科学技术管理，2014，35（5）：82-90.
［124］ 苏敬勤，刘畅．政治嵌入度与自主创新绩效的悖论关系分析［J］．科学学研究，2019，37（2）：375-384.
［125］ 苏敬勤，刘静．产品升级导向下的自主创新路径选择：理论与案例［J］．科学学与科学技术管理，2011，32（11）：65-71.
［126］ 苏楠，吴贵生．领先用户主导创新：自主创新的一种新模式——以神华集团高端液压支架自主创新为例［J］．科学学研究，2011（5）：771-776+800.

［127］孙冰，康敏，毛鸿影. 基于共词聚类与可视化的开放式创新国外研究热点与主题分析［J］. 现代情报，2018，38（9）：122-131.
［128］孙冰，尚青岩. 适合我国企业的技术创新方式——二次创新［J］. 科学管理研究，2003（2）：20-22+26.
［129］唐方成，仝允桓. 经济全球化背景下的开放式创新与企业的知识产权保护［J］. 中国软科学，2007（6）：58-62.
［130］陶秋燕，高腾飞. 社会创新：源起、研究脉络与理论框架［J］. 外国经济与管理，2019，41（6）：85-104.
［131］涂改革，张鑫磊，汪海粟. 基于二次创新理论的军民融合企业创新差异研究［J］. 科技进步与对策，2021，38（11）：106-115.
［132］王锋正，刘宇嘉，孙玥. 制度环境、开放式创新与资源型企业转型［J］. 科技进步与对策，2020，37（5）：114-123.
［133］王锋正，孙玥，赵宇霞. 全球价值链嵌入、开放式创新与资源型产业升级［J］. 科学学研究，2020，38（9）：1706-1718.
［134］王海花，杜梅. 数字创新国际研究热点与演化：一个可视化分析［J］. 科技进步与对策，2021，38（21）：152-160.
［135］王金凤，蔡豪，冯立杰，等. 颠覆式创新价值网络构建路径——基于企业能力视角［J］. 科技管理研究，2019，39（19）：16-27.
［136］王金凤，仓元凯，冯立杰，等. 基于颠覆式创新的后发企业产业价值路径形成研究——制造业的多案例扎根分析［J］. 科技管理研究，2018，38（24）：1-9.
［137］王金凤，程璐，冯立杰，等. 后发企业技术创新与商业模式创新耦合路径——颠覆式创新视角［J］. 科技管理研究，2019，39（23）：25-34.
［138］王金凤，王永正，冯立杰，等. 颠覆式创新研究热点及演化可视化分析［J］. 科技管理研究，2020，40（2）：22-32.
［139］王淑敏，王涛. 积累社会资本何时能提升企业自主创新能力——一项追踪研究［J］. 南开管理评论，2017，20（5）：131-143.
［140］王秀江，彭纪生. 组合能力演进与企业自主创新跃迁——来自泰山玻纤的案例［J］. 经济管理，2009，31（5）：125-133.
［141］韦晓英，陈传明，刘云，等. 适应开放式创新的企业组织结构变革研究——基于组织结构化功能类型的三个维度分析［J］. 科技管理研究，2020，40（5）：113-120.
［142］魏江，刘洋. 中国企业的非对称创新战略［J］. 清华管理评论，2017（10）：

20-26.
［143］魏江，潘秋玥，王诗翔. 制度型市场与技术追赶［J］. 中国工业经济，2016（9）：93-108.
［144］魏江，王琳，胡胜蓉，等. 知识密集型服务创新分类研究［J］. 科学学研究，2008，26（S1）：195-201+241.
［145］魏江，胡胜蓉. 知识密集型服务业创新范式［M］. 北京：科学出版社，2007.
［146］魏江，黄学，刘洋. 基于组织模块化与技术模块化“同构 / 异构”协同的跨边界研发网络架构［J］. 中国工业经济，2014（4）：148-160.
［147］魏江，王丁，刘洋. 非对称创新：中国企业的创新追赶之路［J］. 管理学季刊，2020，5（2）：46-59+143.
［148］魏江，刘洋，黄学，等. 非对称创新战略：中国企业的跨越（理论辑）［M］. 北京：科学出版社，2018.
［149］魏延辉，魏静，刘娜. 基于朴素式新视角沉睡专利共享价值研究［J］. 天津大学学报（社会科学版），2020，22（3）：254-260.
［150］魏延辉，张慧颖. 朴素式创新范式及其对经济新常态下中国创新者的启示［J］. 科技进步与对策，2015，32（20）：1-6.
［151］吴东，吴晓波. 技术追赶的中国情境及其意义［J］. 自然辩证法研究，2013（11）：45-50.
［152］吴广谋，盛昭翰. 技术引进与技术创新的冲突和协同［J］. 科研管理，1998（4）：33-37.
［153］吴贵生，谢伟. 我国技术管理学科发展的战略思考［J］. 科研管理，2005（6）：51-57.
［154］吴航，陈劲. 企业外部知识搜索与创新绩效：一个新的理论框架［J］. 科学学与科学技术管理，2015，36（4）：143-151.
［155］吴佩，姚亚伟，陈继祥. 后发企业颠覆性创新最新研究进展与展望［J］. 软科学，2016，30（9）：108-111.
［156］吴晓波，姜雁斌. 包容性创新理论框架的构建［J］. 系统管理学报，2012，21（6）：736-747.
［157］吴晓波，马如飞，毛茜敏. 基于二次创新动态过程的组织学习模式演进——杭氧 1996—2008 纵向案例研究［J］. 管理世界，2009（2）：152-164.
［158］吴晓波，倪义芳. 二次创新与我国制造业全球化竞争战略［J］. 科研管

理，2001（3）：43-52.

［159］吴晓波，聂品. 技术系统演化与相应的知识演化理论综述［J］. 科研管理，2008（2）：103-114.

［160］吴晓波，许冠南，刘慧. 全球化下的二次创新战略——以海尔电冰箱技术演进为例［J］. 研究与发展管理，2003（6）：7-11.

［161］吴晓波，许庆瑞. 二次创新竞争模型与后发优势分析［J］. 管理工程学报，1995（1）：7-15.

［162］吴晓波，张馨月，沈华杰. 商业模式创新视角下我国半导体产业“突围”之路［J］. 管理世界，2021，37（3）：123-136+9.

［163］吴晓波，赵子溢. 商业模式创新的前因问题：研究综述与展望［J］. 外国经济与管理，2017，39（1）：114-127.

［164］吴晓波，朱培忠，吴东，等. 后发者如何实现快速追赶？——一个二次商业模式创新和技术创新的共演模型［J］. 科学学研究，2013，31（11）：1726-1735.

［165］吴晓波. 二次创新的进化过程［J］. 科研管理，1995（2）：27-35.

［166］吴晓波. 二次创新的周期与企业组织学习模式［J］. 管理世界，1995（3）：168-172.

［167］吴欣桐，梅亮，陈劲. 建构“整合式创新”：来自中国高铁的启示［J］. 科学学与科学技术管理，2020，41（1）：66-82.

［168］武素明. IT 能力对开放式创新绩效的影响研究［D］. 武汉：华中科技大学，2019.

［169］习近平. 摆脱贫困［M］. 福州：福建人民出版社，1992.

［170］肖静华，吴瑶，刘意，等. 消费者数据化参与的研发创新——企业与消费者协同演化视角的双案例研究［J］. 管理世界，2018，34（8）：154-173+192.

［171］谢伟. 产业技术学习过程［D］. 北京：清华大学，1999.

［172］谢章澍，杨志蓉. 创新共同体：企业全员创新模式的新探索［J］. 科学学研究，2006（5）：775-779.

［173］邢丽云，俞会新. 环境规制对企业绿色创新的影响——基于绿色动态能力的调节作用［J］. 华东经济管理，2019，33（10）：20-26.

［174］邢丽云，俞会新. 企业绿色创新驱动因素的跨层次分析——以建筑企业为例［J］. 技术经济，2018，37（11）：49-55.

［175］邢小强，仝允桓，陈晓鹏. 金字塔底层市场的商业模式：一个多案例研

究［J］. 管理世界，2011（10）：108-124+188.
［176］邢小强，薛飞，涂俊. 包容性创新理论溯源、主要特征与研究框架［J］. 科技进步与对策，2015，32（4）：1-5.
［177］邢小强，周江华，仝允桓. 包容性创新：研究综述及政策建议［J］. 科研管理，2015，36（9）：11-18.
［178］邢小强，周平录，张竹，等. 数字技术、BOP 商业模式创新与包容性市场构建［J］. 管理世界，2019，35（12）：116-136.
［179］邢小强，周江华，仝允桓. 面向低收入群体市场的创新研究［J］. 科学学研究，2010，28（10）：1564-1570+1483.
［180］徐冠华. 知识产权成企业和国家竞争力的核心要素［EB/OL］. http://www.gov.cn/gzdt/2006-09/27/content_399969.htm，2006-09-27/2021-05-30.
［181］徐静. 企业全时创新的因素分析和模式研究［D］. 杭州：浙江大学，2004.
［182］许晖，刘田田，张超敏. "以少博多"：资源约束情境下 CMNEs 如何实现朴素式创新——双案例对比研究［J］. 研究与发展管理，2020，32（3）：136-151.
［183］许庆瑞，贾福辉，谢章澍，等. 基于全面创新管理的全员创新［J］. 科学学研究，2003（S1）：252-256.
［184］许庆瑞，李杨，吴画斌. 企业创新能力提升的路径——基于海尔集团 1984—2017 年的纵向案例研究［J］. 科学学与科学技术管理，2018，39（10）：68-81.
［185］许庆瑞，吕飞. 服务创新初探［J］. 科学学与科学技术管理，2003（3）：34-37.
［186］许庆瑞，吴志岩，陈力田. 转型经济中企业自主创新能力演化路径及驱动因素分析——海尔集团 1984—2013 年的纵向案例研究［J］. 管理世界，2013（4）：121-134+188.
［187］许庆瑞，郑刚，陈劲. 全面创新管理：创新管理新范式初探——理论溯源与框架［J］. 管理学报，2006（2）：135-142.
［188］许庆瑞，郑刚，喻子达，等. 全面创新管理（TIM）：企业创新管理的新趋势——基于海尔集团的案例研究［J］. 科研管理，2003（5）：1-7.
［189］许庆瑞. 全面创新管理——理论与实践［M］. 北京：科学出版社，2007.
［190］许箫迪. 政府扶持企业自主创新的动态博弈分析［J］. 工业技术经济，2010，29（6）：107-110.

[191] 杨爱华，杨建成. 先进军事文化：国防科技创新的助推器——以国防科技大学自主创新团队为例［J］. 自然辩证法研究，2013（8）：87-91.

[192] 杨朝均，呼若青，杨红娟. 中国绿色创新研究热点及其演进路径的可视化分析［J］. 情报杂志，2016，35（8）：139-144.

[193] 杨德林，陈春宝. 模仿创新自主创新与高技术企业成长［J］. 中国软科学，1997（8）：107-112.

[194] 杨瑾，解若琳. 装备制造企业颠覆式创新实现机理及路径研究——基于扎根理论的分析［J］. 科技进步与对策，2020，37（19）：87-95.

[195] 杨强，刘彩艳，王丽平，等. 组织因素对中小企业破坏性创新绩效影响研究［J］. 中国科技论坛，2014（7）：15-20.

[196] 杨仲基，綦良群. 国外数字创新研究评述及对我国制造企业数字化转型的启示［J］. 科学管理研究，2021，39（4）：120-124.

[197] 姚明明，吴晓波，石涌江，等. 技术追赶视角下商业模式设计与技术创新战略的匹配——一个多案例研究［J］. 管理世界，2014（10）：149-162+188.

[198] 尹西明，陈红花，陈劲. 中国特色创新理论发展研究——改革开放以来中国原创性创新范式回顾［J］. 科技进步与对策，2019，36（19）：1-8.

[199] 尹西明，陈劲，海本禄. 新竞争环境下企业如何加快颠覆性技术突破？——基于整合式创新的理论视角［J］. 天津社会科学，2019（5）：112-118.

[200] 尹西明，樊旼旼. 灵伴科技：整合式创新成就人机融合领军者［J］. 清华管理评论，2019（3）：111-120.

[201] 应瑛，刘洋. 后发企业如何进行节约型创新？［J］. 科学学研究，2015，33（12）：1867-1882.

[202] 应瑛，刘洋. 后发企业追赶理论：描述、引用与共词分析［J］. 科研管理，2015，36（11）：11-20.

[203] 余江，孟庆时，张越，等. 数字创新：创新研究新视角的探索及启示［J］. 科学学研究，2017，35（7）：1103-1111.

[204] 喻卫斌. 中国轿车产业自主创新能力发展战略［J］. 未来与发展，2006（7）：42-44+37.

[205] 臧树伟，李平. 后发企业市场进入理论探究——基于破坏性创新的视角［J］. 中国科技论坛，2016（8）：52-57.

[206] 湛军. 国外服务创新研究演变历程及其对中国的启示［J］. 上海大学学报（社会科学版），2017，34（5）：79-93.

[207] 张钢，陈劲，许庆瑞. 技术、组织与文化的协同创新模式研究 [J]. 科学学研究，1997 (2): 56-61+112.

[208] 张磊，王森. 西方技术创新理论的产生与发展综述 [J]. 科技与经济，2008 (1): 56-58.

[209] 张利平，高旭东，仝允桓. 社会嵌入与企业面向BOP的商业模式创新——一个多案例研究 [J]. 科学学研究，2011，29 (11): 1744-1752.

[210] 张利平，仝允桓，高旭东. 面向低收入群体（BOP）市场的产品创新研究 [J]. 中国人口·资源与环境，2012，22 (S1): 195-200.

[211] 张明玉. 中国企业技术跨越战略分析 [J]. 科学学与科学技术管理，1999 (12): 26-28.

[212] 张涛，孙林岩，孙海虹，等. 供应链的系统运作模式分析与建模——基于复杂自适应系统范式的研究 [J]. 系统工程理论与实践，2003 (11): 9-14.

[213] 张骁，杨忠. 从模仿到创新：知识类型与组织学习方式的适配与转化 [J]. 研究与发展管理，2007 (5): 32-37+94.

[214] 张永旺，宋林. 技术引进、自主创新与出口技术含量——兼论技术引进向自主创新的过程转变 [J]. 软科学，2019，33 (5): 41-44+50.

[215] 张志朋. 商业模式创新研究前沿与热点 [J]. 社会科学家，2020 (4): 48-53.

[216] 赵坤，郭东强. 众创式创新：源起、归因解析与认知性框架 [J]. 科学学研究，2016，34 (7): 1086-1095.

[217] 赵立龙. 制造企业服务创新战略对竞争优势的影响机制研究 [D]. 杭州: 浙江大学，2012.

[218] 赵武，孙永康，朱明宣，等. 包容性创新：演进、机理及路径选择 [J]. 科技进步与对策，2014，31 (6): 6-10.

[219] 赵武，王姣玥. 新常态下"精准扶贫"的包容性创新机制研究 [J]. 中国人口·资源与环境，2015，25 (S2): 170-173.

[220] 赵晓庆，许庆瑞. 企业技术能力演化的轨迹 [J]. 科研管理，2002 (1): 70-76.

[221] 赵晓庆，许庆瑞. 自主创新模式的比较研究 [J]. 浙江大学学报（人文社会科学版），2009，39 (4): 55-62.

[222] 郑刚，何郁冰，陈劲，等. "中国制造"如何通过开放式自主创新提升国际竞争力——中集集团自主创新模式的案例研究 [J]. 科研管理，2008

（4）：95-102.

［223］陈劲，郑刚. 创新管理：赢得持续竞争优势［M］. 北京：北京大学出版社，2013.

［224］郑刚. 基于 TIM 视角的企业技术创新过程中各要素全面协同机制研究［D］. 杭州：浙江大学，2004.

［225］郑烨，杨若愚. 调整抑或淡化：对国内“自主创新”研究之辩［J］. 自然辩证法研究，2015（10）：102-108.

［226］钟华. 企业 IT 架构转型之道阿里巴巴中台战略思想与架构实战［M］. 北京：机械工业出版社，2017.

［227］钟劲松. 典型自主创新国家政策支持措施的分析与借鉴——兼论我国创新政策的未来趋势［J］. 理论与改革，2011（4）：62-65.

［228］周兵，梁松，高君希. 综艺节目版权引进与二次创新分析［J］. 商业研究，2014，56（6）：47-50.

［229］周飞，冉茂刚，苏秋来. 资源组拼、未吸收冗余与内向型开放式创新的关系研究［J］. 管理学报，2018，15（5）：703-709.

［230］周江华，仝允桓，李纪珍. 基于金字塔底层（BoP）市场的破坏性创新——针对山寨手机行业的案例研究［J］. 管理世界，2012（2）：112-130.

［231］庄芹芹，于潇宇. 创新管理研究：引进、本土化及再创新［J］. 改革，2019（12）：44-55.

［232］Adner R. Match your innovation strategy to your innovation ecosystem［J］. Harvard Business Review，2006，84（4）：98-107.

［233］Amit R，Zott C. Business model innovation strategy：Transformational concepts and tools for entrepreneurial leaders［M］. Hoboken：John Wiley & Sons，2020.

［234］Amit R，Zott C. Value creation in e-business［J］. Strategic Management Journal，2001，22（6-7）：493-520.

［235］Amit R，Zott C. Creating value through business model innovation［J］. MIT Sloan Management Review，2012，53（3）：41-49.

［236］Andergassen R，Nardini F. Endogenous innovation waves and economic growth［J］. Structural Change and Economic Dynamics，2005，16（4）：522-539.

［237］Anderson J，Markides C. Strategic innovation at the base of the pyramid［J］. MIT Sloan management review，2007，49（1）.

[238] Angelidou M, Psaltoglou A. An empirical investigation of social innovation initiatives for sustainable urban development [J]. Sustainable cities and socicty, 2017 (33): 113-125.

[239] Ansari S, Munir K, Gregg T. Impact at the ' bottom of the pyramid ': The role of social capital in capability development and community empowerment [J]. Journal of Management Studies, 2012, 49 (4): 813-842.

[240] Antonioli D, Mancinelli S, Mazzanti M. Is environmental innovation embedded within high-performance organisational changes? The role of human resource management and complementarity in green business strategies [J]. Research Policy, 2013, 42 (4): 975-988.

[241] Antons D, Grünwald E, Cichy P, et al. The application of text mining methods in innovation research : current state, evolution patterns, and development priorities [J]. R&D Management, 2020, 50 (3): 329-351.

[242] Arora A, Gambardella A, Rullani E. Division of Labour and the Locus of Inventive Activity [J]. Journal of Management & Governance, 1997, 1 (1): 123-140.

[243] Ashish S, Chennai I, Krishnan A . First break all the rules [J]. The Economist, 2010, 395 (8678): a5-a7.

[244] Auernhammer J. Design research in innovation management : a pragmatic and human-centered approach [J]. R&D Management, 2020, 50 (3): 412-428.

[245] Augier M, Teece D J. Dynamic capabilities and the role of managers in business strategy and economic performance [J]. Organization Science, 2009, 20 (2): 410-421.

[246] Augustsson N P, Nilsson A, J Holmström, et al. Managing digital infrastructures : negotiating control and drift in service provisioning [J]. International Journal of Business Information Systems, 2019, 30 (1): 51-78.

[247] Austin R D, Devin L, Sullivan E E. Accidental innovation : supporting valuable unpredictability in the creative process [J]. INFORMS, 2012, 23 (5): 1505-1522.

[248] Barras R. Towards a theory of innovation in services [J]. Research Policy, 1986, 15 (4): 161-173.

[249] Barrett, Michael, Oborn, et al. Reconfiguring boundary relations: robotic innovations in pharmacy work. [J]. Organization Science, 2012, 23 (5): 1448-1466.
[250] Beard T R, Ford G S, Koutsky T M, et al. A valley of death in the innovation sequence: an economic investigation [J]. Research Evaluation, 2009, 18 (5): 343-356.
[251] Bhatti A Y, Ventresca M. How can 'frugal innovation' be conceptualized? [J]. SSRN Electronic Journal, 2013.
[252] Bhatti Y A. What is frugal, What is innovation? Towards a theory of frugal innovation [J]. SSRN Electronic Journal, 2012.
[253] Bilderbeek R, Hertog P D. Technology-based knowledge-intensive business services in the netherlands: Their significance as a driving force behind knowledge-driven innovation [J]. Quarterly Journal of Economic Research, 1998, 67 (2): 126-138.
[254] Bode C, Singh J. Taking a hit to save the world? Employee participation in a corporate social initiative [J]. Strategic Management Journal, 2018, 39 (4): 1003-1030.
[255] Bohnsack R, Pinkse J, Kolk A. Business models for sustainable technologies: Exploring business model evolution in the case of electric vehicles [J]. Research Policy, 2014, 43 (2): 284-300.
[256] Boso N, Cadogan J W, Story V M. Entrepreneurial orientation and market orientation as drivers of product innovation success: A study of exporters from a developing economy [J]. International Small Business Journal, 2013, 31 (1): 57-81.
[257] Boudreau, Kevin J. Let a thousand flowers bloom? An early look at large numbers of software app developers and patterns of innovation [J]. Organization Science, 2012, 23 (5): 1409-1427.
[258] Bound K, Thorntoni W. Our frugal future: lessons from India's innovation system [R]. London: Nesta, 2012.
[259] Brown T, Wyatt J. Design thinking for social innovation [J]. Development Outreach, 2010, 12 (1): 29-43.
[260] Burki U, Dahlstrom R. Mediating effects of green innovations on interfirm cooperation [J]. Australasian Marketing Journal, 2017, 25 (2): 149-156.

[261] Cajaiba-Santana G. Social innovation：Moving the field forward. A conceptual framework [J]. Technological Forecasting and Social Change, 2014 (82): 42-51.

[262] Casadesus-Masanell R, Zhu F. Business model innovation and competitive imitation：The case of sponsor-based business models [J]. Strategic management journal, 2013, 34 (4): 464-482.

[263] Cavalcante S, Kesting P, Ulhøi J. Business model dynamics and innovation: (re) establishing the missing linkages [J]. Management decision, 2011, 49 (8): 1327-1342.

[264] Chalmers D. Social innovation：An exploration of the barriers faced by innovating organizations in the social economy [J]. Local economy, 2013, 28 (1): 17-34.

[265] Charles Babbage. On the economy of machinery and manufactures [M]. London: Cambridge University Press, 1832.

[266] Chen J, Yin X, Mei L. Holistic innovation：An emerging innovation paradigm [J]. International Journal of Innovation Studies, 2018, 2 (1): 1-35.

[267] Chen J, Cheng J, Dai S. Regional eco-innovation in China：An analysis of eco-innovation levels and influencing factors [J]. Journal of Cleaner Production, 2017 (153): 1-14.

[268] Chen Y S. The determinants of green product development performance：green dynamic capabilities, green transformational leadership and green creativity [J]. Journal of Business Ethics, 2013, 116 (1): 107-119.

[269] Chen Y S, Lai S B, Wen C T. The influence of green innovation performance on corporate advantage in Taiwan [J]. Journal of Business Ethics, 2006, 67 (4): 331-339.

[270] Chesbrough H. Business Model Innovation：It's not just about technology anymore [J]. Strategy and Leadership, 2007, 35 (6): 12-17.

[271] Chesbrough H. Business model innovation: opportunities and barriers [J]. Long Range Planning, 2010, 43 (2-3): 354-363.

[272] Chesbrough H. Open business models：How to thrive in the new innovation landscape [M]. Boston：Harvard Business School Press, 2006.

[273] Chesbrough H. Open innovation：The new imperative for creating and profiting from technology [M]. Boston：Harvard Business School Press, 2003.

[274] Chesbrough H，Vanhaverbeke W，West J. Open innovation：Researching a new paradigm [M]. Oxford：Oxford University Press on Demand, 2006.

[275] Chiou T Y，Chan H K，Lettice F，et al. The influence of greening the suppliers and green innovation on environmental performance and competitive advantage in Taiwan [J]. Logistics and Transportation Review，2011，47（6）：822-836.

[276] Christensen C M，Bartman T，Bever D. The hard truth about business model innovation [J]. Sloan Management Review，2016，58（1）：30-40. 2016.

[277] Christensen C M，McDonald R，Altman E J，et al. Disruptive innovation：An intellectual history and directions for future research [J]. Journal of Management Studies，2018，55（7）：1043-1078.

[278] Christensen C M，Micjael E，Raynor M. The innovator's solution：creating and sustaining successful growth [M]. Boston：Harvard Business School Press，2003.

[279] Christensen C M，Raynor M，Mcdonald R. What is disruptive innovation? [J]. Harvard Business Review，2015，93（12）：44-53.

[280] Christensen C M. The innovator's dilemma [M]. Cambridge：Harvard Business School Press，1997.

[281] Christensen C M. The ongoing process of building a theory of disruption [J]. Journal of Product Innovation Management，2006，23（1）：39-55.

[282] Ciriello R F，Richter A，Schwabe G. Digital innovation [J]. Business & Information Systems Engineering，2018，60（6）：563-569.

[283] Citroni S. Civic events in a dynamic local field，The role of participation for social innovation [J]. Industry and Innovation，2015，22（3）：193-208.

[284] Cohen W M，Levinthal D A. Absorptive capacity：A new perspective on learning and innovation [J]. Administrative science quarterly，1990：128-152.

[285] Cui T, Ye H J, Teo H H, et al. Information technology and open innovation: A strategic alignment perspective [J]. Information & Management, 2015, 52 (3): 348-358.

[286] Daft R L. A dual-core model of organizational innovation [J]. The Academy of Management Journal, 1978, 21 (2): 193-210.

[287] Dahlander L, Gann D M. How open is innovation? [J]. Research policy, 2010, 39 (6): 699-709.

[288] Dawson P M, Daniel L. Understanding social innovation: a provisional framework [J]. International Journal of Technology Management, 2010, 51 (1): 9-20.

[289] Demil B, Lecocq X. Business model evolution: in search of dynamic consistency [J]. Long range planning, 2010, 43 (2-3): 227-246.

[290] Dess G G, Rasheed A, Mclaughlin K J, et al. The new corporate architecture [J]. Academy of Management Executive, 1995, 9 (3): 7-18.

[291] Dey B L, Pandit A, Saren M, et al. Co-creation of value at the bottom of the pyramid: Analysing Bangladeshi farmers' use of mobile telephony [J]. Journal of Retailing and Consumer Services, 2016 (29): 40-48.

[292] Díaz-García C, González-Moreno Á, Sáez-Martínez F J. Eco-innovation: insights from a literature review [J]. Innovation, 2015, 17 (1): 6-23.

[293] Dodgson M. Organizational learning: a review of some literatures [J]. Organization studies, 1993, 14 (3): 375-394.

[294] Dong Y, Wang X, Jin J, et al. Effects of eco-innovation typology on its performance: Empirical evidence from Chinese enterprises [J]. Journal of Engineering and Technology Management, 2014 (34): 78-98.

[295] Dooley K J. A complex adaptive systems model of organization change [J]. Nonlinear Dynamics, Psychology and Life Sciences, 1997, 1 (1): 69-97.

[296] Dosi G. Technological paradigms and technological trajectories: a suggested interpretation of the determinants and directions of technical change [J]. Research policy, 1982, 11 (3): 147-162.

[297] Doz Y L, Kosonen M. Embedding strategic agility: A leadership agenda for accelerating business model renewal [J]. Long Range Planning,

2010, 43 (2-3): 370-382.

[298] Dremel C, Herterich M, Wulf J, et al. How AUDI AG established big data analytics in its digital transformation [J]. MIS Quarterly Executive, 2017, 16 (2): 81-100.

[299] Eiadat Y, Kelly A, Roche F, et al. Green and competitive? An empirical test of the mediating role of environmental innovation strategy [J]. Journal of World Business, 2008, 43 (2): 131-145.

[300] Elsahn Z, Callagher L, Husted K, et al. Are rigor and transparency enough? Review and future directions for case studies in technology and innovation Management [J]. R&D Management, 2020, 50 (3): 309-328.

[301] Enkel E, Gassmann O, Chesbrough H. Open R&D and open innovation: exploring the phenomenon [J]. R&D Management, 2009, 39 (4): 311-316.

[302] Faems D. Moving forward quantitative research on innovation management: a call for an inductive turn on using and presenting quantitative research [J]. R & D Management, 2020, 50 (3): 352-363.

[303] Fagerberg J, Fosaas M, Bell M, et al. Christopher freeman: social science entrepreneur [J]. Research Policy, 2011, 40 (7): 897-916.

[304] Fagerberg J, Fosaas M, Sapprasert K. Innovation: Exploring the knowledge base [J]. Research Policy, 2012, 41 (7): 1132-1153.

[305] Fagerberg J, Verspagen B. Innovation studies—The emerging structure of a new scientific field [J]. Research policy, 2009, 38 (2): 218-233.

[306] Fichman R G, Santos B L D, Zheng Z. Digital innovation as a fundamental and powerful concept in the information systems curriculum [J]. Mis Quarterly, 2014, 38 (2): 329-354.

[307] Forman C, Zeebroeck N V. Digital technology adoption and knowledge flows within firms: Can the Internet overcome geographic and technological distance? [J]. Research Policy, 2018, 48 (8): 1-16.

[308] Foss N J, Saebi T. Business model innovation: The organizational dimension [M]. Oxford: Oxford University Press, 2015.

[309] Foss N J, Saebi T. Fifteen years of research on business model innovation: How far have we come, and where should we go? [J]. Journal of

Management, 2017, 43 (1): 200-227.

[310] Foss N J, Saebi T. Business models and business model innovation : Between wicked and paradigmatic problems [J]. Long range planning, 2018, s1 (1): 9-21.

[311] Foster C, Heeks R. Analyzing policy for inclusive innovation : the mobile sector and base-of-the-pyramid markets in Kenya [J]. Innovation and Development, 2013, 3 (1): 103-119.

[312] Franke N, Hippel V. Satisfying heterogeneous user needs via innovation toolkits : The case of apache security software [J]. Research Policy, 2003, 32 (7): 1199-1215.

[313] Freeman C. The economics of industrial innovation [M]. Harmondsworth: Penguin, 1974.

[314] Fussler C, James P. Driving eco-innovation : A break thorough discipline for innovation and sustainability [M]. London: Pitman, 1996.

[315] Gallouj F, Weinstein O. Innovation in services [J]. Research Policy, 1997, 26 (4-5): 537-556.

[316] Garrone P, Groppi A, Nardi P. Social innovation for urban liveability. Empirical evidence from the Italian third sector [J]. Industry and Innovation, 2018, 25 (6): 612-631.

[317] Gassmann O, Enkel E. Towards a theory of oper innovation : three core process archetypes [C]. R&D Management Conference, Lisabon, Portugal, 2004.

[318] Gawer A, Cusumano M A. R&D management conference, industry platforms and ecosystem innovation [J]. Journal of Product Innovation Management, 2014, 31 (3): 417-433.

[319] George G, McGahan A M, Prabhu J. Innovation for inclusive growth : Towards a theoretical framework and a research agenda [J]. Journal of Management Studies, 2012, 49 (4): 661-683.

[320] Gershuny J I. Social innovation [J]. Futures, 1982, 14 (6): 496-516.

[321] Ghezzi A, Cortimiglia M N, Frank A G. Strategy and business model design in dynamic telecommunications industries : A study on Italian mobile network operators [J]. Technological Forecasting and Social Change, 2015 (90): 346-354.

[322] Gilbert C. Disruption opportunity [J]. MIT Sloan Management Review, 2003, 44 (4): 27-32.

[323] Goffin K, Åhlström P, Bianchi M, et al. Perspective: State-of-the-art: The quality of case study research in innovation management [J]. Journal of Product Innovation Management, 2019, 36 (5): 586-615.

[324] Goran M. Need of new measures of innovation in service [J]. Service in Europe Innovation Systems, 1998: 10-17.

[325] Govindarajan V, Kopalle P K. Disruptiveness of innovations: measurement and an assessment of reliability and validity [J]. Strategic Management Journal, 2006, 27 (2): 189-199.

[326] Grimaldi M, Quinto I, Rippa P. Enabling open innovation in small and medium enterprises: A dynamic capabilities approach [J]. Knowledge and Process Management, 2013, 20 (4): 199-210.

[327] Guertler M R, Kriz A, Sick N. Encouraging and enabling action research in innovation management [J]. R&D Management, 2020, 50 (3): 380-395.

[328] Gupta J, Pouw N R M, Ros-Tonen M A F. Towards an elaborated theory of inclusive development [J]. The European Journal of Development Research, 2015, 27 (4): 541-559.

[329] Haken H. Synergetics [J]. Physics Bulletin, 1977, 28 (9): 412.

[330] Hall J, Matos S V, Martin M J C. Innovation pathways at the base of the pyramid: Establishing technological legitimacy through social attributes [J]. Technovation, 2014, 34 (5-6): 284-294.

[331] Hammer M. Beyond reengineering: How the process-centered organization is changing our work and our lives [M]. New York: Harper Business, 1996.

[332] Hammer M, Champy J. Reengineering the corporation: a manifesto for business revolution [M]. New York: Harper Collins, 1993.

[333] Hart S L, London T. Developing native capability [J]. Stanford Social Innovation Review, 2005, 3 (2): 28-33.

[334] Hart S L, Milstein M B. Creating sustainable value [J]. Academy of Management Perspectives, 2003, 17 (2): 56-67.

[335] Hastbacka M A. Open innovation: What's mine is mine. What if yours

could be mine too [J]. Technology Management Journal, 2004, 12 (3): 1-4.

[336] Heeks R, Foster C, Nugroho Y. New models of inclusive innovation for development [J]. Innovation and Development, 2014, 2 (4).

[337] Helfat C E. Know-how and asset complementarity and dynamic capability accumulation: The case of R&D [J]. Strate-gic Management Journal, 1997, 18 (5): 339-360.

[338] Henderson H. Social innovation and citizen movements [J]. Futures, 1993, 25 (3): 322-338.

[339] Henderson R M, Clark K B. Architectural innovation: The recon-figuration of existing product technologies and the failure of established firms [J]. Administrative science quarterly, 1990: 9-30.

[340] Henfridsson O, Nandhakumar J, Scarbrough H, et al. Recombination in the open-ended value landscape of digital innovation [J]. Information & Organization, 2018, 28 (2): 89-100.

[341] Hens L. Overcoming institutional distance: Expansion to base-of-the-pyramid markets [J]. Journal of Business Research, 2012, 65 (12): 1692-1699.

[342] Hinings B, Gegenhuber T, Greenwood R. Digital innovation and trans-formation: An institutional perspective [J]. Information and Organization, 2018, 28 (1): 52-61.

[343] Hippel V. The sources of innovation [M]. Oxford: Oxford University Press, 1988.

[344] Hojnik J, Ruzzier M. What drives eco-innovation? A review of an emerging literature [J]. Environmental Innovation and Societal Transitions, 2016 (19): 31-41.

[345] Holland J H. Emergence: From chaos to order [M]. Oxford: Oxford University Press, 2020.

[346] Hopp C, Antons D, Kaminski J, et al. Disruptive innovation: Conceptual foundations, empirical evidence, and research opportunities in the digital age [J]. Journal of Product Innovation Management, 2018, 35 (3): 446-457.

[347] Horbach J, Rammer C, Rennings K. Determinants of eco-innovations

by type of environmental impact：The role of regulatory push/pull, technology push and market pull［J］. Zew Discussion Papers, 2012, 78（32）: 112-122.

［348］ Horbach J. Determinants of environmental innovation—New evidence from german panel data sources［J］. Research Policy, 2008, 37（1）: 163-173.

［349］ Hu H, Huang T, Cheng Y, et al. The evolution of sustainable business model innovation：Evidence from a sharing economy platform in China［J］. Sustainability, 2019, 11（15）: 4207.

［350］ Hu H, Huang T, Zeng Q, et al. The role of institutional entrepreneurship in building digital ecosystem：A case study of Red Collar Group（RCG）［J］. International Journal of Information Management, 2016, 36（3）: 496-499.

［351］ Huang J, Henfridsson O, Liu M J, et al. Growing on steroids：rapidly scaling the user base of digital ventures through digital innovation［J］. Mis Quarterly, 2017, 41（1）: 301-314.

［352］ Huang X, Hu Z, Liu C, et al. The relationships between regulatory and customer pressure, green organizational responses, and green innovation performance［J］. Journal of Cleaner Production, 2016（112）: 3423-3433.

［353］ Hughes A C, Hughes T P. Systems, experts and computers：The systems approach in management and engineering, World war II and after［M］. Cambridge: The MIT Press, 2011.

［354］ Hughes B, Wareham J. Knowledge arbitrage in global pharma: a synthetic view of absorptive capacity and open innovation［J］. R&D Management, 2010, 40（3）: 324-343.

［355］ Itami H, Nishino K. Killing two birds with one stone：profit for now and learning for the future［J］. Long Range Planning, 2010, 43（2-3）: 364-369.

［356］ Jaworski B J, Kohli A K . Market orientation：Antecedents and consequences［J］. Journal of Marketing, 1993, 57（3）: 53-70.

［357］ Johannessen J A, Olsen B, Olaisen J. Aspects of innovation theory based on knowledge-management［J］. International Journal of Information Management, 1999, 19（2）: 121-139.

［358］ Joseph A Schumpeter. The theory of economic development：An inquiry into profits, Capital, Credit, Interest and the business cycle [M]. MA : Harvard University Press, 1912.

[359] Kane G C, Palmer D, Nguyen A P, et al. Strategy, Not technology, Drives digital transformation [J]. MIT Sloan Management Review, 2015, 14 (1): 1-25.

[360] Katila R, Shane S. When does lack of resources make new firms innovative? [J]. Academy of Management Journal, 2005, 48 (5): 814-829.

[361] Kesidou E, Demirel P. On the drivers of eco-innovations : Empirical evidence from the UK [J]. Research Policy, 2012, 41 (5): 862-870.

[362] Kim B, Kim E, Foss N J. Balancing absorptive capacity and inbound open innovation for sustained innovative performance : An attention-based view [J]. European Management Journal, 2016, 34 (1): 80-90.

[363] Kinder T. Social innovation in services : technologically assisted new care models for people with dementia and their usability [J]. International Journal of Technology Management, 2010, 51 (1): 106-120.

[364] King A A, Baatartogtokh B. How useful is the theory of disruptive innovation? [J]. MIT Sloan Management Review, 2015, 57 (1): 77-90.

[365] Kohli R, Melville N P. Digital innovation : A review and synthesis [J]. Information Systems Journal, 2019, 29 (1): 200-223.

[366] Kuusisto J, Meyer M. Insights into services and innovation in the knowledge Intensive economy [M]. Helsinki: Paino-Center, 2003.

[367] Kuznets S. Schumpeter's business cycles [J]. The American Economic Review, 1940, 30 (2): 257-271.

[368] Li D, Zheng M, Cao C, et al. The impact of legitimacy pressure and corporate profitability on green innovation : Evidence from China top 100 [J]. Journal of Cleaner Production, 2017 (141): 41-49.

[369] Lichtenthaler U, Lichtenthaler E. A capability-based framework for open innovation : Complementing absorptive capacity [J]. Journal of Management Studies, 2009, 46 (8): 1315-1338.

[370] Lichtenthaler U. Open innovation : Past research, Current debates and future directions [J]. Academy of Management Executive, 2011, 25 (1):

75-93.

[371] Lim D J, Anderson T R. Technology trajectory mapping using data envelopment analysis: the ex ante use of disruptive innovation theory on flat panel technologies [J]. R&D Management, 2016, 46 (5): 815-830.

[372] Liu Y, Ying Y, Pan Fagerlin W. Knowledge creation and application in technology collaboration portfolio Two cases in China [J]. Chinese Management Studies, 2015, 9 (4): 571-588.

[373] Liu Y, Ying Y, Wu X. Catch-up through collaborative innovation: Evidence from China [J]. Thunderbird International Business Review, 2017, 59 (4): 533-545.

[374] Loh L, Venkatraman N. Diffusion of information technology outsourcing: influence sources and the Kodak effect [J]. Information Systems Research, 1992, 3 (4): 334-358.

[375] Lokuge S, Sedera D, Grover V, et al. Organizational readiness for digital innovation: Development and empirical calibration of a construct [J]. Information & Management, 2019, 56 (3): 445-461.

[376] Lundvall B Å. National systems of innovation: Toward a theory of innovation and interactive learning [M]. London: Pinter Publishers, 1992.

[377] Lundvall B, Johnson B. The learning economy [J]. Journal of Industry Studies, 1994, 1 (2): 23-42.

[378] Lyytinen K, Yoo Y, Jr R. Digital product innovation within four classes of innovation networks [J]. Information Systems Journal, 2016, 26 (1): 47-75.

[379] Majumdar D, Banerji P K, Chakrabarti S. Disruptive technology and disruptive innovation: ignore at your peril! [J]. Technology Analysis & Strategic Management, 2018, 30 (11): 1247-1255.

[380] Marcon A, de Medeiros J F, Ribeiro J L D. Innovation and environmentally sustainable economy: Identifying the best practices developed by multinationals in Brazil [J]. Journal of Cleaner Production, 2017 (160): 83-97.

[381] Markham S K, Ward R J, Aiman-Smith R, et al. The valley of death

as context for role theory in product innovation [J]. Journal of Product Innovation Management, 2010, 27 (3): 402-417.
[382] Markids C. Disruptive innovation : in need of better theory [J]. Journal of Product Innovation Management, 2006, 23 (1): 19-25.
[383] Martins L L, Rindova V P, Greenbaum B E. Unlocking the hidden value of concepts : A cognitive approach to business model innovation [J]. Strategic Entrepreneurship Journal, 2015, 9 (1): 99-117.
[384] Meyer J W, Rowan B. Institutionalized organizations : Formal structure as myth and ceremony [J]. American Journal of Sociology, 1977, 83 (2): 340-363.
[385] Mezger F. Toward a capability-based conceptualization of business model innovation : insights from an explorative study [J]. R&D Management, 2014, 44 (5): 429-449.
[386] Miles I. Services innovation : A reconfiguration of innovation studies [C]. // Innovation in the Knowledge Economy, 2000.
[387] Miller D. An asymmetry-based view of advantage : towards an attainable sustainability [J]. Strategic Management Journal, 2003, 24 (10): 961-976.
[388] Mirvis P, Baltazar Herrera M E, Googins B, et al. Corporate social innovation : How firms learn to innovate for the greater good [J]. Journal of Business Research, 2016, 69 (11): 5014-5021.
[389] Mitchell D, Coles C. The ultimate competitive advantage of continuing business model innovation [J]. Journal of Business Strategy, 2003, 24 (5): 15-21.
[390] Mongelli L, Rullani F. Inequality and marginalisation : Social innovation, social entrepreneurship and business model innovation [J]. Industry and Innovation, 2017, 24 (5): 446-467.
[391] Moore J F . Predators and prey : A new ecology of competition [J]. Harvard business review, 1999, 71 (3): 75-86.
[392] Mount M, Martinez M G. Social media : A tool for open innovation [J]. California management review, 2014, 56 (4): 124-143.
[393] Mulgan G, Tucker S, Ali R, et al. Social innovation : what it is, why it matters, how it can be accelerated [M]. London : The Basingstoke

Press, 2007.

[394] Mulgan G. The process of social innovation [J] . Innovations : technology, governance, globalization, 2006, 1 (2): 145-162.

[395] Mumford M D. Social innovation : ten cases from Benjamin Franklin [J] . Creativity Research Journal, 2002, 14 (2): 253-266.

[396] Nambisan S. Information systems as a reference discipline for new product development [J] . Mis quarterly, 2003, 27 (1): 1-18.

[397] Nambisan S. Digital entrepreneurship : Toward a digital technology perspective of entrepreneurship [J] . Entrepreneurship Theory and Practice, 2017, 41 (6): 1029-1055.

[398] Nambisan S, Lyytinen K, Majchrzak A, et al. Digital innovation management : reinventing innovation management research in a digital world [J] . Mis Quarterly, 2017, 41 (1): 223-238.

[399] Nelson R R. National innovation systems : A comparative study [M] . Oxford: Oxford University Press, 1993.

[400] Nelson R, Winter S. An evolutionary theory of economic change [M] . Cambridge: Belknap Press of Harvard University Press, 1982.

[401] Newell S, Marabelli M. Strategic opportunities (and challenges) of algorithmic decision-making : A call for action on the long-term societal effects of ' datification ' [J] . Journal of Strategic Information Systems, 2015, 24 (1): 3-14.

[402] Nylén D, Holmström J . Digital innovation in context : Exploring serendipitous and unbounded digital innovation at the church of Sweden [J] . Information Technology & People, 2019, 32 (3): 696-714.

[403] Nylén D, Holmström J. Digital innovation strategy : A framework for diagnosing and improving digital product and service innovation [J] . Business Horizons, 2015, 58 (1): 57-67.

[404] Øiestad S, Bugge M M. Digitisation of publishing : Exploration based on existing business models [J] . Technological Forecasting and Social Change, 2014 (83): 54-65.

[405] Ollila S, Yström A. Action research for innovation management : three benefits, three challenges, and three spaces [J] . R&D Management, 2020, 50 (3): 396-411.

[406] Olsen M, Boxenbaum E. Bottom-of-the-pyramid: Organizational barriers to implementation [J]. California Management Review, 2009, 51 (4): 100-125.

[407] Pavitt K. Sectoral patterns of technical change: towards a taxonomy and a theory [J]. Research Policy, 1984, 13 (6): 343-373.

[408] Peter F Drucker. Post-Capitalist Society Publication [M]. New York: Harperbusiness, 1994.

[409] Petzold N, Landinez L, Baaken T. Disruptive innovation from a process view: A systematic literature review [J]. Creativity and Innovation Management, 2019, 28 (2): 157-174.

[410] Phills J A, Deiglmeier K, Miller D T. Rediscovering social innovation [J]. Stanford Social Innovation Review, 2008, 6 (4): 34-43.

[411] Piller F T, Schaller C, Walcher D. Customers as co-designers: A framework for open innovation [C]. //Paper 116. Congress of the International Federation of Scholarly Associations of Management (IFSAM), 2004, 57.

[412] Pitta D A, Guesalaga R, Marshall P. The quest for the fortune at the bottom of the pyramid: potential and challenges [J]. Journal of Consumer Marketing, 2008, 25 (7): 393-401.

[413] Pol E, Ville S. Social innovation: Buzz word or enduring term? [J]. The Journal of socio-economics, 2009, 38 (6): 878-885.

[414] Popa S, Soto-Acosta P, Martinez-Conesa I. Antecedents, moderators, and outcomes of innovation climate and open innovation: An empirical study in SMEs [J]. Technological Forecasting and Social Change, 2017 (118): 134-142.

[415] Porter M E, Heppelmann J E. How smart, Connected products are transforming competition [J]. Harvard Business Review, 2014, 92 (11): 64-88.

[416] Porter M E. Competitive strategy: Techniques for analyzing industries and competitors [M]. New York: The Free Press, 1980.

[417] Porter M. The competitive advantage of nations [M]. London: MacMillan, 1990.

[418] Prahalad C K, Hammond A. Serving the world's poor, profitably [J]. Harvard business review, 2002, 80 (9): 48-59.

[419] Prahalad C K. Bottom of the pyramid as a source of breakthrough innovations [J]. Journal of product innovation management, 2012, 29 (1): 6-12.

[420] Prahalad C K. The fortune at the bottom of the pyramid, Philadelphia [M]. Philadelphia: Wharton School Pubilshing, 2005.

[421] Prahalad C K, Hart S L. The fortune at the bottom of the pyramid [J]. Strategy & Business, 2002 (26): 54-67.

[422] Przychodzen J, Przychodzen W. Relationships between eco-innovation and financial performance-evidence from publicly traded companies in Poland and Hungary [J]. Journal of Cleaner Production, 2015 (90): 253-263.

[423] Radjou N, Prabhu J, Ahuja S. Jugaad innovation : Think frugal, Be flexible, Generate breakthrough growth [M]. Chichester: Wiley, 2012.

[424] Rao, Balkrishna C . How disruptive is frugal? [J]. Technology in Society, 2013, 35 (1): 65-73.

[425] Reficco E, Márquez P. Inclusive networks for building BOP markets [J]. Business & Society, 2012, 51 (3): 512-556.

[426] Ritala P, Schneider S, Michailova S. Innovation management research methods : embracing rigor and diversity [J]. R&D Management, 2020, 50 (3): 297-308.

[427] Robert G Cooper, Kleinschimidt, Eiko J. Winning businesses in product development : The critical success factors [J]. The Journal of Product Innovation Management, 1997, 14 (2): 132.

[428] Rogers E M. Diffusion of innovations [M]. New York : The Free Press, 1962.

[429] Romer P M. Endogenous technological change [J]. Journal of political Economy, 1990, 98 (5): S71-S102.

[430] Roscoe S, Cousins P D, Lamming R C. Developing eco-innovations : A three-stage typology of supply networks [J]. Journal of Cleaner Production, 2016 (112): 1948-1959.

[431] Rosenberg N, Nathan R. Inside the black box: technology and economics [M]. Cambridge: Cambridge University Press, 1982.

[432] Sahal D. Alternative conceptions of technology [J]. Research Policy, 1981, 10 (1): 2-24.

[433] Sambamurthy V, Zmud R W. Research commentary: The organizing logic for an enterprise's IT activities in the digital era—A prognosis of practice and a call for research [J]. Information Systems Research, 2000, 11 (2): 105-114.
[434] Sanchez R. Strategic product creation : Managing new interactions of technology, markets and organizations [J]. European Management Journal, 1996, 14 (2): 121-138.
[435] Sandberg B. Creating the market for disruptive innovation : Market proactiveness at the launch stage [J]. Journal of Targeting Measurement & Analysis for Marketing, 2002, 11 (2): 184-196.
[436] Schiederig T, Tietze F, Herstatt C. Green innovation in technology and innovation management-an exploratory literature review [J]. R&D Management, 2012, 42 (2): 180-192.
[437] Schmidt G M, Druehl C T. When is a disruptive innovation disruptive? [J]. Journal of Product Innovation Management, 2008, 4 (25): 347-369.
[438] Schrader C, Freimann J, Seuring S. Business strategy at the base of the pyramid [J]. Business Strategy and The Environment, 2012, 21 (5): 281-298.
[439] Schumpeter J A. The Theory of economic development : An inquiry into profits, capital, credit, interest, and the business cycle [M]. New Jersey: Transaction Books, 1934.
[440] Schumpeter J A. Business cycles [M]. New York: Mcgraw-hill, 1939.
[441] Schumpeter J. Capitalism, socialism and democracy [M]. London : Routledge, 1942.
[442] Schumpeter J. The theory of economic development [M]. Massachusetts : Harvard Univer-sity Press, 1934.
[443] Schwalbe, Ulrich. Creative destruction and the sharing economy : Uber as disruptive innovation [J]. The Journal of economics, 2018: 679-681.
[444] See Smith Adam. An inquiry into the nature and causes of the wealth of nations [M]. London: W Strahan & T Cadell, 1776.
[445] Sen A. Inequality reexamined [M]. Oxford : Oxford University Press, 1992.
[446] Silver H. Social exclusion and social solidarity : three paradigms [J].

Int'l Lab Rev，1994（133）：531.

[447] Sinkovics N，Sinkovics R R，Yamin M. The role of social value creation in business model formulation at the bottom of the pyramid-implications for MNEs? [J]. International Business Review，2014，23（4）：692-707.

[448] Solow Robert M. A contribution to the theory of economic growth [J]. Quarterly Journal of Economics，1956，70（1）：65-94.

[449] Spender J C. Making knowledge the basis of a dynamic theory of the firm [J]. Strategic Management Journal，1996，17（S2）：45-62.

[450] Stacey R D. Complex responsive processes in organizations [M]. London：Routledge，2001.

[451] Stacey R. Complexity and creativity in organisations [J]. Berrett-Koehler Publishers，1996，1（1）：439-477.

[452] Sultan N. Knowledge management in the age of cloud computing and Web 2.0：Experiencing the power of disruptive innovations [J]. International journal of information management，2013，33（1）：160-165.

[453] Sundbo J. Standardisation and customisation in service innovation [D]. Roskilde：Roskilde University，1998：20-21.

[454] Svahn F，Mathiassen L，Lindgren R. Embracing digital innovation in incumbent firms：How volvo cars managed competing concerns [J]. MIS Quarterly，2017，41（1）：239-253.

[455] Swaans K，Boogaard B，Bendapudi R，et al. Operationalizing inclusive innovation：lessons from innovation platforms in livestock value chains in India and Mozambique [J]. Innovation and Development，2014，4（2）：239-257.

[456] Tashman P，Marano V. Dynamic capabilities and base of the pyramid business strategies [J]. Journal of Business Ethics，2009，89（4）：495-514.

[457] Teece D J. Profiting from innovation in the digital economy：Enabling technologies，standards and licensing models in the wireless world [J]. Research Policy，2018，47（8）：1367-1387.

[458] Teece D J，Pisano G，Shuen A. Dynamic capabilities and strategic management [J]. Strategic management journal，1997，18（7）：509-533.

[459] Teece D J. Business models and dynamic capabilities [J]. Long Range Planning, 2018, 51 (1): 40-49.

[460] Teece D J. Business models, business strategy and innovation [J]. Long range planning, 2010, 43 (2-3): 172-194.

[461] Teece D J. Profiting from technological innovation : Implications for integration, collaboration, licensing and public policy [J]. Research Policy, 1986, 15 (6): 285-305.

[462] Teece D J. Reflections on " profiting from innovation " [J]. Research Policy, 2006, 35 (8): 1131-1146.

[463] Tidd J. Innovation management in context: environment, organization and performance [J]. International Journal of Management Reviews, 2001, 3 (3): 169-183.

[464] Tidd J, Bessant J, Pavitt K. Managing innovation : Integrating technological, market and organizational change [M]. Chichester : Wiley, 1997.

[465] Tidd J, Pavitt K. Managing innovation : Integrating technological, market and organizational change [J]. University of Illinois at Urbana-Champaign's Academy for Entrepreneurial Leadership Historical Research Reference in Entrepreneurship, 1997.

[466] Tidd. Managing innovation : Integrating technological, market and organizational change [M]. Chichester: Wiley, 1999.

[467] Tiwari R, Herstatt C. India-a lead market for frugal innovations Extending the lead market theory to emerging economies [J]. TIM/TUHH Working Paper, 2012 (67), 97-115.

[468] Triguero A, Moreno-Mondéjar, Lourdes, et al. Drivers of different types of eco-innovation in European SMEs [J]. Ecological Economics, 2013, 92 (92): 25-33.

[469] Tseng M L, Huan F, Chiu A S F. Performance drivers of green innovation under incomplete information [J]. Procedia-Social and Behavioral Sciences, 2012 (40): 234-250.

[470] Tushman M, Tushman M L, O'Reilly C A. Winning through innovation : A practical guide to leading organizational change and renewal [M]. Boston: Harvard Business School Press, 2002.

[471] Unit S E, Britain G. Preventing social exclusion [M]. London: Cabinet Office, 2001.

[472] Van der Have R P, Rubalcaba L. Social innovation research: An emerging area of innovation studies? [J]. Research Policy, 2016, 45 (9): 1923-1935.

[473] Velu C. Business model innovation and third-party alliance on the survival of new firms [J]. Technovation, 2015 (35): 1-11.

[474] Vial G. Understanding digital transformation: A review and a research agenda [J]. The Journal of Strategic Information Systems, 2019, 28 (2): 118-144.

[475] Voorberg W H, Bekkers V J J M, Tummers L G. A systematic review of co-creation and co-production: Embarking on the social innovation journey [J]. Public management review, 2015, 17 (9): 1333-1357.

[476] Weerawardena J, O'Cass A, Julian C. Does industry matter? Examining the role of industry structure and organizational learning in innovation and brand performance [J]. Journal of Business Research, 2006, 59 (1): 37-45.

[477] Wei J, Wang D, Liu Y. Towards an asymmetry-based view of Chinese firms' technological catch-up [J]. Frontiers of Business Research in China, 2018, 12 (1): 1-13.

[478] Wessner C W. An assessment of the SBIR program [M]. Washington: The National Academies Press, 2008.

[479] West J, Bogers M. Leveraging external sources of innovation: a review of research on open innovation [J]. Journal of product innovation management, 2014, 31 (4): 814-831.

[480] West J, Gallagher S. Challenges of open innovation: the paradox of firm investment in open-source software [J]. R & D Management, 2010, 36 (3): 319-331.

[481] West J, Vanhaverbeke W, Chesbrough H. Open innovation: a research agenda [J]. Open innovation: Researching a new paradigm, 2006, 17 (4): 285-307.

[482] Wheatley M, Frieze D. Using emergence to take social innovation to scale [J]. The Berkana Institute, 2006, 9 (3): 147-197.

[483] Wooder S, Baker S. Extracting key lessons in service innovation [J]. Journal of Product Innovation Management, 2012, 29 (1): 13-20.

[484] Wu X, Zhang W. Seizing the opportunity of paradigm shifts : Catch-up of Chinese ICT firms [J]. International Journal of Innovation Management, 2010, 14 (1): 57-91.

[485] Xu Q, Chen J, Xie Z, et al. Total innovation management : a novel paradigm of innovation management in the 21st century [J]. Journal of Technology Transfer, 2007, 32 (1/2): 9-25.

[486] Yakhlef, Ali. Immobility of tacit knowledge and the displacement of the locus of innovation [J]. European Journal of Innovation Management, 2005, 8 (2): 227-239.

[487] Yeow A, Soh C, Hansen R. Aligning with New Digital Strategy : A Dynamic Capabilities Approach [J]. Journal of Strategic Information Systems, 2018, 27 (1): 43-58.

[488] Yoo Y, Henfridsson O, Lyytinen K. Research Commentary - The New Organizing Logic of Digital Innovation : An Agenda for Information Systems Research [J]. Information Systems Research, 2010, 21 (4): 724-735.

[489] Yoo Y, Boland R J, Lyytinen K, et al. Organizing for innovation in the digitized world [J]. Organization Science, 2012, 23 (5): 1398-1408.

[490] Yu D, Hang C C. Creating technology candidates for disruptive innovation: Generally applicable R&D strategies [J]. Technovation, 2011, 31 (8): 401-410.

[491] Zeschky M B, Windenmaye R B, Gassmann O. Frugal innovation in emerging markets [J]. Research-Technology Management, 2011, 54 (4): 38-45.

[492] Zott C, Amit R, Massa L. The business model : recent developments and future research [J]. Journal of Management, 2011, 37 (4): 1019-1042.

[493] Zott C, Amit R. Business model design and the performance of entrepreneurial firms [J]. Organization Science, 2007, 18 (2): 181-199.

[494] Zott C, Amit R. Business model design : An activity system perspective [J]. Long Range Planning, 2010, 43 (2-3): 216-226.

[495] Zott C, Amit R. The business model : A theoretically anchored robust construct for strategic analysis [J]. Strategic Organization, 2013, 11 (4): 403-411.

[496] Zott C. Dynamic capabilities and the emergence of intraindustry differential firm performance : insights from a simulation study [J]. Strategic Management Journal, 2003, 24 (2): 97-125.

企业管理思想史系列

1.《管理思想史》
2.《组织管理思想史》
3.《知识管理思想史》
4.《人力资源管理思想史》
5.《营销管理思想史》
6.《战略管理思想史》
7.《财务管理思想史》
8.《创业管理思想史》
9.《商业模式思想史》
10.《供应链管理思想史》
11.《信息管理思想史》
12.《公司治理思想史》
13.《科技管理思想史》
14.《商业伦理思想史》
15.《企业管理思想史精读》
16.《协同管理思想史》
17.《质量管理思想史》
18.《电子商务思想史》
19.《组织行为学思想史》
20.《公共管理思想史》
21.《价值链管理思想史》
22.《企业管理前沿理论》
23.《运营管理思想史》
24.《生产管理思想史》
25.《旅游管理思想史》
26.《跨国公司经营管理思想史》
27.《项目管理思想史》
28.《投资管理思想史》
29.《创新管理思想史》
30.《公司金融思想史》
31.《物流管理思想史》
32.《风险管理思想史》
33.《成本管理思想史》
34.《内部控制思想史》
35.《企业文化思想史》
36.《管理决策思想史》
37.《系统管理思想史》
38.《国际贸易思想史》
39.《品牌管理思想史》
40.《数字管理思想史》
41.《服务管理思想史》
42.《人力资本管理思想史》

企业管理思想史系列

《管理思想史》

作者：蒋翠珍 曾国华
定价：98.00元

《组织管理思想史》

作者：李晓园 陈 武
定价：98.00元

《知识管理思想史》

作者：孙立新
定价：98.00元

《人力资源管理思想史》

作者：万 金
定价：98.00元

《营销管理思想史》

作者：谌飞龙 王新刚 甄英鹏
定价：98.00元

《战略管理思想史》

作者：朱文兴
定价：98.00元

企业管理思想史系列

《财务管理思想史》

作者：陈 鹰　周 静

定价：98.00元

《创业管理思想史》

作者：刘 磊　许 菱

定价：98.00元

《商业模式思想史》

作者：余来文

定价：98.00元

《供应链管理思想史》

作者：舒 辉

定价：98.00元

《信息管理思想史》

作者：李 晶　郭同济

定价：98.00元

《公司治理思想史》

作者：刘元秀

定价：98.00元

企业管理思想史系列

《创新管理思想史》

作者：胡海波

定价：98.00元

《商业伦理思想史》

作者：陈 颖

定价：98.00元

《质量管理思想史》

作者：蒋明琳

定价：98.00元

《协同管理思想史》

作者：林晓伟

定价：98.00元

《企业管理思想史精读》

作者：余来文

定价：98.00元

《科技管理思想史》

作者：周 丽

定价：98.00元

企业管理思想史系列

《电子商务思想史》

作者：范春风
定价：98.00元

《组织行为学思想史》

作者：马孟丽
定价：98.00元

《公共管理思想史》

作者：陈丽琴
定价：98.00元

《公司金融思想史》

作者：邹 玲
定价：98.00元

《民营经济思想史》

作者：卢 锐
定价：98.00元